D1996373

Felizitas von Schönborn

# Margarete Mitscherlich

## Zwischen Psychoanalyse und Frauenbewegung
## Ein Porträt

S. Fischer

© 1995 S. Fischer Verlag GmbH,
Frankfurt am Main 1995

Alle Rechte vorbehalten
Satz: Fotosatz Amann, Aichstetten
Druck und Bindung: Clausen & Bosse, Leck
Printed in Germany 1995

ISBN 3-10-069903-3

# Inhalt


1. Einleitung ........ 7
2. Elternhaus und Kindheit in Dänemark ........ 17
3. Kopenhagen, das Athen des Nordens ........ 34
4. Die Begegnung mit der deutschen Kultur ........ 52
5. Der Mann: ein kongenialer Partner ........ 79
6. Psychoanalyse und Gesellschaftspolitik ........ 123
7. Die 68er Rebellion und die nachfolgende Generation ........ 146
8. Die Frau in der modernen Gesellschaft ........ 155
9. Psychoanalyse heute: Kritik und Würdigung ........ 180
10. Altes Deutschland – neues Deutschland ........ 206
11. Eine Frau zwischen gestern und morgen ........ 228

»Die heile Menschheitsfamilie gibt es nicht« ........ 238
Ein Interview

Anmerkungen ........ 252
Namenregister ........ 257

1.

# Einleitung

## *Eine eigenständige Frau*

Ihre Bewunderer haben sie die »First Lady«, die »große alte Dame« der Psychoanalyse und des deutschen Feminismus genannt. Margarete Mitscherlich-Nielsen aber ist zu nüchtern und selbstkritisch, um auf Ehrentitel großen Wert zu legen. *»Man wird leicht zur First Lady gemacht, wenn man heftig gestritten hat und alt genug geworden ist«*,[1] meint sie ironisch abwehrend. Und doch hat diese Frau als Verfechterin der Psychoanalyse und als prominente Gestalt der Frauenemanzipation nach dem Zweiten Weltkrieg seit Jahrzehnten eine wichtige Rolle in öffentlichen Auseinandersetzungen gespielt. Ihre provokativen Äußerungen zu Entwicklungen in der Bundesrepublik und zu den latenten Gefahren eines neuen Rechtsradikalismus, die sie früh erkannte, haben das Deutschlandbild im In- und Ausland beeinflußt. Immer wieder ist sie in heftige Diskussionen geraten – von den einen beschimpft, von den andern verehrt. Ihre geistige und politische Unabhängigkeit aber hat sie souverän bewahrt.

*»Ich war immer eine eigenständige Frau und bin nie von jemandem versorgt worden, weder innerlich noch äußerlich«*, sagt sie von sich selbst. Über ihrer Biographie könnte, wie sie selbst meint, geschrieben stehen: *»Und ich habe mich doch nicht unterkriegen lassen.«* Jede Form von Zwang ist ihr ein Greuel. *»Darin bin ich ganz dänisch, wenn wir Dänen gezwungen werden, dann erreicht man bei uns gar nichts.«* Nur zu oft hat sie in ihrem bewegten Leben vor heiklen Entscheidungen gestanden – schon während der Hitler-Zeit, als sie zwischen ih-

rem dänischen Heimatland und der Wahlheimat Deutschland hin und her gerissen wurde. Als eine unglückliche Beziehung zu einem Freund kurz nach dem Kriege ihr Leben zu zerstören droht, verläßt sie Dänemark, um in der Schweiz ein neues Leben zu beginnen. Als sie einen unehelichen Sohn ihres späteren Ehemannes Alexander Mitscherlich zur Welt bringt und für die »bürgerliche Gesellschaft« erledigt scheint, ist ihr das ziemlich gleichgültig. Nach dem Tode Alexander Mitscherlichs wurde sie eine prominente Gestalt der Frauenbewegung. In unerfreulichen Fehden mit Kolleginnen und Kollegen am Frankfurter Sigmund-Freud-Institut ballte sie, nun im reifen Alter, innerlich wieder die Faust und sagte zu sich selbst: *»Ihr werdet schon sehen.«*

Ein gesundes Selbstbewußtsein, ein unbedingter Wille zur Unabhängigkeit haben ihr über Krisen und Konflikte hinweggeholfen, ihr aber auch harte Angriffe von Widersachern und Beschimpfungen bis hin zur Verleumdung eingebracht. Den einen sind ihre feministischen Gedanken, ihre aktive Beteiligung an der Frauenbewegung ein Dorn im Auge gewesen, den anderen gehen ihre ständigen eindringlichen Ermahnungen an die Deutschen gegen den Strich, die Untaten des Dritten Reiches nicht zu vergessen oder zu bagatellisieren – ihre These von der Unfähigkeit der Deutschen zu trauern. Die Frage, wie es in einem so hochkultivierten Land zu solchen Unmenschlichkeiten kommen konnte, läßt sie nicht mehr los. So ist auch das weltbekannte Buch *Die Unfähigkeit zu trauern* entstanden. Manche Psychoanalytiker haben ihr vorgeworfen, in ihren feministischen Beiträgen Thesen von Sigmund Freud, ihrem Lehrmeister, in Frage gestellt zu haben; anderen wiederum hat ihre Beteiligung an politischen Debatten mißfallen.

Ihre Grundhaltung als Psychoanalytikerin will sie aber nicht als unbedingt »politisch« auffassen. Ihr Ansatz sei tiefer, umfassender. »Neutral« sei sie trotzdem nie gewesen, meint Margarete Mitscherlich im Rückblick, jedenfalls nicht, wenn damit »herzlos und zynisch«, unbeteiligt am Schicksal anderer gemeint sei. Ihre Einstellung sei in hohem Maße von ethischen und psychoanalytischen Einflüssen bestimmt worden, vor allem aber von der unentwegten Suche nach Wahrheit. *»Auch für Freud war Moral selbstverständlich. Für Lügen, für Selbstbetrug ist das Leben zu kurz.«*

## *Die Welt nicht durch »ideologische« Brillen sehen*

Als Analytikerin wolle sie sich natürlich ihrer eigenen Gefühle, ihrer Einstellungen und Bewertungen möglichst bewußt werden. Darum gehe es auch in der Behandlung von Patienten. Entscheidend sei in der psychoanalytischen Arbeit, ob es gelinge, den Patienten ihre eigenen Probleme verständlich zu machen und ihnen den Zugang zu sich selbst zu ermöglichen oder zu erleichtern. Für Margarete Mitscherlich ist die Psychoanalyse in erster Linie ein Mittel, um der seelischen Wirklichkeit näherzukommen. Sie will die Welt nicht, wie so mancher Intellektuelle, durch eine »ideologische Brille« sehen und sich – wenn möglich – von keiner politischen oder weltanschaulichen Strömung vereinnahmen lassen.

In unseren zahlreichen und ausgiebigen Gesprächen haben mich zwei Anliegen der Margarete Mitscherlich immer von neuem beeindruckt: ihr unablässiges Bemühen um »Wahrheitsfindung« und ihre Bereitschaft zur Selbstkritik und Selbstkorrektur. *»Lebendig bleiben nur Menschen, die immer wieder Lust an neuen Erkenntnissen, nicht zuletzt über sich selbst, verspüren.«* Sie will in ihrer psychoanalytischen Arbeit *»an die Wahrheit so nahe herankommen wie möglich und sie ertragen, wie sie ist, ohne sich etwas vorzumachen, auch wenn man dabei verletzt und gekränkt wird«*.

Wie es die von ihr gern zitierte Anna Freud einmal in einem Brief an einen jungen, wissensdurstigen Mann ausgedrückt hat: »Wenn du ein wirklicher Psychoanalytiker werden willst, mußt du eine große Wahrheitsliebe besitzen, sowohl eine wissenschaftliche als auch eine persönliche, und du mußt diese Anerkennung der Wahrheit höher setzen als jede Unannehmlichkeit, die damit verbunden ist, unangenehmen Tatsachen gegenüberzustehen, ob sie nun der äußeren Welt angehören oder der eigenen inneren Person.«[2]

Psychoanalyse wird zur Arbeit an sich selbst, wird zur ständigen Suche nach neuen Einsichten. Das erklärt zum großen Teil auch ihre ausgeprägte Skepsis, ja Abneigung gegenüber der Schulen- und Sektenbildung, die nach dem Tod Freuds in der Psychoanalyse – oft im Zeichen der Selbstprofilierung seiner Nachfolger – überall rasch um sich gegriffen hat. Frau Mitscherlich selbst hat viele Psychoanalytiker in Deutschland ausgebildet – sie war zeitweise die Leiterin der Ausbildung für ganz Deutschland –, ohne sich in die Rolle einer Art »Mutterfigur« drängen zu lassen oder gar eine eigene Schule bilden zu wollen, auch wenn sie zu einem »Idol« der Frauenbewegung geworden ist. Wichtiger als die äußere Anerkennung ist ihr bis heute die innere Erkenntnis geblieben.

## *»Margarete, nimm dich nicht so wichtig ...«*

Es fehlt dieser kämpferischen Frau nicht am Selbstbewußtsein. Aber sie will sich deshalb nicht »auf ein Podest stellen lassen« – von dem sie auch wieder heruntergeholt werden kann. Dann sagt ihr eine innere Stimme: »Margarete, nimm dich nicht so wichtig.« Morgen kann alles wieder ganz anders sein: *»Wir interpretieren unsere Erinnerungen aufgrund des Wissens und der Erfahrung, so wie wir sie in der Gegenwart wahrnehmen – nicht mehr.«* Dem Gesprächspartner fällt ihre ständige Bereitschaft, ja ihr Bedürfnis auf, »sich von anderen in Frage stellen zu lassen«. Mit leisem Lächeln bekennt sie auch, daß strenge Ordnung und Zeiteinteilung bei der Arbeit noch nie ihre Stärken waren. Wie mancher Frau fällt es Margarete Mitscherlich schwer, nein zu sagen, wenn es um menschliche Belange geht, und streng am Arbeitsplan festzuhalten.

Auffallend ist ihre Problembewußtheit. Ihrem Denkansatz, der eher verstehen als belehren will, scheint Dogmatismus wissenschaftlicher oder geistig-politischer Herkunft fremd. Mit jeder These, die sie vorbringt, hat sie sogleich die Gegenthese im Auge, die ihr entgegengehalten werden kann. Diese scheinbar ambivalente Grundhaltung kommt in der für sie typischen Eigenart zum Ausdruck, auf komplexe Fragen mit einem nach beiden Seiten hin offenen »Jein« zu antworten – eine für Margarete Mitscherlich ganz natürliche Einstellung. Sie ist als »Grenzgängerin« aufgewachsen – zwischen dem Dänentum der väterlichen Familie und dem deutschen Erbe ihrer Mutter. Dieses Umfeld im Elternhaus hat ihr Leben von klein auf geformt. So entwickelt sie früh ihre Art des dialektischen Denkens, das beide Seiten erfassen und verstehen will und zur Synthese drängt. Auch durch ihre dänische Ironie hebt sie sich vom »tierisch-ernst« wirkenden deutschen Intellektuellentum ab.

Ihr Leben und Schaffen steht im Spannungsfeld von Gefühl und Verstand, von mächtigen Emotionen, die in ihr wirken – und der nüchternen Analyse ihrer Arbeiten. Eine typische Intellektuelle ist sie nicht. Gewiß, Bücher haben ihr immer viel bedeutet; ihr Leben ist durch Lektüre und das Schreiben geprägt worden. Aber eine »Femme de Plume«, eine Schriftstellerin oder Philosophin, hätte sie nicht werden können. Die Begegnung mit dem Lebendigen, das persönliche Gespräch mit den Menschen ist für sie ausschlaggebend.

Eine Kassandra-Ruferin? Gewiß, auch das ist sie, wenn es um das Schicksal Deutschlands, um die Folgen und Fernwirkungen der Hitler-Zeit geht. *»Ich will aber nicht wie Kassandra Unheil vorhersagen. Sondern ich möchte die Deutschen ermahnen, aus den Fehlern der Vergangenheit zu lernen, damit sie sich nicht wiederholen.«* Zur »Menschheitsverbesserin« sieht sie sich aber doch nicht berufen.

*»So lächerlich es in Ihren Ohren klingen mag, ich bin im Grunde vielleicht immer eine deutsche Patriotin geblieben und hoffe nur, daß die Deutschen die Fehler der Vergangenheit nicht wiederholen und lernen, wie wichtig Menschlichkeit ist.«*

## *Anarchie und wilde Erdbeeren*

Vielleicht sollte man in ihr vor allem eine liberale Denkerin sehen, der es weniger um Marktwirtschaft und Parlamentarismus als um die Freiheit der Persönlichkeit im Sinne Goethes geht. »Volk und Knecht und Überwinder / Sie gestehen zu jeder Zeit / Höchstes Glück der Erdenkinder / Sei nur die Persönlichkeit.« In einer so verstandenen liberalen Gesellschaft sieht sie auch die Chance der Deutschen im 21. Jahrhundert. Hans-Martin Lohmann hat die vitale, vielschichtige Persönlichkeit der Margarete Mitscherlich 1992 in einer Würdigung anläßlich ihres 75. Geburtstages in wenigen Worten einzufangen versucht: »In ihrer Person mischen sich eine Portion Anarchie und wilde Erdbeeren mit dem Willen zum Handeln, Nonkonformismus mit Durchsetzungskraft, Humor und intellektuelle Kreativität mit entschlossener Härte, Einfühlungsgabe mit der Fähigkeit zu ironischer Distanz.«

Wir wollen dem Schicksal dieser ungewöhnlichen Frau aus dem Grenzland nachgehen. Eine Außenseiterin, eine Kritikerin der Vorurteile und Tabus, eine Kämpferin für die reale Gleichberechtigung der Frau in einer freien Gesellschaft ist sie bis heute geblieben. Wir wollen ihr Werden und Wirken, die Menschen, die Ereignisse und Ideen, die Hoffnungen und Befürchtungen, die sie beeinflußt haben, an uns vorüberziehen lassen, um Margarete Mitscherlich »von innen her« zu verstehen und uns kritisch mit ihr auseinanderzusetzen. Am Ende der Nachkriegsära, nach dem Zusammenbruch der ideologischen Gegensätze und politischen Kontroversen über Kapitalismus und Sozialismus, erscheint manches in neuem Licht. Ihr Lebenswerk ist eine Botschaft an die Deutschen, gerade auch an die heranwachsende Generation, in einer Welt neuer großer Herausforderungen und Aufgaben Maß und Mitte zu halten.

Wir wollen an ihre eigenen Erinnerungen anknüpfen, aber auch den Hintergrund aufleuchten lassen, das soziale, kulturelle und menschliche Umfeld, in dem sie aufgewachsen ist und sich entfaltet hat. Dabei soll auch das geistig-kulturelle Klima ihrer dänischen Heimat berücksichtigt werden, das sie in ihrer Kindheit eher unbewußt und später als junge Frau, nach ihrer Rückkehr aus Nazi-Deutschland, unmittelbar mitgeprägt hat. Der Blick zurück ist nicht unbefangen. Die Psychoanalytikerin weiß sehr wohl um die Schwierigkeiten, Wunsch und Wirklichkeit auseinanderzuhalten, Erlebtes von Erdachtem zu trennen. Sie ist sich bewußt, daß das Deuten von Vergangenem, das zum Handwerk der Psychoanalyse gehört, bisweilen die Erinnerung beeinflussen und die Wahrheitsfindung erschweren kann. Um verschiedene Facetten ihres Lebens und Fragestellungen ihrer Arbeit gegenwärtig werden zu lassen und von verschiedenen Seiten zu beleuchten, zitiere ich gelegentlich auch aus Gesprächen, die ich als Journalistin mit Persönlichkeiten aus dem politischen und kulturellen Leben geführt habe. Im allgemeinen aber stützt sich meine Darstellung auf die vielen offenen und ausführlichen Gespräche in ihrer Wohnung in Frankfurt am Main.

Immer wenn man auf den weißen Klingelknopf mit ihrem Namensschild drückt und einen Augenblick wartet, dann ruft Margarete Mitscherlichs freundliche Stimme aus der Gegensprechanlage: *»Ich komme gleich runter.«* Sie muß vier Stockwerke mit dem Lift herunterfahren, um ihre Besucher vor dem Haus in Empfang zu nehmen. Schon bei unserer ersten »Straßenbegegnung« erstaunt mich der Schwung, mit dem sie mich begrüßt. Das Alter hat dieser vitalen Frau offenbar nur wenig anhaben können. Die weiten, fließenden Oberteile, die sie meist über Hosen trägt, unterstreichen ihre Weiblichkeit. Ihre Wohnung ist freundlich und hell, und überall, wie könnte es anders sein, liegen Bücher und Schriften herum.

Wenn sie spricht, unterstreichen die Hände mit lebhaften Gesten ihre Worte. Noch heute sitzt sie nicht gern lange still. Immer wieder steht sie auf, um nach irgendeiner unauffindbaren Schrift zu suchen, wobei sie aus tiefster Seele seufzt: *»Ach, diese Unordnung! Mein armer Alexander, der war immer so ordentlich, wie er es nur mit mir ausgehalten hat!«* Dann folgt ihr ansteckendes Lachen. Konventionell ist sie noch nie gewesen – und eine begnadete Hausfrau auch nicht.

Unsere Gespräche ziehen sich über viele Monate hin, und die Herdplatte in der Küche hat die ganze Zeit über beharrlich, wie bei meinem allerersten Besuch, immer noch denselben Sprung. So wird improvisiert und das Wasser für den Kaffee in einer elektrischen Wasserkanne neben dem Herd zum Kochen gebracht. Ein anderes Mal brennt die glühendheiße Kaffeekanne rauchend und stinkend einen braunen Fleck in den Teppich, doch der Fluß unseres Gespräches wird dadurch nicht unterbrochen.

Margarete Mitscherlich gehört zu den Frauen, die mit den Jahren ein immer ausdrucksvolleres Gesicht bekommen. Manchmal hat man den Eindruck, daß sie jedesmal ein wenig anders aussieht. Ihr Gesicht mit den strahlend blauen Augen hat ein sehr bewegtes Mienenspiel. Sie ist eine sehr rationale, aber auch eine sehr gefühlvolle Frau. Als wir uns zusammen im Kino »Schindlers Liste« ansehen, ist sie so tief bewegt, daß sie kaum sprechen kann. Später meint sie, die Figur von Oskar Schindler gefiele ihr, weil er mit seinen Schwächen alles andere als ein Held sei. *»Er hat aber seine Menschlichkeit nicht verloren, und mehr kann von niemandem verlangen.«*

Auch bei Erzählungen aus ihrem eignen Leben stockt ihr bisweilen die Stimme, wenn sie sich an Bilder von mißhandelten Menschen erinnert. Dann wieder geht das Temperament mit ihr durch, und sie sagt auch am Fernsehen impulsiv Dinge, für die sie später wütende Briefe und Drohungen einstecken muß. Doch mißtrauisch oder gar »paranoid« ist sie dadurch nicht geworden. *»Schon als kleines Mädchen gab mir die Liebe meiner Mutter ein Gefühl der Geborgenheit. Dadurch habe ich auch später immer großes Vertrauen zu meinen Mitmenschen und ganz besonders zu meinen Freunden gehabt.«*

Zu ihren langjährigen Frankfurter Freunden zählt das Ehepaar Ute und Jürgen Habermas. An den beiden gefällt ihr die Art, wie sie eindeutig Stellung beziehen, ehrlich und selbstkritisch sind. *»Ich habe vom Mut und der Weitsicht der beiden gelernt. Jürgen Habermas hat viele Phänomene wahrgenommen, die andere nicht sehen wollten. Dadurch sind mir manche Zusammenhänge klargeworden.«*

Zu ihren Vorbildern gehört neben der Mutter ihre Deutschlehrerin Anni Meetz, deren Weltoffenheit und Wahrhaftigkeit sie als Schülerin beeindruckt hat. Als junge Frau nach dem Krieg in London wurde für sie dann Anna Freud zu einem Idol. Auch wenn man sich manchmal privat traf, blieb Anna Freud ein »Vorbild auf Distanz«. *»Es umgab sie in vielem eine ähnliche Aura wie ihren Vater Sigmund Freud. Sie war außergewöhnlich intelligent und hatte wie er ihr Leben ganz der Forschung und der Suche nach Wahrheit geweiht. Anna Freud hatte ein schönes, ernstes Gesicht, aber es war nicht leicht, ihr näher zu kommen.«* Mit ihrem ungarisch-englischen Analytiker Michael Balint verband sie eine Freundschaft, die nicht frei von »Übertragung« war. Er zeigte ihr, daß sie »keineswegs ein so guter Mensch« ist, wie sie es bisher naiv geglaubt hatte. Gemeinsam mit dem Ehepaar Balint unternahmen die Mitscherlichs gelegentlich Reisen.

Heute sind viele ihrer Freunde und vor allem ihr Mann Alexander Mitscherlich nicht mehr am Leben. Aber eine einsame Frau ist sie deswegen doch nicht geworden. Im Gegenteil, sie ist sehr gefragt geblieben, man sucht sie für Fernsehauftritte, für Vorträge oder für Zeitungsartikel zu gewinnen. Wenn sie am Telefon ein Taxi bestellt und jede Silbe betonend »Mitscherlich« sagt, kann es geschehen, daß die Telefonistin zurückfragt »Margarete?«, um dann schnell hinzuzufügen: »Ich bin sehr damit einverstanden, wie Sie sich für uns Frauen einsetzen.« Ihr ungewöhnlicher Lebensweg, der sie zur bekannten Psychoanalytikerin und Kämpferin für die Frauen werden ließ, nahm in einer kleinen dänischen Stadt seinen Anfang.

2.

# Elternhaus und Kindheit in Dänemark

Sie blickt zurück und denkt an ein kleines dänisches Städtchen. Hier ist sie am 17. Juni 1917 mit einer »Glückshaube«, das heißt durch eine Sturzgeburt, zur Welt gekommen. Ihre spätere Angst vor zu großer innerlicher und äußerlicher Enge, ihre Klaustrophobie, hat möglicherweise hier ihre Wurzeln. Ein feiner Faden der Erinnerung verbindet die Dame von heute, aus deren Augen bisweilen immer noch ein ungebändigter Schalk blitzt, mit dem fünfjährigen Mädchen, das quicklebendig die Straße entlanghüpft. Margarete ist unterwegs zum Spiel mit ihrer besten Freundin im dänischen Graasten, einem kleinen Städtchen an der Flensburger Förde mit dem deutschen Namen Gravenstein. Freundinnen spielen eine wichtige Rolle in ihrem Leben. Die erste hatte sie mit fünf Jahren, die nächste mit zwölf, dann mit sechzehn – eine Freundschaft, die lange bestehenblieb und ihr viel bedeutet hat. Zum großen Vorbild aber wird für sie zunächst die Mutter.

*»Ich kann mich genau daran erinnern, was für Gefühle ich als kleines Mädchen empfand. Fast körperlich spüre ich es noch, wie ich die Straße entlanglaufe, gegangen bin ich eigentlich kaum. Bewegung war mir immer wichtig, ein richtiges Vergnügen, auch Schwimmen, ins Wasser springen, Schaukeln, auf die Bäume klettern. Das gehörte während der Sommerferien zu meinen täglichen Vergnügungen, denen ich leidenschaftlich nachging.«*

Körperliche Angst lernt sie erst in der Pubertät kennen. Bis dahin ist dem lebhaften Kind kein Baum zu hoch, um ihn zu erklimmen;

kein Sprungbrett scheint ihr zu gefährlich, um von ihm ins Wasser zu springen.

Die Familie Nielsen bewohnt ein geräumiges Bürgerhaus mit drei Stockwerken, aus Ziegelstein gebaut. In den vierundzwanzig Zimmern befindet sich auch die Arztpraxis des Vaters. Nach dem Krieg wird hier die private deutsche Schule von Gravenstein untergebracht werden. Mit der Familie wohnt das Hauspersonal, wie es damals auch in mittelbürgerlichen Kreisen üblich ist. Margarete, die sich manchmal gern zurückzieht, findet immer einen Raum, in dem sie ganz allein für sich sein kann. Für sie gibt es genug »Freiraum«, wie man heute sagen würde. Spuren der »genialen Unordnung«, mit der sie in ihrer Kindheit die Spielsachen verstreute, finden sich noch heute bei ihr.

Im großen Ärztehaus wird im sogenannten Saal die dänische Nationalflagge, der große »Danebrog«, aufbewahrt. Die rotweiße dänische Flagge ist die älteste überhaupt. Bei jedem offiziellen Flaggentag wird der riesengroße »Danebrog« zum Fenster hinausgehängt; die Fahne ist so groß, daß sie fast bis zum Erdgeschoß reicht. Meist stehen diese Feiertage in Zusammenhang mit Siegen oder Niederlagen in Kriegen gegen den südlichen Nachbarn Deutschland. Aber auch bei anderen feierlichen Gelegenheiten ist die Flagge wichtig. Zu Weihnachten werden kleine Flaggen auf dem Christbaum angebracht.

Die »nationalbewußte« deutsche Mutter wird an solchen nationalen Feiertagen von schmerzhaften Migräneanfällen heimgesucht. Sie muß dann den ganzen Tag in einem verdunkelten Zimmer zubringen, abgesondert von der Außenwelt. *»Episoden wie diese, in denen mein Vater mit seinen Landsleuten feierte, meine Mutter sich unglücklich zurückzog, haben sich mir schon früh eingeprägt«*, erinnert sich Margarete Mitscherlich.

Nis Peter Nielsen, Margarete Mitscherlichs Vater

## *Ein Leben zwischen zwei Fronten*

Der kleine Ort Gravenstein in Nordschleswig – oder Sönderjylland, wie die Dänen sagen –, in dem sie zur Welt kommt, gehört damals noch zum kaiserlichen Deutschland. Margarete steht von klein auf zwischen den Gegensätzen zweier unterschiedlicher nationaler Gesinnungen, Denkweisen und Kulturen – der dänischen und der deutschen. Dieser Zwiespalt spiegelt sich schon im Eheleben der Eltern wider. Der Vater, ein Arzt, entstammt einer ausgesprochen national denkenden dänischen Familie, die den Krieg mit Preußen nicht vergessen und den Verlust »Sönderjyllands« nicht verwinden kann. Die »innig geliebte« Mutter, eine Lehrerin, ist dem Deutschtum ebenso tief verbunden. Das Kind lernt früh, wie heikel, ja gefährlich es besonders in einem Grenzland sein kann, seine Identität nur auf die Zugehörigkeit zu einer bestimmten Bevölkerungsgruppe zu bauen.

Margarete wächst im Elternhaus und in der Verwandtschaft gewissermaßen zwischen zwei »Fronten« auf. Da ist es schwierig, eine eigene Identität zu finden. *»Wer, wie ich, in Nordschleswig geboren wurde, weiß, welchen Einfluß die Grenzsituation auf jeden dort lebenden Menschen hatte und wohl auch heute noch ausübt. Wer außerdem eine aus Deutschland stammende Mutter und einen Vater hatte, der aus einer seit Generationen national dänisch denkenden Familie kam, der mußte sich schon als Kind in besonderem Maße mit gegensätzlichen Weltanschauungen, Parteinahmen und Idealen auseinandersetzen«*, schreibt sie in ihrem Buch *Erinnerungsarbeit.*[3]

Dänemark ist eine Welt für sich – mit seiner über tausendjährigen Geschichte, seiner eigenständigen Kultur. Nicht ohne Stolz erinnert mancher Däne den unkundigen Fremden daran, daß er sich in der ältesten Monarchie Europas befindet, mit einem Königshaus, das seine Urahnen bis in die Zeiten Gorm den Gamles (um 935), einem ursprünglich aus Norwegen stammenden Geschlecht, zurückverfolgt. Auch wenn Dänemark heute ein Kleinstaat ist, beherrschte es in seiner Großmachtzeit jahrhundertelang Teile Englands, Südschwedens, Norwegens sowie Island und Grönland. Stolz sind die Dänen auch auf ihre in der Gesellschaft verwurzelten demokratischen Traditionen.

So findet man in Dänemark ein starkes nationales Selbstbewußtsein und einen ausgeprägten Unabhängigkeitssinn. Schon lange ist für den Dänen das Streben nach Freiheit, Unabhängigkeit und Selbstbestimmung von vitaler Bedeutung gewesen. Kein Zufall also, daß gerade Dänemark als erstes Land gegen die zentralistischen Europläne der Maastrichter Verträge aufbegehrt und sie 1992 in einer Volksabstimmung zunächst verworfen hat. Erst nachdem Brüssel den Vorbehalten der Dänen zum Schutz ihrer nationalen Eigenart und Souveränität weitgehend entgegengekommen war, stimmte das Volk den Plänen der Europäischen Union zu.

## *Gravensteiner Äpfel und der Blick auf die Flensburger Förde*

Dem Apfelliebhaber ist Gravenstein-Graasten mit seinen rund 7000 Einwohnern ein Begriff. Der mittelgroße gelbe Apfel mit roten Streifen erfreut sich immer noch weltweiter Beliebtheit. Der kleine Ort am Nordufer der Flensburger Förde war vor dem Ersten Weltkrieg als Kurort bekannt. Dort befindet sich auch ein Barockschloß, das der dänischen Königsfamilie heute noch als Sommerresidenz dient. Das Königshaus gab sich schon damals sehr volkstümlich. Jeder konnte mit den »Majestäten« sogar auf der Straße ins Gespräch kommen. Als einmal ein älterer Herr die hübsche kleine Margarete anredete, wollte sie gar nicht mit ihm sprechen. Erst eine Schulkameradin machte sie darauf aufmerksam, daß der höfliche Herr kein anderer als der König gewesen ist.

Das kleine Gravenstein nahe der Grenze hat wiederholt die Nation gewechselt. Die überwiegend dänische Bevölkerung stand lange unter preußisch-österreichischer Herrschaft. Nach den deutsch-dänischen Kriegen von 1848 bis 1850 und 1864, nach den entscheidenden Siegen der deutschen Truppen bei den »Düppeler Schanzen«, wird Schleswig im »Frieden von Wien« Preußen zugesprochen. Als Margarete 1917 in Gravenstein zur Welt kommt, gehört ihre Heimat noch zu Deutschland. Nach dem Ersten Weltkrieg fällt Nordschleswig durch eine Volksabstimmung vom 10. Februar 1920 im Rahmen des Versailler Vertrages an Dänemark. Nicht weniger als drei Viertel der Bevölkerung sprechen sich für die »Genforening«, die Wiedervereinigung mit Dänemark, aus.

Die kulturelle Autonomie der deutschen Minderheit wird gesetzlich verankert. Im südlichen Teil Schleswig soll die dänische Minderheit in der Hitler-Zeit noch manch schwerer Prüfung ausgesetzt werden. Erst nach dem Zweiten Weltkrieg werden den Dänen hier gleichwertige kulturelle und politische Rechte wie den Deutschen zugestanden. Das eindeutige Ergebnis dieser Volksbefragung wird natürlich auch von Margaretes Vater Nis Peter Nielsen, einem echten Patrioten, und dessen Familie freudig begrüßt. Seine eigene Kindheit war bereits vom deutsch-dänischen Gegensatz überschattet worden, nicht zuletzt dadurch, daß er in eine deutsche Schule gehen mußte.

Die Nielsens waren rechtschaffene Leute. In der Familie wurde die dänische Kultur hochgehalten. Etliche Familienmitglieder siedelten nach Kopenhagen über, wurden Akademiker und Professoren, die ihre Kinder, wie es sich gehörte, wieder studieren ließen. Das gehörte in dieser Schicht zum guten Ton. Damals bestanden noch erhebliche Klassenunterschiede zwischen Akademikern und Nichtakademikern, wie Margarete Mitscherlich erzählt. In ihrer Familie wurde Wert auf Bildung gelegt, aber auch dem Nationalismus gehuldigt. Das ging so weit, daß man mit Tränen in den Augen an die Königin dachte, wenn sie ein Kind zur Welt bringen sollte und ihre schwere Stunde hatte. Man war dabei alles andere als deutschfreundlich und konnte die Gebietsverluste nach dem deutsch-dänischen Krieg 1864 nicht verschmerzen. Über Generationen hatten die Nielsens für die Rückgabe der ursprünglich dänischen Gebiete gekämpft.

*»Den dort lebenden Dänen erging es nicht besser als den Franzosen in Elsaß-Lothringen: Es gab nur deutsche Schulen, die eigene dänische Sprache wurde weitgehend unterdrückt und das Gefühl der nationalen Zusammengehörigkeit dadurch nur noch gestärkt.«* Der Großvater väterlicherseits hatte zwei Berufe: Er war Lehrer und bewirtschaftete gleichzeitig einen Hof; das war zu jener Zeit in den kleinen Ortschaften des Bauernlandes Dänemark gar nichts Ungewöhnliches. In seinem späteren Leben brachte er es auch noch zum Bankdirektor – was für das Schicksal seiner Enkeltochter Margarete einmal von großer Bedeutung werden sollte.

## *Tränen bei der Deutschlandhymne*

Für Margaretes Vater war es nicht einfach, seiner Familie klarzumachen, daß er eine Deutsche aus der Nähe von Lübeck zu heiraten gedachte. Und noch dazu eine Deutsche, die Bismarck verehrte, der für viele Dänen der »bestgehaßte Mann« war. Seiner ersten Ehe mit einer dänischen Gutbesitzerstochter waren drei Kinder entsprossen. Margarete Mitscherlich kann sich noch gut an die Mutter der verstorbenen ersten Frau erinnern: *»Sie war eine alte Dame, die einen Eindruck machte, besonders weil sie die Herrin eines großen Anwesens war und unendlich viele Zigarillos rauchte.«* Das Zigarrenrauchen von Damen ist in Dänemark auch heute nichts Ungewöhnliches.

Grete Leopold, Margaretes Mutter, eine gebildete Frau, war vor ihrer Ehe Direktorin einer höheren Töchterschule gewesen. Sie scheint eine fröhliche, vergnügte und lebenszugewandte Frau gewesen zu sein. Auch die Kinder des verwitweten Nis Peter Nielsen gehörten zu ihren Schülern und hatten sie in ihr Herz ge-

Margarete Mitscherlichs Mutter Grete Nielsen
mit ihrem Verlobten

schlossen. So lernten sich die beiden kennen. Grete hat ihren Mann aber nie so geliebt wie ihren früh verstorbenen Verlobten; für Nis Peter war das kein Geheimnis. Als sie heirateten, waren sie beide für damalige Verhältnisse schon recht alt, er in den Vierzigern und sie schon Mitte Dreißig. Ihre gegensätzlichen nationalen Bindungen sollten zu vielen Konflikten und zu einer »gespaltenen Stimmung« in der Familie führen.

*»Meine Mutter war der Mittelpunkt der Familie. Sie war die Lebendigere und Interessiertere meiner Eltern, und immer war sie zum Lachen aufgelegt«*, erzählt Margarete Mitscherlich. Sie kam als jüngstes von fünf Nielsen-Kindern zur Welt und wurde nach dem Vornamen der Mutter Margarete genannt, ihr um anderthalb Jahre älterer Bruder Leo nach dem Nachnamen der Mutter. Die Geschwister aus der ersten Ehe waren bereits verheiratet oder studierten und kamen selten nach Hause. Ihr ältester Bruder habe sich um sie aber »wie ein Vater« gekümmert. Leo hingegen scheint auf seine jüngere Schwester eifersüchtig gewesen zu sein. Er habe sie jedenfalls, so oft er konnte, verprügelt. Dafür glaubt die Psychoanalytikerin eine Erklärung zu haben: *»Nach eineinhalb Jahren mußte er*

Margarete und ihr Bruder Leo Nielsen (1922)

*vom mütterlichen Busen weg, um einem neuen Baby Platz zu machen. Das hat er offenbar nicht verkraftet.«*

Die Kinder werden schon früh gefragt, welcher Nationalität sie angehören wollen. Der Bruder, der sich mit dem Vater identifiziert, will Däne sein und wird auf die dänische Schule geschickt. Als Margarete erfährt, daß ihre Mutter aus Deutschland stammt, erscheint es ihr natürlich, daß auch sie Deutsche werden will. Wenn die Deutschlandhymne erklingt, ist sie begeistert. Nur mit Mühe gelingt es ihr, Tränen der Rührung zu unterdrücken. Im nachhinein sieht es für sie so aus, als hätten die Geschehnisse in Deutschland ihre idealisierte Mutter-Kind-Beziehung zerstört. Im Idealbild der »schönen deutschen Welt« ihrer Mutter taucht plötzlich das Schreckgespenst Adolf Hitler auf. So scheint ihr späteres Klagen um Deutschland im Grunde auch ihre enttäuschte Liebe zu diesem Land widerzuspiegeln.

Schon mit fünf Jahren kann sie leichte Kinderbücher selbst lesen. Im Alter von neun Jahren behauptet Margarete – altklug die Mutter nachahmend – ihren älteren Geschwistern gegenüber, sie habe die Werke Schillers und Goethes genau verstanden. Als man sich über sie lustig macht, ist sie tiefbeleidigt. Überhaupt nicht einverstanden ist sie mit den *»moralischen Ansichten«* ihrer besten, ebenfalls elfjährigen Freundin über Goethe, die meint, der Dichter könne schon deshalb kein großer Mann gewesen sein, weil er der Vater eines unehelichen Kindes war.

## *»Meine Suppe eß ich nicht«*

Auffallend ist, wie wenig Margarete schon als Kind an materiellen Dingen hängt. Und weil ihr Besitz so wenig bedeutet, fällt es ihr leicht, Sachen mit anderen Kindern zu teilen. Gegenüber ihrem Bruder steht sie meist als »die Gute« da und wird gelobt. In einem Anflug von Berechnung fragt sie sich: »Was ist dir das wert?« Und meist ist ihr das Lob der Mutter und die Anerkennung anderer für gute Taten wichtiger, als Dinge zu besitzen. Auch jeder Sammlerinstinkt ist ihr fremd. Nicht einmal die vielen Schriften ihres Mannes habe sie zusammengetragen, meint sie heute bedauernd.

Die kleine Margarete war dabei ein sehr eigenwilliges Kind, das seinen Eigensinn mit Vorliebe am Mittagstisch zur Schau stellte: »Nein, nein, diese Suppe esse ich nicht, ich will etwas anderes haben.« Der leicht reizbare Vater versetzte ihr, wenn sie es zu bunt trieb, mit dem »Wilhelm«, einem Rohrstock, eine Tracht Prügel. Zur Strafe wurde die ungehorsame Tochter dazu noch auf die Kellertreppe geschickt. Das führte Margarete aber nicht in die Verzweiflung, sondern in die tröstenden Arme der Köchin, die aus der Küche im Untergeschoß kam und dem Kind das gewünschte Essen brachte. Die Schläge des Vaters haben bei ihr, wie sie heute meint, trotz allem keinen sehr großen Eindruck hinterlassen.

In der Gegend Dänemarks, in der sie aufwuchs, gab es fast nur Protestanten. Katholiken wurden zwar nicht angefeindet, aber doch als eigenartige Menschen betrachtet. Von ihnen hatte man die Vorstellung, daß sie, wenn sie irgend etwas Schlechtes taten, es nur zu beichten brauchten, und alle Schuld war vergeben und vergessen. Solche Leute konnte man doch nicht ernst nehmen. Sie waren für die protestantische Welt ein eigenartiges, exotisches Element, fast als wären sie gar keine »Weißen«, sondern »Schwarze«. Die Nielsens waren »gut protestantisch«; vor jedem Essen wurde gebetet.

Wer den religiösen und gesellschaftlichen Stellenwert der Konfirmation in einer protestantischen Familie kennt, kann ermessen, was es heißt, wenn ein Kind wie die eigenwillige Margarete sich kategorisch weigert, konfirmiert zu werden, weil sie nicht zum Abendmahl gehen will. In bestimmten Bereichen war sie ein skrupulöses, ängstliches Mädchen, das an »Zwangsvorstellungen« litt. Sie hatte gehört: Nur wer ganz ohne Sünde ist, darf das Abendmahl nehmen. Ihr ganzes Leben lang ist sie der Kirche gegenüber auf Abstand geblieben. Für sie ist die Kirche als Institution geradezu ein Beispiel dafür geworden, daß Liebe und Macht sich schlecht miteinander vertragen. In diesem Zwiespalt zwischen den Vorschriften der starren Amtskirche, dem protestantischen »Über-Ich«, und den individuellen Bedürfnissen einer empfindsamen Seele haben viele der geistigen Größen Dänemarks gelitten.

Dann bekommt der Vater die Zuckerkrankheit, die man damals noch kaum behandeln kann. Er fühlt sich »ständig« überlastet. Man darf ihm nicht in die Quere kommen. Als Arzt muß er häufig nachts unterwegs sein, um Patienten zu besuchen. Das scheint an seinen Nerven gezehrt zu haben. Trotz zahlreicher Ferienreisen ins Ausland, oft geht es nach Italien, kann er sein Leben nicht genießen. In seiner Daseinsverdrossenheit sehnt er sich ständig nach der wärmenden Sonne Italiens. Bei seiner pessimistischen und skeptischen Lebenssicht aber läßt er sich nicht von den anfänglichen Erfolgen Hitlers täuschen und weiß im voraus, daß »Hitlers Weg zur Katastrophe führen muß«. *»Mein Vater war eigentlich ein netter Mann, aber man konnte selten mit ihm zusammen richtig lachen. Besonders junge Menschen wollen ja oft ausgelassen sein.«* Er verkörpert für sie die auch vorhandene ernste und grüblerische Seite der Dänen, die sich oft hinter ihrer Lebensfreude und ihrem ausgeprägten Sinn für Humor verbirgt, ein wenig »himmelhoch jauchzend zu Tode betrübt«.

Der Psychoanalytikerin erscheint Vater Nielsen im Rückblick als eine eher depressive Natur. *»Ich werde es nie vergessen. Ich muß fünf Jahre alt gewesen sein, da sah ich, wie mein Vater seinen Kopf auf beide Arme legte und verzweifelt schluchzte.«* Er muß aber auch ein recht aufgeschlossener und fortschrittlicher Mann gewesen sein. Als einer der ersten schaffte er sich noch vor dem Ende des Ersten Weltkrieges ein Auto an. Selbst chauffieren konnte er allerdings nicht, was damals auch nicht üblich war. Also ließ er sich von einem Chauffeur herumfahren.

Der Vater ist erst 67 Jahre alt, als er 1937 stirbt. Zu der Zuckerkrankheit gesellte sich ein Gelenkrheumatismus, der ihn körperlich immer mehr schwächte. Geistig behielt er bis zum Ende seine Klarheit. Nach außen hin blieb er das Oberhaupt der Familie, im Haus aber herrschte die Mutter. Mit zunehmendem Alter führte er sich immer mehr wie ein Kind auf. Seine Gedanken kreisten nur noch um die eigenen Bedürfnisse, die eigenen Leiden und Sorgen. Margarete ist verblüfft, mit welch tiefer Trauer ihre Mutter auf den Tod ihres Mannes reagierte, obwohl der Tod des pflegebedürftigen, ganz auf sie angewiesenen Menschen ihr bestimmt auch Erleichterung brachte.

Ihrem Vater ist Margarete Mitscherlich dankbar geblieben. Wenn Margarete in der Schule mit der Lehrerschaft Schwierigkeiten hatte, stellte er sich sofort auf ihre Seite. Sie hatte zwar durchwegs gute Noten, besonders in Mathematik, aber mit dem Betragen haperte es hin und wieder. Oft hatte sie das Gefühl gehabt, daß man ihn zuweilen an der Nase herumführen konnte, aber nicht in der Politik. Heute erinnert sie sich an einen *»wahrhaftigen und aufrichtigen Mann, der auch als Deutscher bestimmt nicht zum Mitläufer des Nazi-Regimes geworden wäre«*. In diesem Sinn sei Vater Nielsen doch eine »starke« Persönlichkeit. Deshalb konnte er trotz seiner eigenen festen Überzeugungen auch die ganz andersartigen Ansichten seiner deutschen Frau bestehen lassen. In der Ehe der Eltern bestand das typische »Arrangement der Geschlechter«, bei dem die kleinen Kinder von der Mutter erzogen werden. Der Vater hat sich draußen in der Gesellschaft zu bewähren. Das hat zur Folge, daß man die Mutter später für alles verantwortlich macht und ihr sogar übelnimmt, daß sie es *»den hilflosen Wesen gegenüber manchmal an Einfühlungsvermögen fehlen ließ«*, sagt Margarete Mitscherlich.

Die Ehe war zwar auf einer mehr freundschaftlichen Basis geführt worden; nun aber zeigte sich, daß Grete Nielsen ihren Mann doch viel tiefer geliebt hatte, als sie es nach außen hin sichtbar werden ließ. *»Meine Mutter hatte einen Verlobten verloren kurz vor der Eheschließung, und es schien mir, als ob sie diesem Verlobten eigentlich immer noch nachtrauerte. Ich wußte, daß sie im Grunde etwas anderes wollte, als in Graasten zu sitzen.«* Bald aber sollten sich die Rollen wieder vertauschen: Die Mutter wurde schwer krank, man mußte ihr eine Niere herausoperieren. Jetzt hatte die Tochter die Mutter zu umsorgen, wurde gewissermaßen *»zur Mutter ihrer Mutter«.*

Lange Zeit lebt auch in ihr der Vorwurf weiter: »Die Mutter ist an allem schuld.« Sie kann den Schwächen ihrer Mutter gegenüber nichts als »Schuldgefühle und Wut« aufbringen. Trotz der großen Liebe, die sie zu ihrer Mutter empfindet, braucht sie viel Zeit, bis sie sich von diesem Ressentiment befreit. Unbewußt stellt sie unerfüllbare Forderungen an die Mutter, von der man erwartet, daß sie keine eigenen Bedürfnisse haben darf und ganz ohne Fehler sein muß. Es bedarf erst eines inneren Reifeprozesses, um die Ängste und moralischen Vorurteile der Mutter im Bereich der Sexualität verstehen zu können. Mit dem nötigen Abstand sieht sie, daß ihre Mutter nur die landläufigen Ansichten ihrer Zeit übernommen hatte. Nach diesen eigenen Erfahrungen meint sie, es sei dringend nötig, sich von Vorurteilen gegenüber den Müttern zu befreien. *»Immer wieder will man – auch von feministischer Seite – den Müttern die Schuld für eigenes Fehlverhalten und Versagen zuschieben.«*

## *Auf der Suche nach Vaterfiguren*

Die Verbindung zum Vater war viel oberflächlicher als zur Mutter. Wie in anderen Familien hat sich Vater Nielsen erst um die Erziehung gekümmert, als die Kinder bereits älter waren. Wegen dieses »typischen Rollenverhaltens« hören Väter meist wenig von den

Vorwürfen, die von »frühkindlichen Verletztheiten« herrühren. Margarete fehlt jedenfalls ein Vater, zu dem sie aufsehen kann und der ihr ein Gefühl der Sicherheit vermittelt. Sie sucht nach Vaterfiguren, die sie bewundern kann. In dieser Phase blickt sie zu den Vätern ihrer Freundinnen auf, während sie deren Mütter eher geringschätzt. Mit ihrer eigenen Mutter kann sich doch keine andere messen!

Die spätere Feministin erkennt heute an, daß sie damals »Partei für die Väter« genommen hat, wie das bei Frauen häufig der Fall sei. Lange lebt in ihr die Sehnsucht weiter, Männer zu idealisieren und sich mit ihnen zu identifizieren, *»auch wenn ich sie immer wieder auf die ›Probe‹ stellen mußte, was nicht selten zu Enttäuschungen führte«*. Heute ist sie über sich selbst verwundert und kann es kaum mehr verstehen, warum sie auf den psychischen Zusammenbruch ihres alternden Vaters nach dem Verlust *»seiner finanziellen Sicherheit«* nicht anders reagiert hat. Denn damals hatte sie kaum Verständnis für seine Lage und wandte sich schockiert von ihm ab.

Dazu kommen, wie schon gesagt, die »nationalen Spannungen« innerhalb der Familie. Die junge Margarete wägt schon als Kind die »unterschiedlichen Bewertungen und nationalen Vorlieben« gegeneinander ab, läßt sie aber nebeneinander bestehen. Wie alle Grenzländer leben Dänen und Deutsche ständig in der Gefahr, ihre eigene nationale Gruppe zu idealisieren und den Nachbarn zu verteufeln. Es ist dann für ein Kind nicht leicht, zwischen den »Fronten« der Eltern zu leben und sich dennoch geborgen zu fühlen. Kaum stimmte das Mädchen gefühlsmäßig mit den Ansichten ihrer dänischen Familie und deren Freunden überein, wurde sie mit der anders ausgerichteten deutschen Weltsicht konfrontiert. Das Leben im Grenzland war aber auch eine ganz besondere Herausforderung, sich in Andersdenkende einzufühlen und unterschiedliche, national geprägte Ansichten zu tolerieren.

So entwickelt sie schon als Kind die Fähigkeit der Selbst- und Fremdbeobachtung. Sie ist ständig darum bemüht, *»genau hinzuse-*

*hen*«, um herauszufinden, was ihre Mitmenschen wirklich denken und meinen. Oft leidet sie unter dieser latenten inneren Spannung und wehrt sich gegen den »dauernden Identitätswechsel«. Rückblickend meint sie, daß die Notwendigkeit, sich unentwegt mit zwei grundverschiedenen Denkweisen und Interessen auseinandersetzen zu müssen, sie schon von Anbeginn an auf ihren späteren Beruf als Psychoanalytikerin vorbereitet habe. Immer wieder war sie gezwungen, den Standpunkt zu wechseln und zu versuchen, auch die andere Seite zu verstehen. Fühlte sie sich gerade zu einem Teil der Familie und deren Freunden hingezogen, mußte sie sich am folgenden Tage den oft entgegengesetzten Meinungen der anderen Seite anpassen.

Von einer Psychoanalytikerin wird also gerade das verlangt, was Margarete Mitscherlich in ihrer »Grenzlandsituation« von klein auf gelernt hat: Sie muß sich mit der »anderen Seite«, mit ihren Patienten, identifizieren, das heißt sich in sie einfühlen können und doch den nötigen Abstand wahren. Wie in der »Grenzlandsituation« geht es der Psychoanalytikerin vor allem darum, andere und die meist unbewußten Beweggründe ihres Verhaltens und ihrer Vorurteile zu verstehen. Nur so erwirbt man die Fähigkeit, sich selbst und die Beziehung zum anderen in neuem Licht zu sehen und zu verändern.

## *Einmal wird sie ihre Mutter überflügeln …*

Margarete Mitscherlich schließt nicht aus, daß sie als Kind unwissentlich die »nationaldeutschen Gedanken« ihrer Mutter übernommen hat. Heute erklärt sie sich diese tiefe Übereinstimmung mit der Mutter und deren »deutscher« Welt allein schon daraus, daß diese eine so liebenswerte, heitere und einfühlsame Frau gewesen sei. Aber auch ihren engagierten Einsatz für die Frauenbewegung nach dem Kriege will sie im Rückblick auf ihre überaus starke Mutteridentifizierung zurückführen. Denn auch Grete Nielsen, die Mutter, hatte sich bereits damals für »Frauenfragen« interessiert. Vielleicht wurde Margarete unbewußt vom Wunsch angetrieben, ihre ungewöhnliche Mutter zu *»überflügeln«*.

So lebt Margarete Mitscherlich in ihrer Jugend eine Art Doppelleben – in zwei grundverschiedenen und politisch kontroversen Gesellschaften. Es kann hier nicht darum gehen, die konfliktreiche Geschichte der deutsch-dänischen Beziehungen im vorigen Jahrhundert und bis hin zum Ende des Zweiten Weltkriegs nachzuzeichnen. Zum Bild aber gehört, daß seit der Eroberung der »Düppeler Schanzen« durch preußische Truppen im Jahr 1864 zwischen den beiden Ländern ein gespanntes Verhältnis bestand. Die Beziehungen wurden auch nach der Volksabstimmung von 1920, bei der sich 75 Prozent der Bevölkerung für die Rückkehr nach Dänemark aussprachen, nur scheinbar besser. Unterschwellig blieben die alten Ressentiments weiterhin bestehen. Dann kam der mörderische Zweite Weltkrieg mit der Besetzung Dänemarks durch deutsche Truppen im April 1940, welche die freundschaftlichen Beziehungen auf Jahre hinaus verdüstern sollte.

In dieser Zeit der Spannungen mit dem mächtigen Nachbarn im Süden hat sich das dänische Volk zunehmend auf sich selbst und seine eigenständige Kultur besonnen. Bereits im vorigen Jahrhundert gab es eine starke liberale und soziale Bewegung und bedeutende, weit über die Grenzen des Landes hinaus wirkende Gestalten des geistigen Lebens. Zum dänischen Wesen gehören ein typisch nordischer Pragmatismus in Politik und Wirtschaft, ein ausgeprägter Sinn für Humor, eine liebevolle Ironie und ein kritischer Blick für Übertreibungen aller Art und ausgeprägte Toleranz gegenüber Andersdenkenden. So besteht hier schon lange eine eigenständige Welt, die sich vom großen Nachbarn Deutschland und auch vom übrigen Skandinavien unterscheidet und bewußt abgrenzen will.

## 3.
## Kopenhagen, das Athen des Nordens

Das dänische Geistesleben hat die Familie Nielsen stark geprägt und im Leben von Margarete, das verwoben war mit deutschen Kultureinflüssen, nachhaltig weitergewirkt. Es ist eine dem deutschen Leser wenig bekannte vielgestaltige Welt mit Persönlichkeiten wie dem predigenden Volkserzieher N. F. S. Grundtvig, dem spekulativ psychologisierenden Philosophen Sören Kierkegaard, dem phantasievollen Märchendichter Hans Christian Andersen, dem scharfsinnigen Literaturkritiker Georg Brandes, dem Theologen, Dichter und Widerstandskämpfer Kaj Munk bis hin zur empanzipierten und mit ihrem schweren Schicksal ringenden Schriftstellerin Karen Blixen.

Blicken wir einen Augenblick zurück in die Blütezeit der dänischen Geistesgeschichte der letzten 150 Jahre. In der ersten Hälfte des 19. Jahrhunderts steht Kopenhagen mit seinen damals gerade 100 000 Einwohnern zwar vor dem Staatsbankrott, dafür aber blühen Dichtung und Philosophie, Kunst und Kultur. Gemächlich geht es hier zu: Allabendlich werden die Stadttore der Residenzstadt abgeschlossen, und der Schlüssel wird den landesväterlichen Königen zum Schloß Amalienborg hinaufgebracht. Im »Athen des Nordens« jener schöpferischen Epoche sind gleichzeitig die drei Persönlichkeiten anzutreffen, die Dänemarks Beitrag zur Weltkultur am stärksten verkörpern: Nicolai Frederik Severin Grundtvig, Sören Kierkegaard und Hans Christian Andersen. Wohl mit Recht hat man diese Periode das »goldene Zeitalter« des dänischen Geisteslebens genannt.

Erling Nielsen, der Biograph des Dichters Hans Christian Andersen, hat die drei Großen jener Zeit treffend porträtiert:

»Grundtvig, der größere Bedeutung für die Provinzen erlangen sollte als für die Hauptstadt, setzte seinen Fuß am liebsten nicht vor die Tore von Kopenhagen ... Kierkegaard war wie Sokrates, sein griechischer Lehrmeister in der Kunst der Ironie, annähernd ein Philosoph der Straße und liebte es, mit dem Regenschirm unter dem Arm durch das Gewimmel der Östergade ... zu flanieren ... Andersen teilte seine Abende gleichmäßig zwischen dem gesellschaftlichen Leben und dem Königlichen Theater am Kongens Nytorg, dem damals größten Platz der Stadt, wo er die längste Zeit seines Lebens in kleinen, bescheidenen Stuben hauste ...«[4]

Ihr Denken verkörpert gewissermaßen die drei Bereiche, in die das Seelenleben in der klassischen Psychologie aufgegliedert wird. Sie üben gerade dadurch, jeder auf seine Weise, einen tiefen Einfluß auf das geistige und seelische Leben der Dänen aus, und damit auch auf Margarete Mitscherlichs dänische Familie. Andersen lebt im Land der Phantasie. Kierkegaard spricht die Kraft des Willens an. Grundtvig verbreitet sich im Bereich der Ideen. Gleichzeitig repräsentieren sie auch drei unterschiedliche geographische Regionen Dänemarks. Kierkegaard, geboren in Kopenhagen, war in Jütland aufgewachsen und stellt mit seinem Hang zum Grübeln und seiner Gabe »aus wenigem viel zu machen« die jütländische Welt dar. Für Margarete Mitscherlich hat die jütländische Welt etwas Provinzielles an sich und steht im starken Kontrast zur Hauptstadt Kopenhagen auf Seeland. In Grundtvigs Werk mit seiner nach außen gerichteten Volksverbundenheit leben typische Eigenarten der seeländischen Bevölkerung im Zentrum des Landes. Andersen wiederum mit seinem schwankenden Gemüt, der von der Insel Fünen stammt, vertritt die fünensche Lebensart.

Die Religiosität von Kierkegaard und Grundtvig ist vom theologischen Ansatz geprägt, beim Philosophen Kierkegaard geht es vor allem um die Forderung des Evangeliums, beim Volkspädagogen Grundtvig um die Gnade. Andersen mit seinem Drang nach Unsterblichkeit hingegen verkörpert eine echte Volksfrömmigkeit. Geht es bei Kierkegaard vor allem um den einzelnen, spricht Grundtvig mit seinen Kirchenliedern die Masse der Menschen an, so bezieht Andersen in seinem phantasievollen Werk die ganze organische und unorganische Welt mit ein.

Mit diesen großen Dänen möchte Margarete Mitscherlich doch nicht verglichen werden. Aber es gibt bei ihnen einige Gesichtspunkte, die typisch für die kulturelle und geographische Eigenart Dänemarks sind: Brandes und Andersen haben das für sie zu eng gewordene Dänemark verlassen und sind nach Deutschland gegangen. Der Nachbar im Süden wurde auch für Margarete und viele andere Dänen das Tor zur Welt. *»In Dänemark hatte ich immer das Gefühl, ich muß über die Grenzen gehen. Auch für meinen Vater war das Studium in Berlin ein wichtiges Erlebnis. Erst durch Hitler wurde ich wieder auf Dänemark und die dänische Kultur zurückverwiesen.«* Sie ist nach den schmerzlichen Erfahrungen mit Deutschland auch »innerlich« nach Dänemark zurückgekehrt und hat sich auf die Eigenart dieser Kultur besonnen. In einer heimatkundlichen Schrift, in der einige erfolgreiche Frauen, auch Künstlerinnen aus Nordschleswig, vorgestellt werden, heißt es über Margarete Mitscherlich, sie sei unter den erwähnten Frauen die einzige, »die sich über die Grenzen Nordschleswigs einen Namen erwarb, die zu einem Begriff wurde und doch weiter die Verbindung nach Gravenstein pflegte«.[5]

## *Mit Grundtvig beginnt die Erwachsenenerziehung*

Wie jedes Kind in Gravenstein war auch für die kleine Margarete der Name Grundtvig ein Begriff. Im kleinen Ort gibt es eine Grundtvig-Kirche im karg-protestantischen Stil und eine Grundtvig-Schule. Sie erinnert sich noch an Porträts, auf denen er *»ein schwarzes Pastorengewand trug, mit einer starren weißen Halskrause. Auf diesen Bildern wirkte er für mich als Kind nicht gerade sehr ansprechend. Er war für mich fast so schlimm wie meine Pastoren, mit denen habe ich ihn wohl auch in einen Topf geworfen. Bei uns waren besonders die beiden Schwestern meines Vaters puritanisch fromm. Sie haben mir zum Beispiel untersagt, in den Weihnachtsfeiertagen Tanzmusik zu spielen. Gegen diese protestantische Lebenseinstellung habe ich früh angekämpft.«*

Erst im Erwachsenenalter wird ihr bewußt, daß Grundtvig in Wirklichkeit eine kleine Revolution innerhalb der rigiden kirchlichen Organisation eingeleitet hatte. *»Er war für die Gewissensfreiheit des einzelnen, und hat sich gegen die zu hierarchisch gegliederte Autorität gewandt. Jeder sollte sein Leben vor allem vor seinem eigenen Gewissen verantworten dürfen. Es ging ihm um einen persönlichen Umgang mit dem Christentum. Grundtvig war ein sehr mutiger Erneuerer.«*

Für den Pastor, Theologen und Volkserzieher N.F.S. Grundtvig (1783–1872) wird die menschliche Gemeinschaft die Grundlage seines Wirkens. Er hat von den drei genannten Geistesgrößen am wenigsten Verbreitung im Ausland gefunden, obwohl er mit seinen über 1500 großen Choraldichtungen einen Höhepunkt der sakralen protestantischen Poesie darstellt. Seine Idee einer freiwilligen Jugendschule – die vom lebendigen Wort ausgeht, die keine Examen und Lehrbücher kennt und mehr auf Lebenskunde als auf Wissensvermittlung ausgerichtet ist – war ein Meilenstein in der Geschichte der Pädagogik. *»Grundtvig war in meiner konventionell frommen Familie auch ein Begriff für die Volksbildung. Er hat sich um eine offene christliche Volkserziehung bemüht, weg von den kirchlichen Stereotypen.«*

Grundtvigs Bedeutung für die Bildung des dänischen Volkes ist kaum zu überschätzen, meint Margarete Mitscherlich. Als Fürsprecher der Erwachsenenbildung gründet er 1844 in Rodding die erste Volkshochschule überhaupt. Heute gibt es allein im Norden über 200 Bildungsinstitute nach grundtvigianischen Ideen. Auch wenn sich diese Schulen im Ausland nur schwer durchsetzen konnten, haben sie auf der ganzen Welt Beachtung gefunden und Schüler angezogen. Auf Grundtvigs Initiative gehen die für die hochentwickelte dänische Erwachsenenbildung so charakteristischen Bauernschulen zurück.

Als junger Mann hatte er sich unter dem Eindruck einer unglücklichen Liebe mit Inbrunst der Religion zugewandt. Für ihn bilden Religion, Liturgie, Philosophie und Poesie zunächst ein Ganzes. In seiner »Mythologie des Nordens« unterstreicht er die ewig religiösen Werte des Heidentums. Er versucht zu zeigen, daß die christliche und die heidnische Sicht einander ähneln. 1810 durchläuft er erneut eine religiöse Krise, in deren Verlauf er dann zum strenggläubigen Christen und schließlich zum Reformator der dänischen Kirche wird. Mit seiner Antrittspredigt »Wie ist das Wort des Herrn aus dem Haus verschwunden« zieht er sich den Zorn der Kirchenoberen zu. Grundtvig tritt zum Gegenangriff an und wird 1826 »auf Lebenszeit« der Kirchenzensur unterworfen. Als ihm dann auch noch untersagt wird, beim Gottesdienst seine eigenen Psalmen singen zu lassen, legt er sein Amt nieder.

Doch 1839 beginnt der abtrünnige Pastor wieder zu predigen. Seine Anhängerschaft weitet sich jetzt rasch aus und wird zu einer großen kirchlichen Partei. Aus dem einst konservativen Theologen ist ein furchtloser Freiheitskämpfer geworden. Nach seiner Vorstellung soll die Kirche zu einer möglichst toleranten Institution werden, in der Platz für die verschiedensten Vorstellungen ist. Diese weitherzige Einstellung entspricht Margarete Mitscherlichs Toleranzbegriff; für fanatische religiöse Auseinandersetzungen bringt sie wenig Verständnis auf. Grundtvig hat sich dafür eingesetzt, daß die Gläubigen innerhalb der Staatskirche nicht mehr an den Ortspfarrer gebunden sind, sondern ihnen das Recht eingeräumt wird, freie »Wahlgemeinden« zu bilden. 1848 wird Grundtvig zum Mitglied der Verfassunggebenden Versammlung gewählt, 1855 zum Parlamentsmitglied und wird 1861 zum Bischof ernannt.

In seinen zahlreichen Liedern schafft er eine für die nordischen Länder neuartige glaubensbejahende und naturfrohe geistliche Dichtung. Die Vorstellung von der Verwerflichkeit des Menschen lehnt er grundsätzlich ab, denn der Mensch ist seiner Auffassung nach Gottes Ebenbild. So steht er auch den optimistischen, aufklärerischen Fortschrittsgedanken des 19. Jahrhunderts nahe. In seinem Glauben, die Menschen ließen sich durch die Bildung bessern, ist er ein echter Vertreter des dänischen Volkes und wird im hohen Alter von seinen Landsleuten wie ein Prophet verehrt. Besonders in diesem Punkt, dem Glauben an die Erziehung zum mündigen Menschen, kommen Margarete Mitscherlichs Vorstellungen seinem Denken nahe.

## *Kierkegaard und der Sprung in den Glauben*

Die andere große Gestalt jener Zeit ist Sören Kierkegaard, der »Sokrates aus Kopenhagen«. Er hat bis ins ausgehende zwanzigste Jahrhundert die europäische Geistesgeschichte nachhaltig beeinflußt. *»Am Beispiel Kierkegaards sieht man eindrücklich, wie starke pathologische Schuldgefühle durch eine zu enge Religiosität entstehen können.«* Margarete selbst hat als Kind unter solchen »protestantischen« Skrupeln gelitten, besonders in bezug auf die Sexualität. Sie hat sich von diesen Zwängen unter anderem dadurch befreien können, daß sie der Kirche ganz den Rücken gekehrt hat. Schon Margaretes Vater neigte dazu, das Leben sehr schwer zu nehmen, auch er hatte diesen Hang zum Grübeln, zur Angst und zum Pessimismus. In diesem melancholischen Wesenszug findet sich sicher auch ein Ansatzpunkt, warum sie sich in ihrem Werk so ausgiebig und einfühlsam mit dem Trauern beschäftigt hat.

Bei vielen Dänen findet man diesen eher »gespaltenen« Charakter: Einerseits wird Dänemark mit seinem fröhlichen und geselligen Bewohnern das »Italien des Nordens« genannt. *»Die Dänen lieben Essen und Trinken und sind in ihrer Gastlichkeit sehr großzügig. In Dänemark kommt bei Festen alles, was Küche und Keller zu bieten hat, auf den Tisch. Im Umgang miteinander sind sie freundlicher als die Deutschen.«* Andererseits hat Dänemark eine höhere Selbstmordrate als Deutschland. *»Dieser depressive ›Kierkegaardtypus‹ findet sich hier häufig. Sören Kierkegaard war ein schwermütiger und beinahe verzweifelter Denker. In seinem Tagebuch hat er auch mit dem Gedanken gespielt, sich selbst zu erschießen. Er war wohl sehr einsam, mit einer großen Sehnsucht nach Liebe und nach einem religiösen Verschmelzen mit Gott.«*

Dieser eigenwillige Denker wird 1813 in Kopenhagen geboren, wo er fast sein ganzes Leben zubringt und 1855, erst 42 Jahre alt, stirbt. In einer ersten Schaffensperiode setzt er sich in dichterischer Form mit ethischen und religiösen Problemen auseinander. Dem Zustand des unmittelbaren Erlebens, in dem der Mensch noch nicht zu sich selbst gefunden hat und deshalb untergeht, stellt er die Freiheit und das Wagnis eines »Sprungs in den Glauben« als seine neue Botschaft entgegen.

Das führt zu einer entschiedenen Auseinandersetzung mit dem deutschen Staatsphilosophen Georg Wilhelm Friedrich Hegel, der nicht zwischen Logik und Existenz unterscheiden will. Kierkegaard meint, das menschliche Dasein könne in kein logisches System gebracht werden. Der Däne hält wenig von einem lehrbaren, festgelegten Wissen. Es komme darauf an, das selbständige Fragen und Denken im Menschen zu entfesseln, damit jeder seine eigene Wahrheit finden könne. Für Kierkegaard geht es um »praktische Einzelfragen« und um »existentielle Probleme«. Der eine

Pol im Leben ist der Kern des Menschen, sein »Selbst«, in dem sich eine Synthese aus Unendlichkeit und Endlichkeit vollzieht. Der andere Pol ist der christliche Glaube, den man nur innerlich als persönliches Erlebnis erfahren kann.

Weil er das Christentum an der »Gleichzeitigkeit mit Christus« mißt, wird er zum scharfen Kritiker des bestehenden Kirchenchristentums. »Christentum gibt es hierzulande gar nicht mehr... um es wieder zu bekommen, muß erst eines Dichters Herz brechen, und dieser Dichter bin ich« (Kierkegaard in seinen Tagebüchern). In den Schriften seiner zweiten Periode lehnt er jede intellektuelle Aneignung des Christentums ab. *»Kierkegaard war in seinen Empfindungen sehr differenziert, aber auch selbstquälerisch. Mit seinen Zweifeln an sich selbst und seiner tiefgründigen Lebensangst erscheint er uns fast als moderner Mensch, der seiner Zeit voraus war.«* Besonders in seiner Vorstellung von der Angst als dem Untergrund unseres Daseins, von der Einsamkeit des Menschen und seiner unaufhebbaren Tragik, nimmt er manche Einsichten der Psychoanalyse vorweg, wie Margarete Mitscherlich unterstreicht. So hat seine dialektische Entwicklung des Existenz-Begriffs eine tiefgehende Wirkung auf das moderne philosophische Denken bekommen, die bis heute andauert.

Ein wichtiges Wesenselement für die geistige Welt der Dänen ist ihre Sprache. *»Die Dänen empfinden ihre Muttersprache als ›dejlig‹, als schön und lieblich. Das habe ich als Kind wohl kaum bewußt so empfunden. Und doch ist Dänisch gewissermaßen die Melodie, mit der ich aufgewachsen bin.«* Kierkegaard beschreibt das Dänische als eine Sprache, die »nicht schnauft und angestrengt klingt, wenn sie vor dem Unaussprechbaren steht, sondern im Schmerz und im Ernst sich damit beschäftigt, bis es ausgesprochen ist... eine Sprache, die nicht in der Ferne sucht, was in der Nähe liegt, oder tief unten sucht, was auf der Hand liegt... eine Sprache, nicht ohne Ausdruck für das Große, das Entscheidende, Auffallende ist... eine Sprache, die eine reizende, eine anmutige , eine holdselige Vorliebe für Zwischengedanken und Nebenbegriffe hat und das Eigenschaftswort und das leise Geplaudere der Stimmung und das Summen des Übergangs und die Innerlichkeit der Beugung und die verborgene Üppigkeit des verschwiegenen Wohlbefindens besitzt; eine Sprache, die Scherz genauso gut versteht wie Ernst«.[6]

## *Andersen erzählt von den Galoschen des Glücks*

Ein ganz dieser Sprache hingegebener Schriftsteller war Hans Christian Andersen, der Dritte der Großen, dessen Geschichten Margarete als Mädchen nur so verschlungen hat. »Es ist die Sprache, durch die Andersen unter den dänischen Schriftstellern in eine Klasse für sich eingereiht werden muß.«[7] Sein Märchenstil wirkt zwar schlicht und einfach, ist jedoch völlig durchkomponiert. Er konnte aber auch ein scharfer Polemiker sein, voll Spott und Ironie. Mit Kierkegaard verstrickte er sich in eine literarische Fehde. Der Philosoph hatte in seinem Erstlingswerk »Aus den Papieren eines noch Lebenden, herausgegeben gegen dessen Willen von S. Kierkegaard« (1834) den Dichter einen »Jammerlappen« genannt. Kierkegaard, der Einsame, der sich als Märtyrer sieht, ist empört über Andersens Meinungen vom Genie, hatte dieser doch in Anspielung auf Kierkegaard voll Ironie geschrieben: »Das Genie ist ein Ei, welches der Wärme, der Befruchtung durch das Glück bedarf, sonst wird es ein Windei.« Auch im Vergleich, den Kierkegaard zwischen Andersen und sich zieht, werden die unterschiedlichen Sphären sichtbar, in denen die beiden sich bewegen. »Seht ihr, Andersen, der kann das Märchen von den ›Galoschen des Glücks‹ erzählen, ich aber kann das Märchen erzählen vom Schuh, welcher drückt.«

*»Andersen war ein zwiespältiger Mensch: Einerseits hatte er etwas Leichtes an sich, er war ein Glückskind, der umschwärmte Liebling vieler europäischer Fürstenhöfe, andererseits war er auch ein selbstquälerischer*

*Mensch, der sich nicht am Leben freuen konnte. Seine Märchen sind sehr psychologisch angelegt und sagen viel über ihn selbst aus.«* Von seiner Geburt her gesehen ist H.C. Andersen alles andere als ein Glückskind. 1805 kommt er als Kind eines Schuhmachers in Odense zur Welt. Die Mutter ist um 15 Jahre jünger als ihr Mann, die Ehe wird erst zwei Monate vor der Geburt des Sohnes geschlossen. »Die Mutter war zweifelhafter Herkunft, halbwegs Analphabetin, und endet als trunksüchtiges Wrack: der Vater war ein Phantast, der Großvater väterlicherseits geisteskrank… eine Halbschwester, außerehelich geboren, scheitert in der Hauptstadt, eine Schwester der Mutter war ebendaselbst Bordellwirtin…«[8] Die unglückliche Kindheit der Mutter hat Andersen im »Kleinen Mädchen mit den Schwefelhölzern« dichterisch verarbeitet. Er wächst in großer Armut auf, und doch hat ihn sein Elternhaus günstig beeinflußt.

Hans Christian, der die Armenschule besuchen muß, wird von seinen Mitschülern oft gehänselt. Darum zieht er sich früh in die Welt der Phantasie zurück. Er spielt ein Puppentheater, das ihm der Vater gebaut hat. Bald erwacht in ihm ein unbändiger Ehrgeiz, einmal berühmt zu werden. Die Wahrsagerin, an die sich die Mutter wendet, verheißt ihm die Erfüllung seines Traums. »Ihr Sohn wird ein großer Mann«, sagte die Alte, »zu seinen Ehren wird dereinst die Stadt Odense illuminiert werden.«[9] Wer hätte damals ahnen können, daß die kleine Stadt wirklich einmal bei der Verleihung seiner Ehrenbürgerschaft eigens für den armen Schustersohn erleuchtet werden würde? Als Vierzehnjähriger begibt er sich nach Kopenhagen. Er fühlt sich allein und verlassen, hat niemand außer Gott im Himmel. Sein inniges Gottvertrauen erhält sich Andersen sein ganzes Leben. »Die Geschichte meines Lebens wird der Welt sagen, was sie mir sagt: Es gibt einen liebevollen Gott, der alles zum Besten führt.«[10]

Aber das Leben in Kopenhagen bringt ihm zunächst einmal Armut und Erfolglosigkeit. Vergeblich versucht er auf der Bühne

Fuß zu fassen. Plötzlich wendet sich sein Geschick, als der Staatsrat Jonas Collin für den jungen Mann ein königliches Stipendium an der Lateinschule in Slagelse erwirkt. Er wird zum leidenschaftlichen Leser, erwirbt sich umfassende Kenntnisse der Philosophie und Naturwissenschaften. Zunächst schreibt Andersen Prosa und Lyrik im sentimental-romantischen Geschmack der Zeit, aber bereits mit einem Schuß Ironie. Von großer Bedeutung wird der Einfluß des dänischen Dichters A.G. Oehlenschläger und der deutschen Romantiker E.T.A. Hoffmann, Tieck und Chamisso. Zum ersten großen Erfolg wird seine 1829 publizierte »Fußreise von Holmen-Kanal zur Ostspitze von Amager«.[11] Viele Theaterstücke, Gedichte, Vignetten folgen.

Unsterblich sollte Andersen durch seine Märchen werden, die ab 1835 erscheinen und in über 80 Sprachen übersetzt worden sind. Sie beruhen oft auf Volksmärchen oder wirklichen Ereignissen und werden zu einer umfassenden Zeitsatire. Er schreibt polemisch und dialektisch, hauptsächlich für Erwachsene und spricht mit psychologischem Gespür tiefverborgene Sehnsüchte seiner Leser an. Seine bekanntesten Märchen sind »Des Kaisers neue Kleider«, »Die Prinzessin auf der Erbse«, »Das häßliche Entlein« und »Die kleine Seejungfrau«, die zu Margaretes Lieblingsgeschichten zählten. *»H.C. Andersens Märchen sind viel differenzierter als zum Beispiel die Volksmärchen der Gebrüder Grimm. Sein Einfühlungsvermögen bringt mich immer wieder zum Staunen.«*

H.C. Andersen unternimmt viele Reisen im eigenen Land. Er fährt auch nach Deutschland, Frankreich und Italien. Er ist ein gern gesehener Gast an Königs- und Fürstenhöfen. Eine Art zweite Heimat findet er bei Großherzog Karl Alexander von Sachsen-Weimar. In Berlin und London wird Andersen als Dichter gefeiert und freundet sich mit Charles Dickens an. Er scheint ein wahrer »Hans im Glück« zu sein. »Es liegt eine tiefe persönliche Wahrheit in dem Bild, das seine Märchen vom Leben zeichnen. Aladdin ist für ihn nicht Dichtung, sondern Realität.«[12] Und doch wird das große Glück, das ihm zufällt, bis zu seinem Tod 1875 von körperlichen und seelischen Leiden überschattet. *»Daß es ihm sein Leben lang verwehrt geblieben ist, dieses Glück wirklich zu genießen, hängt sicher mit seinen neurotischen Störungen zusammen«*, meint die Psychoanalytikerin.

## *Brandes macht Nietzsche weltbekannt*

Auch der für die dänische Kulturgeschichte wichtige Ästhetiker, Literaturhistoriker und Kritiker Georg Brandes (1842–1927) hat Margarete beeinflußt. Er wurde weit über die Grenzen seines Landes hinaus bekannt. Ähnlich wie für Kierkegaard trifft für ihn der Spruch vom Propheten zu, der im eigenen Land nichts gilt. *»Ich habe mir als junges Mädchen Brandes' Werke, wie die von Jacobson und anderen Schriftstellern mit meinem Taschengeld selbst gekauft. Zu meinem Bedauern mußte ich viele Kisten, vollgestopft mit diesen Werken, in Dänemark zurücklassen.«* Brandes, von Hegel beeinflußt, macht sich einen Namen mit Abhandlungen »Über den historischen Roman« und den »Schicksalsbegriff in der antiken Tragödie«. Er bewundert den französischen Geschichtsphilosophen Hippolyte Taine und überträgt dessen psychologische und historische Deutung auf die Literaturphilosophie. Schon vor Freud habe sich Brandes als einer der ersten mit der Erotik und der Frauenfrage beschäftigt, betont Margarete Mitscherlich. Allerdings wird er in seinen Ansichten über die Frau auch stark von der etwas verächtlichen Haltung Nietzsches und Strindbergs beeinflußt.

In seinen Vorlesungen über die Hauptströmungen der Literatur im 19. Jahrhundert polemisiert er gegen die Ästhetik und Glaubensphilosophie seiner Zeit. Der Freidenker Brandes hat deshalb bald politische Schwierigkeiten. Seine Anstellung an der Universität wird gekündigt. Er verläßt sein Land und zieht nach Berlin. Auch nach seiner Rückkehr nach Dänemark 1883 bleibt ihm eine offizielle Stelle versagt. Von Kopenhagen aus übt er dennoch, trotz ständiger Angriffe seiner Widersacher, einen nachhaltigen Einfluß auf die internationale Literatur aus.

Brandes hat für viele nordische Schriftsteller, die es schon wegen ihrer Sprache schwer hatten, im Ausland bekannt zu werden, eine Art Brückenfunktion. *»Er hat der gesamten nordischen Literatur zu internationaler Anerkennung verholfen. Besonders Henrik Ibsen und August Strindberg, deren Werke ich verschlungen habe, verdanken Brandes manche Anregung.«* Brandes wendet sich immer stärker einer individualistischen Betrachtungsweise zu. Seine Werke über große Persönlichkeiten wie Shakespeare, Goethe, Voltaire, Michelangelo und Caesar sind auch außerhalb Dänemarks bekannt geworden. Aus seiner Feder stammt auch die erste große Biographie über Kierkegaard. 1889 hält er, auch hier ein geistiger Pionier, die erste bedeutende Vorlesung über Friedrich Nietzsche, dessen Kulturkritik und Lehre in vielem Brandes' eigenen Anschauungen entspricht. Brandes war in seinem späteren Leben ein verbitterter Mann, der trotzdem – wenn es um andere ging – sich um Objektivität und Neutralität bemühte.

## *Munk – ein Märtyrer für Dänemark*

Eine weitere große dänische Persönlichkeit, die im Leben der jungen Margarete eine Rolle spielte, war schließlich der 1898 geborene Kaj Munk, ein Pfarrer, der Kierkegaards Denken nahestand. *»Für mich war der Literat Munk im Zweiten Weltkrieg eine wichtige Figur der Widerstandsbewegung. Mutig hat er die Dänen zum Widerstand aufgerufen. Das sollte ihn sein Leben kosten.«* Am 4. Januar 1944 wurde er wegen seiner politischen Haltung gegenüber der deutschen Besetzungsmacht von den Schergen der Gestapo umgebracht.

Munk wächst als Waise in einer Bauernfamilie mit der kleinbürgerlichen und konservativen Einstellung seiner Umgebung auf. Während seiner Schulzeit beeindruckt ihn der Freidenker Georg Brandes. Zugleich wird er von Grundtvigs »innerer Mission« geprägt und zum Selbststudium ermutigt. Der junge Munk lebt im Zwiespalt von Emotion und Intellekt. Sein ganzes Leben lang hat er zwischen seiner Berufung zum Literaten und zum Pfarrer geschwankt. Unter dem Einfluß antiintellektueller Stimmungen der dreißiger Jahre wendet er sich dann aber immer mehr der Religion zu. Ähnlich wie Kierkegaard geht es ihm um ein persönliches Christentum. Von der offiziellen Kirche hält er nicht viel. Schließlich übernimmt er eine Pastorenstelle in einer Fischergemeinde in Jütland, verfaßt gleichzeitig zahlreiche Schauspiele und wird bald zu einem vielseitigen und angesehenen Literaten.

Schon vor dem Krieg distanziert sich Munk von revolutionären Tendenzen und Fehlentwicklungen der Demokratie. Zeitweise verfolgt er die faschistischen Bewegungen und die »großen Männer« auf dem Kontinent mit unverhohlener Sympathie. Anfänglich bewundert er vor allem Mussolini, aber auch Hitler. Doch der Einmarsch der italienischen Truppen in Abessinien und die Rassengesetze der Nationalsozialisten öffnen ihm allmählich die Augen. Seine Bewunderung für die Machtmenschen jener Zeit schlägt in offene Ablehnung und Widerstand gegen die totalitären Systeme um. Er ist zutiefst enttäuscht darüber, daß die Deutschen die Tschechoslowakei besetzen und die Russen das freiheitsliebende Finnland überfallen. Munk wird zum dezidierten Antikommunisten und Antifaschisten. Nun schreibt er patriotische Verse wie sein aufrüttelndes Gedicht »Ein wenig über Wort und Vaterland« und wird zu einem nationalen Führer.

Sein Theaterstück »Niels Ebbesen«, in dem er seinen geistigen Vater Grundtvig unter dem Einfluß eines erotischen Erlebnisses zum nationalen Erwecker werden läßt, zeugt von einer völlig veränderten Haltung im Zeichen des Widerstandes. Sein »Deutscher Olympus« von 1941 gegen die deutsche Besatzungsmacht wird sofort beschlagnahmt. Von der Kanzel herab fordert er in den späteren Jahren mit unmißverständlichen Worten die Dänen auf, sich gegen die Okkupanten zu erheben. Man läßt den Aufrührer Anfang 1944 gewaltsam beseitigen, um die sich nun rasch ausbreitende Widerstandsbewegung zu entmutigen, erreicht aber das Gegenteil. *»Der Mord an Kaj Munk hat ganz Skandinavien in seiner Empörung gegen die Deutschen geeint und ihn zu einer Art Märtyrer für die Sache Dänemarks gemacht«*, erklärt Margarete Mitscherlich.

## *Blixen, die Scheherazade des Nordens*

Zu den herausragenden Gestalten des dänischen Kulturlebens, die Margarete Mitscherlich beeinflußt haben, gehört schließlich die 1962 verstorbene, auch im Ausland viel gelesene Schriftstellerin Karen Blixen. Mit der Verfilmung von »Out of Africa« ist ihr Leben einem breiten Publikum nähergebracht worden. Margarete Mitscherlich hat sich mit dem Schicksal der weltbekannten Schriftstellerin in einem Essay eingehend auseinandergesetzt. *»Karen Blixen war auch eine sehr possessive Frau, und doch war ihr keine dauerhafte Bindung zu einem Mann möglich. Für mich verkörperte die Blixen – die außer Landes wohl bekannteste Dänin – in meiner Jugend die typische Frau, die in der alten elitären Klassengesellschaft aufgewachsen und in ihr behaftet geblieben war.«*

Geburt und Stand sind in der dänischen Gesellschaft früher für den Lebensweg meist entscheidend gewesen. Später hat man der Bildung, der Welt des Geistes größere Bedeutung beigemessen. In jüngster Vergangenheit hat dann auch in Dänemark das »Gelddenken« seinen Einzug gehalten und ist vielerorts bereits zum dominierenden Element geworden. In Karen Blixens Leben finden sich alle drei Elemente nebeneinander: die vornehme Herkunft, die spät erworbene Bildung und das Geld im Kampf ums Dasein.

Karen Christentze Dinesen kommt 1885 als zweites Kind des

Offiziers, Jägers, Gutsbesitzers und Politikers Wilhelm Dinesen zur Welt. Der von Karen Dinesen vergötterte Vater nimmt sich 1895 das Leben. Mutter Ingeborg, aus einer wohlhabenden Kaufmannsfamilie stammend, läßt ihrer begabten Tochter eine eher dürftige Ausbildung angedeihen. *»Übrigens lebte meine Stiefgroßmutter in einem ganz ähnlichen Milieu, auch sie hatte etwas sehr Herrschaftliches an sich«*, erinnert sich Margarete Mitscherlich. Einen Beruf erlernt Karen Dinesen nicht, wie es damals üblich war. »Es ist eine Schande, wie Mädchen erzogen werden. Ich bin fest überzeugt davon, daß, wenn ich als Knabe geboren worden wäre, ich mit genau demselben Verstand und den übrigen Fähigkeiten, die ich habe, imstande gewesen wäre, mich selbst durchzubringen«, schrieb Karen an ihren Bruder Thomas aus Afrika. Auf ihre Art war sie eine Vorkämpferin der Frauenbewegung.

Das dänische Heimatland verkörpert für sie eine langweilige Bourgeoisie mit starren Umgangsformen, denen sie ihr Leben lang zu entfliehen versucht. Erste Stationen für Karen Blixen sind Paris, London und Rom, in denen sie sich als Malerin versucht, bis sie nach Afrika auswandert. Hier finden wir eine merkwürdige Parallele zu den Jugendträumen von Margarete. Auch sie spielte einmal kurz mit dem Gedanken, gemeinsam mit ihrer Freundin Jutta Tedsen nach Afrika auszuwandern, um der geistigen und gesellschaftlichen Enge ihres Heimatlandes zu entgehen.

Karen heiratet mit 29 Jahren den Baron Bror Blixen-Finecke, einen entfernten, verarmten Vetter. Mit Mitteln aus ihrem Familienvermögen erwirbt das Paar die Farm Ngong unweit von Nairobi in Kenia. Da trifft sie ein Schicksalsschlag. Sie zieht sich in ihrer Ehe eine Syphilis zu, an der sie ihr ganzes Leben schwer zu leiden hat. Die Ehe scheitert. Auf sich allein gestellt, kämpft sie vergeblich um das Überleben ihrer Farm, die ihr damals alles bedeutet. In der großen Depression von 1930 und 1931 gehen die Geschäfte immer schlechter. Die Weltmarktpreise fallen. Ihre Kaffeeplantage ist nicht zu retten.

Die Rückkehr nach Dänemark bedeutet für sie den Verlust einer teuer erkauften Selbständigkeit. Sie wird Schriftstellerin, kehrt 1932 auf das Familiengut Rungstedlum zurück und debütiert im Alter von fast 50 Jahren unter dem Pseudonym »Isak Dinesen« mit den »Sieben Gothischen Geschichten«. Bei ihren phantastischen Erzählungen wird sie von der Märchenwelt Andersens angeregt. Karen Blixen veröffentlicht ihr Buch in Amerika, erregt in der angelsächsischen Welt großes Aufsehen und wird auf Anhieb Erfolgsautorin. Sie schreibt auf Englisch in der literarischen Form des 18. Jahrhunderts. Dänischen Literaturhistorikern aber kommt sie wie ein »fremder, exotischer Vogel« vor.

Im Jahr 1937 erscheint ihr Bestseller *Out of Africa.* Der schwarze Kontinent ist für Karen Blixen in erster Linie ein geistiger Ort; er verkörpert für sie das Paradies, wo Menschen und Tiere noch in ungebrochener Naturverbundenheit zusammenleben können. Scharf kritisiert sie den Kolonialismus und sieht die kommende afrikanische Tragödie zum Teil voraus. Mit ihrem tiefen Einfühlungsvermögen schildert Blixen den ursprünglichen Lebensglauben der Eingeborenen Kenias. Trotzdem ist manches in ihrem Buch idealisiert und paßt nicht recht mit der Wirklichkeit zusammen, wie ihre eigenen Briefe zeigen.

Die ökonomischen und politischen Zwänge im Schatten des Zweiten Weltkriegs zerstören schließlich ihre »heile Welt«. Dazu der Blixen-Kenner Jürg Glause: »Sie sieht sich als Scheherazade des Nordens aus Tausendundeine Nacht. In ihrer Lebensphilosophie sind Gott und Teufel gleichermaßen das Schicksal, das es auf sich zu nehmen gilt. Erzählen soll helfen, die Gefahr zu bannen. ›Out of Africa‹ ist Trauerarbeit, verklärte Klage über den Verlust, zugleich Auflehnung dagegen.«[13] Margarete Mitscherlich schreibt über die weltbekannte dänische Autorin:

*»Karen Blixen suchte das Abenteuer, und es hieß Afrika, doch sie war, als Frau, ziemlich unfrei in ihren Entscheidungen und mußte ihrem Wunsch,*

*eigene Abenteuer zu suchen, Forschungsreisen zu unternehmen, Zügel anlegen. Da sie ihren Bedürfnissen nur bedingt nachgeben konnte, wählte sie den Weg in die Phantasie, und was sie dabei an großartiger Literatur hervorbrachte, spiegelt auch ihre aristokratische Wertewelt wider. Sie wollte, wie viele Dänen, einfach aus dem zu engen Heimatland hinaus. Ich habe als junges Mädchen ganz ähnlich empfunden.«*[14]

## 4.
## Die Begegnung mit der deutschen Kultur

Wie anders ist die Weltsicht von Margaretes Mutter, die aus Lütjenburg, einem Luftkurort in der Nähe von Lübeck, stammt. Ihr Blick richtet sich ganz nach Süden, zur deutschen Kultur hin. Vater Leopold, ein aus Österreich stammender Pelzhändler, stirbt, als Grete noch nicht einmal fünf Jahre alt ist. Im gleichen Jahr erkrankt sie an einer Knochentuberkulose. Zurück bleiben ein deformierter Fuß, ein versteiftes Fußgelenk und ein verkürztes Bein. Trotzdem ist sie in ihrer Bewegungsfreiheit erstaunlich wenig eingeschränkt. Auch die Mutter lebt nicht lange. Grete Leopold wird bereits mit vierzehn Jahren zur Vollwaisen. Ihre ältere Schwester nimmt sie zu sich in ihr Haus auf und schickt sie auf ein Lehrerinnenseminar. Eine Zeitlang studiert Grete in Hamburg und verlobt sich, aber ihr Bräutigam stirbt kurz vor der Heirat an Tuberkulose.

Nach diesem schmerzlichen Verlust faßt sie den Beschluß, überhaupt nicht zu heiraten. Das Bild des »jung verstorbenen Bräutigams« erscheint der jungen Margarete später immer wieder als das verlorene Glück der Mutter, als das Leben, das sie eigentlich führen wollte. *»Ich habe meiner Mutter, als ich fünfzehn Jahre alt war, vorgehalten, daß dieser Verlobte anscheinend noch viele Jahre später eine größere Rolle in ihrem Leben spielte als mein eigener Vater. Das hat mich gekränkt«*, meint Margarete Mitscherlich.

In einer Trotzanwandlung erklärt sie ihrer Mutter sogar, sie werde bestimmt niemals eine Ehe eingehen, denn Heirat ohne echte Liebe sei doch wie Prostitution. Als Frau lebe man mit einem Mann meist ohnehin nur zusammen, wenn er wirtschaftliche und gesellschaftliche Sicherheit bieten könne. *»Mit meiner Auflehnung war es dann aber auch nicht so weit her. Natürlich war ich mehr an die Gesetze des Anstandes, an das weibliche Rollenverständnis gebunden, als ich es selbst wahrhaben wollte.«* Auch in der dänischen Gesellschaft brachte man damals Frauen, die unverheiratet waren und keine Kinder hatten, wenig Achtung entgegen. Mädchen wurden schon früh auf die Aufgabe der Ehefrau und Mutter vorbereitet und auf diese Rolle festgelegt.

## *Wie Grete und Margarete einander gleichen*

Mutter Grete aber ist für damalige Verhältnisse eine ungewöhnlich selbständige Frau, die sogar einen Beruf ausgeübt hat. Sie wird auch dadurch ihrer Tochter zum Vorbild. Für Margarete hat es nie den kleinsten Zweifel daran gegeben, daß sie – wie ihre Mutter vor ihr – später einmal studieren will. Ihr Wunsch, der Mutter zu gleichen, drückt sich sogar in einer fast gleichen Handschrift aus. Mutter Grete will ihre Tochter zur Unabhängigkeit erziehen und sie nicht allzu lange an sich und das Elternhaus binden. Sie entläßt ihre Tochter früh ins selbständige Leben. Das Vorbild der Mutter hat ihr zwar Grenzen im Denken gesetzt, aber doch nicht in solchem Maße, daß Margarete deswegen *»mit Scheuklappen«* durch die Welt gegangen wäre.

Das heißt nicht, daß Grete Nielsen keine mütterliche Frau ist. Obwohl sie ihrem Mann in der Arztpraxis häufig zur Seite stehen muß, findet sie immer Zeit für ihre beiden Kinder. Im Haushalt stehen ihr Hausangestellte zur Seite. Will ihr jemand sein Herz ausschütten, kann sie gut zuhören, ohne je ungeduldig zu werden. Die Trennungsangst ihrer kleinen Tochter versteht sie mit tröstenden Worten zu lindern. *»Wenn meine Mutter nur einen Tag in die nahe gelegene Stadt fuhr und ich sie nach der Schule zu Hause nicht vorfand, wurde ich weinerlich, zog mich zurück und litt. Die Wochen, in denen* *die Eltern in die Ferien fuhren, waren besonders schwer zu ertragen.«* Immer wenn Margarete krank wird, sitzt die Mutter bei ihr am Bett. In den kalten dänischen Wintern wärmt sie ihr die Decke mit einer Bettflasche.

Margarete Mitscherlich beschreibt die Mutter als eine *»heitere und kindliche Natur«*, die sich unschwer in ihre Kinder einfühlen und wunderbar mit ihnen spielen kann. Zur Freude ihrer Kinder erfindet sie immer wieder neue Spiele. *»Oft sind wir in die nahe gelegenen Wälder spaziert und haben voll Aufregung und Freude nach den Überraschungen gesucht, die sie in Baumstämmen versteckte. So war es an Kindergeburtstagen, die wir oft im Wald feierten. Der Waldboden war mit Anemonen und vielen anderen bunten Blumen bedeckt.«*

Auf ihren Wanderungen durch Wälder und Gärten kann ihr die Mutter Pflanzen und Bäume nicht nur mit deutschem, sondern auch mit lateinischem Namen benennen. Die Sommerferien verbringt die Familie am Meer. Gerne erinnert sich Margarete Mitscherlich an die schönen Buchenwälder in der Ostseelandschaft. *»Wir Kinder bauten hier unsere eigenen kleinen Gärten, pflanzten mitten in den Wald Bäumchen, und warteten bis zum nächsten Jahr mit Spannung darauf, ob sie auch gewachsen waren.«* Schon früh wird ihr erlaubt, allein oder mit Freundinnen in der Natur herumzutollen. Immer wenn sie das Bedürfnis hat, allein zu sein und zu sich zu kommen, streift sie durch die Wälder. Ihre ausgiebigen Spaziergänge führen sie auch in den Schloßpark mit seinem See oder ans Wasser der Förde. Wie ihre Mutter hat das lebhafte Mädchen den Wunsch nach körperlicher Bewegung. Denn Grete ist trotz ihres Leidens bewegungsfreudig und möchte ihre Behinderung am liebsten verleugnen. Dann wieder konnte sie stundenlang in ihren Büchern schmökern und darüber den Rest der Welt vergessen. Die älteren Geschwister können dieses sehr unterschiedliche Verhalten des »Nesthäkchens« nicht wirklich verstehen und halten Margarete für launisch.

Von der Mutter, die ihr so gern vorlas und mit viel Phantasie selbst erdachte Geschichten erzählte, hat sie wohl ihre unersättliche Leselust mitbekommen. *»In meiner Kindheit habe ich unendlich viel gelesen. Am Anfang habe ich ungezählte dänische und deutsche Märchen mit Spannung gelesen, später haben mich dann auch orientalische Märchenerzählungen interessiert.«*

Im Jahr 1926 kommt sie in die deutsche Privatschule in Gravenstein. Der Zufall will es, daß Grete Nielsen hier in Vertretung unterrichtet und so zur ersten Lehrerin ihrer kleinen Tochter wird. *»Ich war zuerst empört, daß ich den Unterricht nicht ohne besondere Genehmigung verlassen durfte. Nur schwer konnte ich mich an den Zwang gewöhnen; das habe ich vielleicht mein Lebtag nicht richtig gelernt.«* Bis dahin wurde sie privat von ihrer Mutter zu Hause unterrichtet und wächst in großer Freiheit auf. Morgens steht sie auf, wann es ihr in den Sinn kommt und teilt sich den Tag weitgehend selbst ein. Da fällt es ihr später natürlich schwer, sich der Disziplin des Schullebens unterzuordnen. Die Schule will deutsches Kulturgut vermitteln. Es gibt Lehrer, die ihre Stellung mißbrauchen, um die Kinder gegen das Dänentum aufzubringen. Da Margarete die deutsche Sprache besser als ihre Mitschüler beherrscht, kann sie ohne große Anstrengung dem Unterricht folgen. Mit elf Jahren macht sie ihre erste größere Reise nach Thüringen und fühlt sich durch die bewaldete Hügellandschaft an Dänemark erinnert. Mit dem »Deutschen Jugendbund« unternimmt sie Ausflüge durch Nordschleswig-Holstein.

Und trotz allem meint Margarete Mitscherlich, daß sie ihrer Mutter gegenüber in für sie wichtigen Fragen nicht wirklich offen sein konnte und durfte. Das gilt besonders für den sexuellen Bereich. Sexuelle Regungen jeder Art bei Kindern galten als das Schlimmste überhaupt. Auch ziemlich harmlose Spielereien dieser Art mit anderen Kindern waren verpönt. Schon früh wird darüber gesprochen und erklärt, daß solche gefährlichen »Spielereien« krank machen. Da geriet die junge Margarete in Gewissensnot und fühlte sich bedrängt. Man durfte um keinen Preis die

Unwahrheit sagen. Lügen galten als unverzeihliche Sünde. *»Meine Mutter bekam bei solchen heiklen Gesprächen ihre mich so bedrückenden traurigen Augen.«*

Auch wenn die Mutter in ihren sexuellen Anschauungen nur die damaligen landläufigen Vorurteile und Hemmungen teilte, war sie verglichen mit anderen Frauen von Ärzten und Akademikern recht fortschrittlich. Dabei gewannen in Dänemark gerade in dieser Zeit die Lehren Sigmund Freuds rasch an Boden, mit enthusiastischen Anhängerinnen wie Sigurd Næsgaard. Heiße Diskussionen gab es darüber, ob und inwieweit die Psychoanalyse – besonders in der Traumdeutung – überhaupt etwas mit Wissenschaft zu tun habe oder ob es sich nur um reine Phantasieprodukte in wissenschaftlichem Gewand handle. Jedenfalls hinterließ diese Debatte bedeutende Spuren in einer neuen Schriftsteller- und Künstlergeneration.[15]

## *Ein Kreis um Gertrud Bäumer*

Grete Nielsen hatte sich nicht nur mit Shakespeare, Kleist, Hölderlin und anderen Klassikern eingehend beschäftigt, sie kannte sich auch in der »modernen Literatur« aus und gehörte, wie viele Freundinnen und Kolleginnen, zu den Anhängerinnen von Gertrud Bäumer. Sie war die führende Gestalt der deutschen Frauenbewegung und hatte auf die Frauenemanzipation im Norden großen Einfluß. Gertrud Bäumer war nicht nur Mitarbeiterin von Friedrich Naumann und Theodor Heuss bei der liberalen Zeitschrift *Hilfe*, sie war auch Herausgeberin des *Handbuchs der Frauenbewegung* und von 1920 bis 1933 Ministerialrätin im Reichsinnenministerium und zeitweilige Delegierte für Jugendpolitik beim Völkerbund.

Margarete Mitscherlich steht der deutschen Vorkämpferin in manchen Fragen skeptischer gegenüber, als ihre Mutter es tat.

*»Gertrud Bäumer und ihre Generation waren typische Repräsentantinnen der bürgerlichen Anschauungen ihrer Zeit; sie kämpften für individuelle Autonomie der Frau, interessierten sich aber wenig für deren sexuelle Bedürfnisse, noch zeigten sie Interesse für die deterministische Kraft, die das Unbewußte auf das Verhalten der Menschen ausübt«*, schreibt sie in *Die friedfertige Frau.* Aus heutiger Sicht erscheint dieser, damals als »emanzipiert« geltende Kreis Margarete Mitscherlich eher »konservativ und bürgerlich«. Befremdend ist für sie, daß Gertrud Bäumer bei Ausbruch des Ersten Weltkrieges den Tod auf dem Schlachtfeld verherrlichen und die Ansicht vertreten konnte, Mütter sollten die Notwendigkeit des Soldatentodes aus tiefster Seele nachfühlen. »Es ist ein mütterliches Grunderlebnis, daß Leben und Kraft hingeopfert werden muß, damit neues Leben um so schöner erblühen kann«, wie G. Bäumer in ihrer Schrift »Der Krieg und die Frauen« bei Ausbruch des Ersten Weltkrieges schrieb.[16]

In Dänemark war Margarete schon mit der Vorstellung aufgewachsen, daß Männer als Kriegshelden etwas Lächerliches an sich haben, während in Deutschland noch die Heldenverehrung florierte. Sie konnte nur schwer verstehen, daß manche deutschen Eltern im Ersten und im Zweiten Weltkrieg den Heldentod ihrer Söhne mit Stolz bekanntgaben. Natürlich, in einem Kleinstaat, der sich aus allen Kriegen heraushalten wollte und konnte, hatte man keinen Bedarf an solchen Helden wie in Deutschland und auch nicht an der Diskussion über das »Weibische« im Mann. In der nationalsozialistischen Zeit seien dann besonders die verachteten Juden als »weibisch« dargestellt worden, erklärt Margarete Mitscherlich.

Hier zeigt sich wieder, wie zeitbedingt und wandelbar unsere Werturteile sind. So wie Margarete Mitscherlich den bis zur Heldenverehrung gehenden Patriotismus Gertrud Bäumers nicht verstehen kann, so wird die jüngere Generation der Dänen und Deutschen heute kaum nachempfinden können, warum die Dänin

Margarete Nielsen vom Klang der deutschen Nationalhymne so bewegt wurde, daß sie vor Rührung in Tränen ausbrechen konnte. Die kindliche Überzeugung, daß die Deutschen die besseren Menschen seien, konnten ihr erst die erschütternden Erlebnisse während der Zeit des Dritten Reiches *»schmerzlich und endgültig«* austreiben, wie sie im Gespräch ohne Umschweife zugibt.

Ihre patriotischen Gefühle für Deutschland sind gewiß dem dominierenden Einfluß der deutschen Mutter zuzuschreiben. Für den Deutschland gegenüber skeptischen Vater dagegen ist Führer Adolf Hitler »nichts als ein Verbrecher«. Ihr Bruder Leo fühlt sich wie der Vater als dänischer Patriot. Unter den Geschwistern ist es im Streit darum, ob deutsch oder dänisch besser sei, sogar zu Handgreiflichkeiten gekommen. Erst nach den Erfahrungen mit dem Nationalsozialismus stimmen die Geschwister in politischen Fragen überein. Der Bruder sollte sich dann im Oktober 1943 an der Rettungsaktion des dänischen Widerstandes für die Juden beteiligen. Leo Nielsen blieb stets ein national gesonnener Däne, Margarete Mitscherlich hingegen wandte sich mit der Zeit von jeder Form des Nationalismus ab.

## *Flensburg und die »idealistische Bank«*

Weil es im kleinen Gravenstein keine höhere Schule gibt, steht Margarete vor der Wahl, in eine größere dänische Stadt im Norden zu gehen oder nach Süden, das heißt nach Deutschland, wofür sie sich schließlich entscheidet. Dazu trägt auch noch ein seltsamer Umstand bei. Ihr Großvater väterlicherseits hatte nach seiner Pensionierung als Lehrer aus Idealismus in Flensburg die »Südschleswigsche Bank« gegründet. Er wollte auch dadurch die dänische Minderheit in Südschleswig unterstützen, die nach der Abstimmung von 1920 nicht bei Deutschland geblieben war. Doch ein Vetter des Vaters, der die Führung der Bank übernommen hatte, machte fragwürdige Geschäfte mit Südamerika und erlitt schwere Verluste.

So verlor der Vater zum zweitenmal sein Vermögen, das erste Mal bereits durch die Inflation. *»Vom Anteil meines Vaters an der Bank, der unter Reichskanzler Brüning in Deutschland eingefroren wurde, konnte meine Schulzeit in Flensburg und später auch mein Studium in Deutschland bezahlt werden. Sonst wären für das fünfte Kind eines schon recht alten und kranken Vater bestimmt nicht genügend Mittel für die Ausbildung vorhanden gewesen.«* Der Vater aber war zunächst keineswegs begeistert davon, daß dieses Geld für ein Studium seiner Tochter und nicht für ihre Aussteuer verwendet werden sollte. An diesen Großvater, der fast hundert Jahre alt geworden ist und noch im hohen Alter mit seiner Enkeltochter um den Tisch Fangen gespielt hat, denkt Margarete Mitscherlich gern zurück.

Zu Ostern im Jahre 1932 also schickt man Margarete nach Flensburg, wo sie das Oberlyzeum besucht. Die Trennung von der Mutter fällt ihr schwer, zwingt sie aber früh zur Selbständigkeit. Anfangs hat sie oft geweint. Während eines ganzen Jahres fleht sie die Mutter an, bei der sie die Wochenenden verbringt, sie doch wieder nach Hause zurückzuholen. Die Mutter weist sie darauf hin, daß sie schon aus finanziellen Gründen und gegen den Willen des Vaters das Gymnasium in Deutschland besuchen müsse und daß allein das Abitur ihr einen Weg zum Studium und zur ersehnten Selbständigkeit ermöglichen könne. Tränenüberströmt kehrt Margarete dann immer wieder in ihr *»deutsches Gefängnis«* zurück. Die »Abnabelung« ist schmerzhaft. Aber nach einem Jahr hat sie es geschafft.

Zunächst wird sie zu einer strengen preußischen Pastorenwitwe, einer Freundin der Mutter, in Pension gegeben. Da sich die Witwe mit einer winzigen Rente durchschlagen muß, lebt es sich bei ihr ziemlich karg. Sie muß zum erstenmal mit fremden Menschen auf einem Stockwerk zusammenleben. Lange noch sehnt sich das Mädchen zurück nach dem schönen Elternhaus mit dem großen Garten. Sie fühlt sich verunsichert und meint, sowohl in der Pension als auch in der Schule ständig *»alles falsch zu machen«*.

Eines Tages nimmt Margarete ihr Leben in die eigenen Hände. Sie freundet sich mit der Tochter des Flensburger Polizeipräsidenten Fulda an. Die Familie Fulda lädt sie ein, bei ihr zu wohnen. Sie ahnt nicht, daß Vater Fulda mit dem Hitler-Regime auf Kriegsfuß steht. Unverblümte kritische Äußerungen über das nationalsozialistische Regime werden ihr und ihren Freundinnen im Hause Fulda nicht übelgenommen. Konrad Fulda war schon in der Weimarer Zeit Polizeipräsident gewesen und vom Dritten Reich noch für einige Jahre übernommen worden. Das lag vielleicht auch daran, daß es ihm gelungen war, vertrauensvolle Beziehungen zum dänischen Nachbarn herzustellen, die sich in seinem Beruf als nützlich erwiesen.

Margarete lebt bei den Fuldas fast wie eine Tochter. Hier findet sie, wie sie heute sagt, auch während der dreißiger Jahre *»humane deutsche Weitläufigkeit im besten Sinn«*. Im Haus klingt viel Musik. Sie erinnert sich noch an die »Dreigroschenoper« von Brecht und Weill. In der Bibliothek der Fuldas gibt es auch viele Bücher, die offiziell auf der schwarzen Liste stehen. Die »unersättliche Leseratte« verschlingt, was sie nur kann. Hier wird sie auch zum erstenmal mit den Werken Sigmund Freuds bekannt. Literatur und Psychologie interessieren sie auch später eigentlich viel mehr als Medizin. Da Margarete zweisprachig aufwächst, kann sie sich auch aus der dänischen Bibliothek Bücher ausleihen und hat so auch Zugang zu Werken, die in Deutschland verboten sind. Wegen ihrer Liebe zum Lesen träumt sie in dieser Zeit davon, Lehrerin zu werden.

Margarete bekommt den Eindruck, daß Humor und Kritik in den dreißiger Jahren zunehmend unerwünscht und gefährlich werden, weil sie der Vorstellung, wie ein *»echter Deutscher«* zu denken und zu fühlen hat, zu widersprechen scheinen. *»Nationale Selbstidealisierung, Führer- und Heldenverehrung waren obligatorisch.«* Schon während ihrer Schulzeit fällt ihr auf, daß selbstironisches Sich-in-Frage-Stellen in Deutschland weniger zu Hause ist als in Dänemark. Auch scheinen die Dänen »mitfühlender« auf kleine alltägliche Mißgeschicke zu reagieren. Wenn sie, was häufig geschieht, stolpert und hinfällt, dann nehmen sie die dänischen Erwachsenen meist tröstend in den Arm. *»Wenn in Dänemark jemand Pech hat, wird er nicht sogleich beschimpft, sondern erweckt bei den anderen meist Mitleid und Hilfsbereitschaft.«*

## *Zwischen Höflichkeit und Ehrlichkeit*

In Deutschland aber habe man in solchen Situationen eher mit Tadel und Strenge reagiert, wie Margarete Mitscherlich sich erinnert. Es fällt ihr auch auf, daß die Dänen, im Vergleich zu den Deutschen, einen betont höflichen Umgang miteinander haben. In Deutschland pflege man statt einer *»Höflichkeitskultur«* eher eine *»Ehrlichkeitskultur«*. In Ihrer Jugend hat sie oft erlebt, daß Deutsche erklärten: *»Ihr Dänen seid solche Heuchler«*, während sich Dänen beschwerten: *»O Gott, wie taktlos diese ›deutschen Wahrheiten‹ doch sind.«* Die Deutschen, meint sie, prahlten gern mit ihrer Bildung vor den Dänen, die ihnen zu hausbacken erschienen. Das alles sind Meinungen, die man hier und da hört, aber wohl von Unkenntnis und von Vorurteilen über das Nachbarland zeugen.

Margarete aber kann sich auf Ferienreisen nach Trier, Danzig, Königsberg und Marienwerder ihr eigenes Bild machen.

Die Ansichten über den Nationalsozialismus in der Lehrerschaft waren geteilt. *»Einige waren begeistert, andere erschrocken. Irgendwie lebte ich damals auch in einer pubertär-antiautoritären Stimmung und dachte mit einer gewissen Genugtuung, jetzt geht es den Erwachsenen an den Kragen. Erst als mir bewußt wurde, daß sich hier etwas Gefährliches zusammenbrauen könnte, änderte sich meine Einstellung.«* Da sich Margarete auch für moderne Malerei interessiert, muß sie entsetzt feststellen, daß manche ihrer Lieblingskünstler nun als »entartet« bezeichnet und verfemt werden. Und dann die Bücherzensur und die Bücherverbrennungen, Sprüche wie »Nur der Starke hat ein Recht auf Leben« schockieren sie.

In der Flensburger Schulzeit trifft sie aber auch Lehrer, die ihr Werke der Weltliteratur und Philosophie und auch die expressionistische Literatur nahebringen. Großen Eindruck auf die Primanerin macht der Bildungsroman *Helianth. Bilder aus dem Leben zweier Menschen und aus der norddeutschen Tiefebene* (1928) von Albrecht Schaefter, der jedem Kapitel ein Gedicht von Stefan George voranstellt, *»ganz in der Art des damaligen intellektuellen, romantischen, Wahrheit suchenden elitären Lebensgefühls«.* Sie lebte damals intensiv in der Phantasiewelt der Romane. Schaefter hat sie ganz besonders beeindruckt. Der 1885 in München geborene Schriftsteller, der 1939 nach Amerika auswandert, versucht, germanische Übersinnlichkeit, hellenische Form, Mythos und Vernunft, Antike und Christentum, Tiefenpsychologie und impressionistische Farbigkeit zu vereinen.

Ein österreichischer Verfasser, den die wissensdurstige Gymnasiastin gern liest, ist der 1863 in Linz geborene Essayist und Zeitkritiker Hermann Bahr. Seine außerordentliche intellektuelle Beweglichkeit kommt besonders in der Essay-Sammlung *Zur Ktitik der Moderne* zum Ausdruck. Die geistige Entwicklung dieser widersprüchlichen Persönlichkeit führt vom Naturalismus zum Impressionismus, vom Symbolismus zum Expressionismus, vom Nationalismus zum Marxismus und schließlich zurück zur altösterreichischen katholischen Bildungstradition. Er war auch noch Regisseur bei Max Reinhardt und Verfasser vieler Theaterstücke, von denen heute noch »Das Konzert« gespielt wird. Später wird Margarete selbst Essays über böhmische oder österreichische Literaten verfassen, etwa über Franz Kafka oder Karl Kraus.

Eines ihrer großen Leseerlebnisse wird der psychologische Roman *Niels Lyhne* des Dänen Jens Peter Jacobsen. Der Verfasser analysiert kleinste Einzelheiten in der Seele des Helden, der in allen Wechselfällen des Lebens tapfer, wenn auch schwermütig einer atheistischen Weltanschauung anhängt, aber weder Hoffnung noch Trost findet. Sein Atheismus scheitert an der Wirklichkeit. Der 1847 geborene Jacobsen ist ein überzeugter Darwinist. Er übersetzt dessen Werke ins Dänische, unter anderem den *Ursprung der Arten.* Durch Georg Brandes wird er mit den französischen Realisten bekannt. In seiner Novelle »Mogens« entwickelt Jacobsen seinen eigenen naturalistisch-impressionistischen Stil. Der scharfe Beobachter will die Wirklichkeit bis in feinste Nuancen hinein festhalten. Gleichzeitig bleibt er ein vom Übersinnlichen angezogener Träumer. Für Margarete sollte Jacobsen so etwas wie Lehrmeister werden. Sie selbst hat in ähnlich differenzierter Weise das Leben von großen Frauengestalten wie Lou Andreas-Salomé, Anna Freud, Margaret Mead und Helene Deutsch untersucht.

## *Immun gegen die Schlagworte der Hitlerzeit*

Während der Flensburger Schulzeit hat vor allem ihre Deutsch- und Philosophielehrerin Anni Meetz sie beeindruckt. Obwohl sie keine ausgesprochen attraktive Frau war, erschien sie dem Backfisch Margarete wegen ihrer Ausstrahlung *»als die schönste Frau der*

*Welt«*. Sie war dabei eher klein und ziemlich dick und »watschelte« durch die Gegend. Das runde Gesicht der Lehrerin mit ihren ausdrucksvollen »Froschaugen« sieht sie heute noch vor sich. Aus Verehrung für diese Lehrerin geht Margarete nachmittags gern freiwillig zum Philosophieunterricht. Durch das vielseitige Weltbild, das ihr Anni Meetz vermittelt, wird sie dann auch unempfänglich für Schlagworte des Nationalsozialismus.

Gegenüber der antisemitischen Wochenzeitung *Der Stürmer* empfindet sie tiefe Abscheu. Da schrieb zum Beispiel ein junges verhetztes Mädchen: »Die Juden sind unser Unglück. Leider sagen heute noch viele: ›Die Juden sind auch Geschöpfe Gottes. Darum müßt ihr sie auch achten.‹ Wir aber sagen: ›Ungeziefer sind auch Tiere, und trotzdem vernichten wir es … Wir standen am Rande des Grabes. Da kam Adolf Hitler. Jetzt sind die Juden im Auslande und hetzen gegen uns. Aber wir lassen uns nicht beirren und folgen dem Führer. Wir kaufen nichts beim Juden. Jeder Pfennig, den wir ihnen geben, tötet einen unserer Angehörigen. Heil Hitler! Erna Listing, Gelsenkirchen, Januar 1935.«[17] Heute fragt sich Margarete Mitscherlich manchmal, was aus ihr geworden wäre, wenn sie ganz in Deutschland gelebt hätte, ohne die Beziehung zu Dänemark, und nur von Nazi-Parolen umgeben gewesen wäre, ob sie auch dann den nötigen Abstand zur Propaganda des Dritten Reichs bewahrt hätte.

Bei dieser Lehrerin in Flensburg brauchten die Schüler aus ihrer Antipathie gegenüber »brauner« Literatur kein Hehl zu machen. Anni Meetz bekam das schlecht. Es gab *»böses Blut und Eifersucht«* bei einer dem Zeitgeist angepaßten Lehrerschaft. Die verehrte Lehrerin wurde versetzt. In einem Jugendlager fand man in den Tagebüchern von Margarete und zwei ihrer Freundinnen politische Bemerkungen, die Mißfallen bei der Lehrerschaft erregten, erzählt Margarete Mitscherlich. Von nun an gelten die Mädchen als »politisch unzuverlässig«; man droht ihnen sogar an, sie vom Abitur auszuschließen.

Erst nach dem Aufenthalt in einem Arbeitslager, in dem man Hitlerlieder singen mußte und Margarete viel an Gewicht verlor, bekam sie 1937 den für die Zulassung notwendigen Stempel. *»Nach langen Auseinandersetzungen und Loyalitätserklärungen zum Hitler-Reich wurde mir das Studium erlaubt.«* Ihren Abituraufsatz schreibt sie über Kleist. In der Reifeprüfung fragt man sie nicht nach ihrem Lieblingsdichter Hölderlin, sondern danach, welche NS-Literatur sie gelesen habe. »Karinhall« von Hermann Göring, sagt sie, obwohl sie in Wirklichkeit diese Bücher für den »größten Kitsch« hält, was auch den Prüfern im Grunde klar war.

## *Als Volksdeutsche darf sie studieren*

Keinen Gefallen findet das Mädchen aus Dänemark, das nie ein »Wandervogel« werden wollte, am zwangsweisen Beitritt zum Bund Deutscher Mädel (BDM). Da *»wurden Mädchen in Uniformen gesteckt, wurden herumkommandiert, mußten marschieren und gehorchen«*. Das alles gefiel ihr überhaupt nicht. Margarete wollte aber um jeden Preis in Deutschland studieren, schon wegen des Studiengeldes, und außerdem war da auch ihre beste Freundin Jutta. Die Gedanken, gemeinsam mit ihr nach Afrika auszuwandern, ähnlich wie Karen Blixen, wurden rasch wieder verworfen. Für die Dänin, von deren »politischer Zuverlässigkeit« man nicht überzeugt war, scheint es schwierig gewesen zu sein, die Studienerlaubnis zu bekommen. Sie bekam sie schließlich dadurch, daß sie sich als »Volksdeutsche« bekannte.

In ihrem Buch *Die Unfähigkeit zu trauern* (1967) schreiben die Mitscherlichs: *»Die mit dem Führerkult verbundene Gruppenbildung wie HJ, BDM etc. entsprachen einem genuinen Bedürfnis der Adoleszenten nach gegenseitiger Identifikation per Gruppe der Gleichaltrigen. Solche wechselseitigen Identifikationen verstärken die Sicherheit der Jugendlichen in der Ablehnung, mindestens Auseinandersetzung mit ihren bisheri-*

*gen Vorbildern. In der damaligen Zeit pflegte dies zudem mit dem blinden Einverständnis der Eltern einherzugehen.«*[18] Mit der Idealisierung Hitlers sei zugleich die nationalsozialistische Wertewelt stabilisiert worden: Wer den Führer verehrt, ist gut. Wer gut ist, kann in der Gruppe, in der alle im gleichen Sinne gut sind, auch verehrt werden. Die Tatsache, daß die Deutschen Hitler hinterhergelaufen sind, hängt auch mit ihrer Autoritätssucht zusammen. Sie hatten den Wunsch jemanden anzubeten, nach dem Kaiser den Führer.

Der Krieg und die zunehmende Brutalisierung des Hitlerregimes bringen dann die große Wende in ihrem Weltbild. Über das Schicksal der Juden in Deutschland ist sie aufgrund ihrer regelmäßigen Reisen nach Dänemark zu ihrer Familie und deren jüdischen Freunden unterrichtet. Auf einer ihrer Zugfahrten nach Hause redet ein SS-Mann in Uniform mit fanatischen Parolen auf die hübsche Studentin ein. Als sie schweigt, hält er ihr Bilder von Massenerschießungen hin. Er meint, so müsse man mit allen Gegnern Hitlers umgehen, die Deutschland »verseuchten«, nicht nur mit den Juden. Sie ist, wie viele Deutsche, zutiefst erschüttert über die Untaten des Dritten Reiches.

Für Margarete Mitscherlich sind Mutterkreuz- und Heldenmutterideologie jener Zeit eine *»perverse Unmenschlichkeit«*. Sie gewinnt den Eindruck, daß deutsche Frauen *»knapp vor den Kühen«* rangieren. Denn die Frauen werden zurück an den Herd geschickt, um als aufopfernde Mütter einer kinderreichen Familie zu dienen und dem Führer künftige Soldaten zu schenken. Frauen waren dazu da, um Hitler zuzujubeln und dem deutschen Mann zu Diensten zu sein. »Am 12. August, ›dem Geburtstag der Mutter unseres Führers‹, wurde den kinderreichen Müttern das ›Ehrenkreuz der deutschen Mutter‹ verliehen … Jedes Brautpaar bekommt bei der Eheschließung ein Exemplar von Hitlers ›Mein Kampf‹ überreicht. Dieses Werben um die ›deutsche Mutter‹ gipfelte in einem Wochenspruch der NSDAP-Propagandaleitung im zweiten Kriegsjahr, einem Ausspruch Adolf Hitlers: ›Die Frau hat auch ihr Schlachtfeld: Mit jedem Kind, das sie für die Nation zur Welt bringt, kämpft sie ihren Kampf für die Nation«, heißt es in einem Bericht aus jener Zeit.[19]

## *Begeisterungstaumel in München*

Nach den wenig erfreulichen Erfahrungen in Flensburg beschließt sie, mit ihrer besten Freundin möglichst weit von dort wegzugehen, und siedelt nach München über, um Germanistik, Anglistik, Geschichte und Kunstgeschichte zu studieren. In der bayrischen Hauptstadt erlebt sie zum erstenmal die »Euphorie der Massen«, von der besonders die Süddeutschen angesteckt werden. Als die beiden Studentinnen aus dem Norden die Begeisterung der Menschen miterleben, kommt in ihnen leises Bedauern auf, daß sie sich nicht auch diesem Massenrausch hingeben können. *»Mein Gott, wenn wir doch einmal dazugehören könnten! Wenn wir das doch auch mitmachen könnten!«* denken die zwei. Aber nun lernt sie auch immer wieder Menschen kennen, die der Hitler-Bewegung kritisch gegenüberstehen.

Sie ist sich nicht sicher, ob sie Hitler persönlich gesehen oder ihn nur in Wochenschauen erlebt hat. Auf die Frage nach Hitlers »Suggestivkräften« meint sie: *»Ich denke, Suggestivkräfte haben immer etwas mit den Wünschen und Bedürfnissen einer großen Masse zu tun. Wenn Hitler auf Menschen gestoßen wäre, die ihn nüchtern betrachtet hätten, hätte er auch keine Suggestivkraft gehabt. Er erfüllte die Wünsche und Sehnsüchte eines Volkes, das nie darüber hinweggekommen ist, den Ersten Weltkrieg verloren zu haben. Hitler ohne Massen wäre eine Null gewesen. Aber er hatte eben diese unglaubliche Fähigkeit, die Stimmung der Massen zu erspüren und ihre unbewußten Bedürfnisse in Worte zu fassen.«*

Alexander Mitscherlich, ihr späterer Ehemann, erinnert sich an eine persönliche Begegnung mit Hitler im Jahr 1933. *»Ich besuchte* *damals in München nicht selten das Café Annast, in dem sich auch Hitler mit Röhm und anderen Männern seiner Umgebung aufhielt. Ich sehe die Szene noch vor mir, wie Hitler ruhig zusah, wie irgendwelche SA-Führer miteinander Schach spielten. Über diesen Mann ist mittlerweile so viel geschrieben worden, daß es für mich aus meiner Erinnerung an ihn nicht viel Neues zu sagen gibt. Wichtig ist mir aber, daß ich als ahnungsloser Student vollkommen sicher in meinem Urteil war, hier hätte ich es mit einem grauenhaften Menschen zu tun. Das war vor der Machtergreifung, die Würfel waren noch nicht gefallen. Es hat später nie auch nur einen Augenblick gegeben, in dem ich in meinem Urteil über Hitler geschwankt hätte.«*[20]

## *Angst und Empörung*

Der ganze Horror des nationalsozialistischen Regimes wird Margarete in der »Kristallnacht« vom 9. November 1938 bewußt, die sie in München erlebt. Es handelt sich um jene berüchtigte, brutale Vergeltungsaktion nach der Ermordung eines deutschen Diplomaten in Paris durch einen jungen aufgebrachten Juden. Goebbels benutzte dieses Attentat als Vorwand, um in ganz Deutschland ein Pogrom gegen die jüdischen Bürger zu entfesseln. Unter dem Deckmantel einer angeblich spontanen Reaktion der deutschen Bevölkerung begannen Ausschreitungen gegen jüdische Synagogen, Friedhöfe, Wohn- und Geschäftshäuser. Im Verlauf des Pogroms kamen 91 Menschen zu Tode. Den angerichteten Schaden mußten die Juden selbst tragen; 30 000 von ihnen wurden vorläufig in Konzentrationslager gesperrt, um sie zur Auswanderung zu treiben. Von nun an wurde den jüdischen Bürgern immer weniger Rechtsschutz gewährt bis zu ihrer systematischen Vernichtung in den späten Kriegsjahren.

Margarete sieht, wie man alte und schwache Juden, die man aus ihren Betten gezerrt hat, verprügelt und erniedrigt. Sie erlebt, wie Menschen sich nicht wehren können und mißhandelt werden, und *»zittert vor Haß«*. Ihr wird nun klar, mit welcher totalitären Macht man es hier zu tun hat. Wer offen Kritik übt, hat mit seinem plötzlichen Verschwinden zu rechnen. An der Universität wußte man unter den Studenten recht schnell voneinander, wer Nazi war und wer nicht. *»Wenn Nachrichten oder ein bestimmtes Lied im Radio erklang, dann genügte ein Augenzwinkern, und man wußte meist, woran man war.«* Die spätere Feministin meint, sich auch zu erinnern, daß sich unter den Regime-Kritikern mehr Studentinnen als Studenten befunden hätten. Das Studienfach Germanistik wurde immer mehr zur Ideologieverbreitung der Nationalsozialisten mißbraucht. Ähnlich ergeht es ihr mit dem Fach Geschichte bei Professor Alexander von Müller, dem Herausgeber des Werkes *Vom alten zum neuen Deutschland*, mit dem auch ihr zukünftiger Mann Alexander unerfreuliche Erfahrungen gemacht hat. Daher beschließt sie, Medizin zu studieren – etwas *»Handfesteres«* als Literatur und nicht so *»ideologisch«*.

Inzwischen hatte sie auch gelernt, sich über die primitiven Parolen der Nazis nicht nur lustig zu machen, sondern ihre Brutalität zu fürchten. Sie glaubt, damals bereits gehört zu haben, daß Geisteskranke umgebracht würden, daß man in KZs Leute mißhandelte. Wie auf einen inneren Film haben sich ihr viele Schreckensszenen eingeprägt: Ein Wagen mit KZ-Häftlingen fährt an ihr vorüber. Ein Wächter schlägt mit einer Peitsche auf die kauernden Gestalten ein. Die junge Studentin erlebt, wie die Öffentlichkeit die Morde an politischen Gegnern und die Verfolgung der Juden schweigend oder gar zustimmend hinnimmt. Das ganze Ausmaß des Schreckens konnte sie sich aber nicht ausmalen. Je mehr über die Greueltaten besonders aus dem Osten bekannt wird, um so mehr wachsen Angst und Empörung bei Margarete Mitscherlich und ihrem Freundeskreis.

Von München geht sie nach Heidelberg. Seit 1939 ist es für sie selbstverständlich geworden, Radio BBC, den britischen Nachrichtendienst, zu hören. Dort wird sie wegen »Abhören von

Fremdsendern« bei der Gestapo angezeigt. Dankbar erinnert sie sich an ihre Zimmerwirtin in Heidelberg, die sie vor der Gestapo warnt und sich dadurch selbst in Gefahr begibt. Die Gestapo hatte die Wirtin aufgefordert, jede Abwesenheit der jungen Leute zu melden, um ihre Zimmer zu durchsuchen und Abhörgeräte anbringen zu können. Wochenlang werden die Studenten beobachtet und zu Verhören vorgeladen – in Todesfurcht und auch in Angst, Freunde zu verraten. Mangels Beweis muß man sie freilassen. 1944 macht sie in Heidelberg Staatsexamen und kehrt bald darauf nach Dänemark zurück. In einem Durchgangslager in Dänemark, wo sie vorübergehend als Ärztin mithilft, trifft sie auf ehemalige KZ-Häftlinge und hört zum erstenmal Berichte von unmittelbar Betroffenen über die Greueltaten der Nationalsozialisten.

Mit der Besetzung Dänemarks am 9. April 1940 sollten sich auch die Gegensätze zwischen Dänen und Deutschen zunehmend verschärfen. Die meisten Dänen lehnten das Dritte Reich von Anfang an ab. Diese feindliche Haltung scheint die Nazis erstaunt zu haben, denn sie erwarteten, besonders in Skandinavien auf Sympathien für ihre Idealisierung der nordisch-arischen Herrenrasse zu stoßen. Mit dem Überfall von 1940 auf Dänemark und Norwegen wird das Leben von Margarete Mitscherlich immer schwieriger, auch wenn sie die Semesterferien weiterhin zu Hause verbringen kann. Sie hat später Kontakt zur Widerstandsbewegung. Bruder Leo war in dieser Bewegung engagiert, im Keller seines Hauses wurde eine Zeitung des Widerstands gedruckt. Als juristischer Berater von Nils Bohr, dem er nahestand, konnte Leo Nielsen dem renommierten Physiker bei seiner Flucht über Schweden in die USA behilflich sein.

## *Zurück ins dänische Musterprotektorat*

Die Kontakte zur deutschen Minderheit in Dänemark, die *»zum großen Teil aus überzeugten Nazis«* bestand, werden nun immer gespannter. Margarete wird von dieser Volksgruppe, zu der sie ja gehörte, fast schon als *»Verräterin«* angesehen. Die Mutter wird mehrfach angezeigt, man droht ihr mit Schwierigkeiten für ihre Tochter in Deutschland. Da der Anführer der dänischen Nazi-Bewegung ein Schüler von Grete Nielsen ist, der seine ehemalige Lehrerin noch immer verehrt, landen solche Anzeigen und Drohbriefe aber in seinem Papierkorb, wie Margarete viel später von dessen Sohn erfährt.

Als Hitler den Nichtangriffspakt mit Dänemark brach und in das Land einmarschierte, setzten sich Regierung und Volk kaum zur Wehr. König Christian X. hatte in der richtigen Einschätzung der Stärke seiner Truppen die Einstellung des Feuers angeordnet. So war die dänische Regierung gezwungen, den Deutschen ihre militärischen Einrichtungen zu überlassen und die Beziehungen zu den Alliierten abzubrechen. Damit wurde Dänemark zum deutschen »Musterprotektorat«. Man mußte es akzeptieren, um größeres Unglück zu verhindern. Dänemarks Souveränität wurde stark eingeschränkt. Das Land sah sich gezwungen, das Dritte Reich mit Nahrungsmitteln und Produkten der Industrie zu versorgen.

In dieser schweren Zeit wurde König Christian X. zur Symbolfigur der nationalen Einheit. »Jeden Morgen um elf Uhr verließ der Siebzigjährige den Amalienborg-Palast und ritt, kerzengerade im Sattel sitzend, durch die Straßen Kopenhagens. Die deutschen Soldaten, die Achtungsstellung annahmen, würdigte er keines Blicks.«[20a] Bekannt ist auch seine lapidare Botschaft an Hitler. »Wir haben kein Judenproblem. Wir haben nur Dänen.« Dagegen gehört es in das Reich der Legende, daß er und seine Familie sich bereit erklärt hätten, wenn nötig, den gelben Judenstern als »Ehrenzeichen« zu tragen.

Die rund 7000 dänischen Juden hatten bis dahin kaum unter Antisemitismus zu leiden gehabt. Das änderte sich auch jetzt nicht. *»An der Rettung der Juden war das gesamte dänische Volk beteiligt. Mein Bruder gehörte zu den hundert wichtigsten Personen des dänischen Widerstands.«* Am 18. September 1943 aber gab Hitler den Befehl zum »Abtransport der Juden aus Dänemark«. Außenminister Joachim von Ribbentrop ließ bei Werner Best, dem Reichsbevollmächtigten in Dänemark, einem hohen Gestapomann und SS-General, anfragen, wie viele deutsche Polizeikräfte er für den Transport benötige. General von Hannecken, der Militärbefehlshaber, hatte sich geweigert, das »schmutzige Geschäft« auf die Wehrmacht abzuladen. Werner Best hatte Georg Duckwitz, seinen Verbindungsmann in der deutschen Gesandtschaft in Kopenhagen, frühzeitig von der bevorstehenden Aktion gegen die Juden benachrichtigt und ihm nahegelegt, diese Information an die dänische Widerstandsbewegung und an seine schwedischen Kontakte weiterzuleiten. So erfuhr Schwedens Ministerpräsident Per Albin Hansson von der bevorstehenden Deportation, gegen die Stockholm vergeblich in Berlin intervenierte.

## *Die Geschichte einer unglaublichen Rettungsaktion*

Duckwitz, der formell nur die Stellung eines Schiffahrtsexperten der Gesandtschaft innehatte, war nach Aussagen von Best selbst SS-Hauptsturmführer und hatte vor dem Krieg schon lange für den deutschen militärischen Nachrichtendienst in Dänemark gearbeitet. Nach dem Krieg wurde ihm das Hauptverdienst für die Rettung der Juden zugeschrieben. Tatsache ist aber, daß die Initiative von Best ausging, der durch »diese gute Tat« seinen Kopf aus der Schlinge ziehen wollte. »Die Warnung kam von der Spitze der deutschen Besatzungsmacht, vom Reichsbevollmächtigten Dr. Werner Best. Er spielte ein phantastisches Doppelspiel und rettete dadurch unsere Leben und sein eigenes«, schreibt Herbert Pundik, einer der Überlebenden, in seiner kürzlich erschienenen Schrift über die Flucht der Juden nach Schweden.[21]

Nach dem Krieg wurde der hohe Gestapobeamte in Dänemark zunächst zum Tode verurteilt, dann zu fünf Jahren Gefängnis, aus dem man ihn 1951 entließ und aus Dänemark auswies. Hannah Arendt schreibt über Best: »Er muß wohl zur Zufriedenheit des dänischen Gerichts bewiesen haben, daß er wirklich sein Bestes tat.« Auch Duckwitz hat später bei jeder Gelegenheit immer wieder betont, daß Best der eigentliche Urheber des Planes gewesen sei, die Juden zu retten.[22] Duckwitz wurde für seinen Mut nach dem Krieg belohnt und zum deutschen Botschafter gemacht. Er war später unter Willy Brandt Staatssekretär im Auswärtigen Amt. Best starb 1989 in Vergessenheit.

In den späten Abendstunden des 29. September liefen in Kopenhagen zwei Frachtschiffe für den Judentransport nach Deutschland ein. Doch als dann am 1. Oktober, einem jüdischen Feiertag, die Verhaftungsaktion begann und deutsche Beamte während der ganzen Nacht nach Juden fahndeten, hatten sich die allermeisten in Sicherheit bringen können. Denn sie waren rechtzeitig gewarnt worden. So konnten in ganz Kopenhagen nur 202 Juden festgenommen werden, im ganzen Land waren es 284; dazu kamen in den folgenden Tagen noch weitere 275. Dem Reichsaußenministerium gegenüber stellte Best die Aktion als Erfolg dar: Dänemark ist »entjudet«. Als der schwedische Gesandte in Kopenhagen, Gustaf von Dardel, versicherte, sein Land werde allen Juden Asyl gewähren, begann eine der bemerkenswertesten Rettungsaktionen der Geschichte, an der sich alle beteiligten: Ärzte, Hausfrauen, Lehrer, Geschäftsleute, Taxifahrer.

Ein Augenzeuge meint: »Wenn ein einziger Däne die Gestapo benachrichtigt hätte, wären wir alle wohl verloren gewesen.« Gegen Bezahlung brachte die dänische Fischereiflotte die Juden ans gegenüberliegende Ufer. Von den Fischern glaubte man, nicht verlangen zu können, daß sie ohne geldliche Gegenleistung ihre Existenz aufs Spiel setzten. Manche Fischer nahmen kein Geld an. Niemand wurde aber zurückgelassen, weil er nicht bezahlen konnte. Bis Ende Oktober entkamen 7220 Menschen nach Schweden. 477 Juden wurden aus Dänemark nach Theresienstadt gebracht, kein einziger in die Gaskammern von Auschwitz. »Die Judenverfolgung hatte die Gefühle des ganzen dänischen Volkes, von den Staatssekretären in der Regierung bis zu den Frauen und Männern auf der Straße, zutiefst aufgewühlt und die Dänen zum Handeln angespornt.«[22a]

## *Dankbarkeit und Vergeltung*

Noch in den 70er Jahren brachte ein 1943 geretteter jüdischer Taxifahrer in New York seine Dankbarkeit einer erstaunten jungen dänischen Journalistin gegenüber zum Ausdruck. Als der Chauffeur während einer längeren Fahrt im Gespräch erfuhr, aus welchem Land die junge Frau stammte, meinte er spontan: »Die Dänen haben mich und meine Familie in solch uneigennütziger Weise gerettet. Da habe ich mir geschworen, daß bei mir kein dänischer Kunde auch nur einen einzigen Cent bezahlen soll.«

Alles aber hat seine zwei Seiten: Auch die erst spät zustande gekommene Widerstandsbewegung hat Gegner unter den eigenen Landsleuten oft gnadenlos behandelt. Erschreckend ist die Bilanz der Abrechnung mit vermeintlichen und wirklichen Kollaborateuren und verdächtigen »Landesverrätern«. Im Herbst 1944 wurden 40 000 Dänen festgenommen, knapp 14 000 wurden verurteilt. 78 erhielten die Todesstrafe, 46 wurden hingerichtet. Eine Frau, zum Beispiel, die für die Besatzungsmacht »spioniert« haben sollte, wurde ohne Prozeß kurzerhand auf einem Schulhof erschossen, und Mädchen, die sich mit Deutschen eingelassen hatten, wurden kahlgeschoren durch die Straßen getrieben. Später hieß es beschönigend, man habe keine Wahl gehabt und »auch Fehler gemacht«. Mitte der fünfziger Jahre kam eine parlamentarische Untersuchungskommission zum Schluß, daß die Kooperation mit den Deutschen richtig gewesen sei: Nur so habe man Schlimmeres verhüten können.[22b]

In Pundiks Schrift über die Rettungsaktion wird den deutschen Soldaten hohe Anerkennung für ihre menschliche Haltung und ihre stillschweigende passive Unterstützung der Rettungsaktion ausgesprochen, wie sie von zahlreichen jüdischen Flüchtlingen bezeugt worden ist. Viele Deutsche führten sich sehr anständig auf, sonst wäre es gar nicht möglich gewesen, 7000 Juden unbemerkt durch Dänemark zu transportieren und nach Schweden zu verschiffen. »Offenbar war der gesamte deutsche Apparat darauf eingestellt, daß die Razzia mißglücken sollte. Den deutschen fehlte jede Begeisterung«, berichtet Leo Igelski, ein jüdischer Augenzeuge. Ein anderer erzählt, wie er bei der Flucht auf einen deutschen Offizier stieß und seinen kleinen Handkoffer noch schnell wegwerfen wollte, um nicht entdeckt zu werden. Der Offizier sagte nur: »Ruhig, ich tue Ihnen nichts.« Pundik schildert die Situation so: »Es gab auch eilfertige Deutsche, die alles taten, um Juden zu fangen. Am fanatischsten aber waren die dänischen Nazis, die als Hilfstruppen der Deutschen arbeiteteten.«[22c]

## *Faszination weicht Ernüchterung*

In den letzten Kriegsjahren kehrte Margarete mit ihrem langjährigen Freund, einem deutschen Mediziner polnischer Abstammung, nach Dänemark zurück. Nach ihrer Rückkehr besinnt sie sich wieder auf ihre dänische Abstammung. Bruder Leo und seine dänische Frau konnten beide nur gebrochen deutsch sprechen. Gemeinsam mit ihrer Mutter pflegt sie auch Beziehungen zu dänischen Verwandten und Freunden. Dazu gehört auch die

Sängerin und Übersetzerin Inga Junghans, eine Freundin Rilkes. Von ihr stammt die dänische Übersetzung von Rilkes *Aufzeichnungen des Malte Laurids Brigge.*

Kurz nach der Kapitulation fährt Margarete Mitscherlich mit einem Mitglied der Widerstandsbewegung in einem offenen Jeep über die deutsche Grenze nach Flensburg. Der Zufall will es, daß gerade in diesem Augenblick die Lehrerin über die Straße geht, die Margarete und ihre Freundinnen als »politisch unzuverlässig« denunziert hatte. *»Sie hat uns damals wohl aus Eifersucht auf Anni Meetz angezeigt. Als sie mich da im offenen Wagen mit den dänischen Nummernschildern sitzen sah, bekam sie es mit der Angst zu tun und verschwand, so schnell sie konnte, in eine Nebenstraße. Mich überkam damals kurz ein Triumphgefühl.«* Solche Empfindungen soll man nicht ausleben, meint sie warnend. Es bestehe die Gefahr, daß Ressentiments überhandnehmen und man sich an dem früheren Gegner oder dem geschlagenen Feind rächen wolle.

Margarete Mitscherlich erinnert sich auch, wie nach der Kapitulation ungezählte Frauen, die sich mit den Deutschen eingelassen hatten, kahlgeschoren und durch die Straßen getrieben wurden. Der Haß der dänischen Bevölkerung gegen die ehemaligen Besetzer war sehr groß. Wie es in solchen Zeiten oft geschieht, werden die »Täter« schnell zu »Opfern« gemacht, und aus Rache entsteht neues Unrecht. Eine Szene hat sich Frau Mitscherlich besonders tief eingeprägt: Margarete, ihr Freund und ihre Mutter betrieben gemeinsam am Rande des Städtchens Gravenstein eine Saftfabrik. Der Freund hatte noch in Deutschland mit seinem Vater ein Verfahren entwickelt, wie man Säfte ohne den Verlust von Vitamin C herstellen konnte.

Vor der Landstraße zogen deutsche Soldaten die Landstraße entlang. Die stolze deutsche Wehrmacht hatte sich in kürzester Zeit in einen »traurigen Haufen« verwandelt. *»Es waren ganz erbärmliche Gestalten. Sie wurden von den Leuten, die am Straßenrand standen, manchmal bespuckt und beschimpft. Einige blieben erschöpft direkt vor* *unserer Fabrik stehen, um sich kurz auszuruhen. Ich kann es kaum ausdrücken, wie leid mir diese ganz jungen Männer damals taten. Es waren ja zum Teil völlig unschuldige Menschen. Obwohl jeder Kontakt mit deutschen Soldaten verboten war, ging ich klopfenden Herzens hinaus und gab ihnen von unserem Apfelsaft zu trinken.«* Als sie mir davon erzählt, wie ihre dänischen Nachbarn diese Geste der Menschlichkeit stumm beobachtet hätten und niemand von ihnen eingeschritten sei, ist sie noch heute gerührt.

In der kritischen Phase ihres Lebens – während der Nazi-Zeit –, kommt es zu einem tiefen Umbruch: Der Faszination für alles Deutsche folgt ein Gefühl der Ernüchterung, der tief enttäuschten Liebe zu Deutschland. Es ist die tiefe Trauer um das idealisierte, aber verlorene Land. Mit ihren eigenen Worten: *»Es steht außer Frage: Keine Zeit hat mich so geprägt wie jene des Nationalsozialismus. Ich fühlte mich ständig beobachtet und sogar bedroht und erlebte den Zerfall aller Werte, an die ich fest geglaubt hatte.«*

Ihr Wunschbild von Deutschland war zusammengebrochen. Eine »deutsche Art zu lieben« hat sie die idealisierende Haltung im Untertitel ihres Buches *Die Unfähigkeit zu trauern* genannt. Als Kind fühlte sie sich der deutschen Volksgruppe in Schleswig zugehörig. Sie erlebte die Verlockung, *»in der Menge aufzugehen. Mit diesem erhabenen Gefühl der inneren Größe ist man zu jedem erdenklichen Opfer bereit.«* Immer noch kommen ihr Schamgefühle, wenn sie daran denkt, daß ihr Ideal von damals, »das große deutsche Vaterland«, ein solch schreckliches Ende genommen hat.

Margaretes Freund, der Kontakte zur dänischen Widerstandsbewegung aufgenommen hatte, bleibt auch nach dem Krieg in Dänemark. Diese Freundschaft geht bald in die Brüche. *»Wie es leider oft so geht, wenn es keinen gemeinsamen Feind mehr gibt und die Zeiten sich ändern, zerbrach diese Beziehung nur wenige Jahre nach dem Kriege.«* Die gemeinsame Saftfabrik machte pleite. Margarete Mitscherlich geht 1947 in die Schweiz. Sie will einen Schlußstrich unter diese Beziehung ziehen und ihrem Leben eine neue Wende geben.

Margarete Mitscherlich (1946)

## 5.
# Der Mann: ein kongenialer Partner

In die Schweiz lockt sie auch das anthroposophische Weltzentrum, das »Goetheanum« in Dornach bei Basel. Durch eine jüdische Freundin ihrer Mutter war sie mit Rudolf Steiners Gedanken bekannt geworden. Sie studiert zunächst anthroposophische Medizin und erhält Anstellungen in den Steiner-Sanatorien in Arlesheim und in Ascona. *»Die meisten Menschen stellen sich in Kriegszeiten Fragen nach dem Sinn des Lebens und finden sie in der Religion. Ich habe mich damals aus dem gleichen Grund der Anthroposophie zugewandt.«* Auch ihre Freundin Hedi Erasmy, die heute als anthroposophische Ärztin in Stuttgart praktiziert, hat Margarete damals mit Rudolf Steiners Ideen bekannt gemacht.

Steiner, der Gründer der Anthroposophie, ist ursprünglich von den naturwissenschaftlichen Schriften Goethes ausgegangen. Auch die Esoterik Jakob Böhmes und der Rosenkreuzler waren für ihn wichtige Quellen der Erkenntnis. Die »Weisheit vom Menschen über den Menschen« – die Anthroposophie – bietet ein geschlossenes Weltbild, das die verschiedensten Bereiche des Geistes in einer Gesamtschau vereinen will. *»Ich bin anfangs dem wissenschaftlichen Anspruch der Anthroposophen recht unkritisch begegnet«*, erklärt Margarete Mitscherlich. Es ging Steiner vor allem um den einzelnen, seine geistigen Fähigkeiten und seine Lebensorientierung. Dabei sucht er in seiner umfassenden Weltsicht nach einer Symbiose von Meditation, Kunst, Dramaturgie, Architektur bis hin zur biologisch-dynamischen Landwirtschaft.

In breiteren Kreisen sind die Anthroposophen besonders durch die sogenannte Waldorfpädagogik bekannt geworden. Bemer-

Mit ihrer Freundin Hedi Erasmy in Locarno (1948)

kenswerte Erfolge konnten sie im Umgang mit geistig oder körperlich Behinderten erzielen. Margarete Mitscherlich ist noch heute von der Geduld und dem Einfühlungsvermögen beeindruckt, mit der man sich besonders um behinderte und gestörte Kinder kümmert. Die »ganzheitliche« anthroposophische Medizin gilt bei manchen als Alternative zur traditionellen Schulmedizin. Hedi Erasmy kümmert sich heute mit einigem Erfolg um Krebskranke.

## *Weder Steiner noch Jung*

Für Margarete Mitscherlich ist die Beschäftigung mit Steiner nur eine Zwischenphase. Bald gewinnt sie den Eindruck, daß es – trotz mancher neuer Heilmethoden – mehr um eine Weltanschauung, mehr um eine *»esoterische Sicht der Dinge«* als um Wissenschaft geht. Ihr mißfällt die mangelnde Selbstkritik, aber auch die Humorlosigkeit der Steiner-Leute, die nur in der anthroposophischen Ideologie – und in nichts anderem – die Rettung der Welt sehen wollen. Die Anthroposophen seien nach außen hin wohl freundliche und betont friedfertige Menschen, gingen äußerlich freundlich miteinander um, sie trügen ihre Rivalitäten aber verdeckt aus, beobachtete Margarete Mitscherlich. *»Ihre Idealisierungen, Illusionen, auch Lebenslügen waren unübersehbar. Die meisten waren völlig davon überzeugt, daß sie in ihren früheren Wiedergeburten alle sehr bedeutende Menschen gewesen sind.«* Bald trennt sie sich von der Anthroposophie und ihren phantastischen Vorstellungen. Sie beschließt, an einer orthopädischen Klinik in Zürich die Medizin von der fachwissenschaftlichen Seite her kennenzulernen, und beginnt, sich immer mehr für Psychologie zu interessieren.

Dabei stößt sie auf den Schweizer Carl Gustav Jung und dessen analytische Psychologie. Jung schöpft seine Einsichten aus den eigenen Träumen, aus der Mystik und aus fremden Kulturen. Für ihn vereinigen sich in Symbolen, wie im Kreis und Kreuz, bewußte und unbewußte Inhalte. Bei Jung ist das individuelle Unbewußte in ein kollektives Unbewußtes eingebettet, das allen Menschen gemeinsam sein soll. In seiner Psychologie steht das »Schöpferische« an zentraler Stelle. Mit Hilfe der Jungschen Therapie sollen aus einengenden Neurosen schöpferische Veränderungen werden. Der Mensch soll durch einen »Individuationsprozeß« zu seinem wahren Wesen finden und zu einem einmaligen Individuum reifen, das sich bewußt vom Kollektiv unterscheidet.

Ein wichtiger und inzwischen popularisierter Begriff seiner Tiefenpsychologie ist der Archetypus, den Jung allerdings nie eindeutig zu definieren vermochte. Es geht jedenfalls um die Vorstellung, daß sich Urbilder des menschlichen Kollektivs vererben und sich in Träumen und in künstlerischen Werken ausdrücken. Jungs Archetypenlehre steht damit in der Tradition platonischer Ideen – die im Bewußtsein der Götter existieren und den Menschen als Modelle für sein Leben dienen. Eine solche archetypische Figur ist der »Schatten«, eine psychische Abspaltung. Sie verkörpert die unschönen, die dunklen Seiten des Menschen.

Der Schatten ist das, was ein Mensch nicht sein möchte. In ihm manifestiert sich auch die Wirklichkeit des Bösen, vergleichbar mit dem Phänomen Dr. Jekyll and Mr. Hyde, den »zwei Seelen« in einer Brust. Aus diesem Schatten heraus projiziert man eigene negative Eigenschaften auf andere Menschen und macht sie so zu Sündenböcken. Wenn daraus ein Masseneffekt wird, kann es zur Verfolgung und Vernichtung ganzer Menschengruppen kommen. C. G. Jung hat aber nie einen systematischen Überblick über sein Werk gegeben, schon weil er eine Dogmatisierung seiner Lehren fürchtete. Deshalb ist er bis zum heutigen Tag schwer zugänglich geblieben.

Margarete, die damals auf der Suche nach einer neuen Lebensausrichtung war, hat sich nach Rudolf Steiner auch bald wieder von C.G. Jung abgewandt. Mit Jungs Vorstellung von den Archetypen weiß sie bis heute nur wenig anzufangen. *»Das ist keine Wahrheitssuche mehr, sondern eine Illusion. Ich würde nicht bei den Archetypen haltmachen, sondern sie weiter analysieren, um herauszufinden, was sich dahinter noch verbergen kann.«* Aber auch gewisse fragwürdige politische Äußerungen Jungs haben sie befremdet, wie sie betont. Jung habe einen eher zwiespältigen Charakter gehabt. *»Die Gefahr bei seinen mythologisierenden Vorstellungen liegt darin, daß jede menschliche Gemeinheit in etwas großartig Esoterisches umgedeutet werden kann. Diese Vorstellungen erweisen sich nur zu oft als Selbsttäuschung und als Flucht vor der Wirklichkeit.«* Sie ist der Ansicht, daß bei Jungs *»verschwommenem Denken«* viele seiner Aussagen nicht kritisch überprüft werden. Als der Schweizer Jung 1933 Präsident der »Allgemeinen Ärztlichen Gesellschaft für Psychotherapie« im nationalsozialistischen Deutschland wurde, ging er so weit, die Psychoanalyse seines Lehrmeisters Sigmund Freud als »jüdische Irrlehre« hinzustellen.

## *Eine zersetzende Seelenlehre?*

Im *Zentralblatt für Psychotherapie und ihre Grenzgebiete*, dessen Herausgeber Jung damals war,[23] ist eine – später umstrittene – Stelle zu finden, aus der man seinen Antisemitismus herleiten wollte: »... es sollten die tatsächlich bestehenden und einsichtigen Leuten schon längst bekannten Verschiedenheiten der germanischen und der jüdischen Psychologie ... nicht mehr verwischt werden ... Dabei soll, wie ich ausdrücklich feststellen möchte, keine Minderbewertung der semitischen Psychologie gemeint sein, so wenig es eine Minderbewertung des Chinesen bedeutet, wenn von der eigenartigen Psychologie des fernöstlichen Menschen die Rede ist.«[24]

Zu einem weiteren Anlaß der Kritik wurde später auch ein Radiointerview, das Jung im Sommer 1933 im Rahmen der Berliner Funkstunde gab. In diesem Gespräch wird der »zersetzenden Psychoanalyse« (Freuds) die Jungsche »aufbauende Seelenlehre« entgegengesetzt. Da rät Jung, die ältere Generation möge in diesem geschichtlichen Augenblick weise genug sein, der Jugend die Führung zu überlassen und sich »mit diesem naturnotwendigen Geschehen« abzufinden. Überhaupt ist viel von der Stunde des »Führers« und von »Zeiten des Führertums die Rede ...«[25] Auch wenn Jungs Biograph Gerhard Wehr meint, der Schweizer Psychologe sei weder Nazianhänger noch Antisemit gewesen, so zeugen solche Beiträge aus heutiger Sicht von einer erstaunlichen Weltfremdheit und politischen Naivität.

Selbst die Jung nahestehende Aniela Jaffé schreibt: »Aber die Tatsache, daß Jung damit (mit seiner Unterscheidung von jüdischer und nichtjüdischer Psychologie) in einem Augenblick an die Öffentlichkeit trat, da das Judesein eine Lebensbedrohung war, und daß er die psychologisch-rassischen Unterscheidungen auf das wissenschaftliche Programm der Internationalen Gesellschaft setzte, muß als ein schwerer Fehler angesehen werden. Auch wenn die abgründigen Konsequenzen des Judenhasses erst später bekannt wurden, war jeder Hinweis auf jüdisches Anderssein in jenem Zeitpunkt Zündstoff für weiteren Fanatismus. Hier wäre das dem Arzt vertraute und so oft auferlegte Schweigen ein Gebot der Stunde gewesen.«[26] Wie dem auch sei, Margarete Mitscherlich konnte sich nach ihrem anfänglichen Interesse für die Psychologie C. G. Jungs mit seinen Gedanken nicht näher anfreunden.

## *Ein lebenslanges Interesse ist geweckt*

Für ihren weiteren Werdegang ist die Begegnung mit dem Arzt und Psychoanalytiker Alexander Mitscherlich – und durch ihn mit dem Werk Sigmund Freuds – von entscheidender Bedeutung.

Margarete und Alexander, die sich schon flüchtig aus Heidelberg, kennen, treffen sich 1947 im Tessin wieder. Als Margarete ihm von ihren Erfahrungen mit dem Werk Steiners erzählt, schlägt Alexander Mitscherlich ihr vor, doch ein Essay über die »Psychoanalyse der Anthroposophie« für seine neu gegründete Zeitschrift *Psyche* zu schreiben. Sie fühlt sich von diesem Vorschlag noch überfordert, da sie sich bis dahin nur oberflächlich mit Freud beschäftigt hatte. Aber Mitscherlichs Anregung wirkt auf sie wie eine Initialzündung und weckt in der »wahrheitssuchenden« jungen Frau ein dauerndes Interesse für die Psychoanalyse, das zu einem lebenslangen Engagement wird. *»Seitdem habe ich mich ganz Freud zugewandt und Steiner ganz beiseite gelassen.«*

## *Der Einfluß von Sigmund Freud – ein Exkurs*

Wer denkt beim Stichwort »Psychologie« nicht an den Wiener Arzt und Vater der Psychoanalyse. *»Freud hat mich von Anfang an durch seinen Drang, seelische Zusammenhänge immer besser zu erkennen, beeindruckt.«* Was man eigentlich mit Psychoanalyse meint, ist vielen Laien nicht immer klar, zumal der Begriff oft mit Psychotherapie und Psychiatrie vermischt und verwechselt wird. Dazu kommt, daß die Psychoanalyse selbst von ihren Anhängern unterschiedlich definiert und ausgelegt wird.

Helmut E. Lück unterscheidet gleich vier verschiedene Bedeutungen. Zunächst sei sie eine Theorie vom menschlichen Erleben und Verhalten. Zum zweiten sei sie ein Weg zur Erforschung psychischer Prozesse beim Individuum wie auch bei der Gesellschaft, zum dritten eine Methode zur Behandlung psychischer Störungen. Schließlich wird damit eine historisch-gesellschaftliche Bewegung umschrieben, in der man wiederum entschieden zwischen Anhängern des Meisters und Dissidenten unterscheidet.[27]

Man hat die Wirkungen Freuds auf das moderne Denken mit jenen von Karl Marx und Charles Darwin verglichen. Freud selbst meinte, seine »Entdeckungen« ließen sich durchaus mit dem Umbruch des Weltbildes durch Galileo Galilei vergleichen. Das mag uns heute übertrieben erscheinen. Jedenfalls haben Freuds Gedanken seit Beginn des Jahrhunderts die Gesellschafts- und Geisteswissenschaften nachhaltig beeinflußt und anhaltende Diskussionen ausgelöst. Bei den Auseinandersetzungen unter den Schülern Freuds und mit seinen Kritikern sind zwar viele Widersprüche und Irrtümer aufgedeckt worden, seine Lehren sind trotzdem nicht überholt. *»Ich halte die Psychoanalyse nach wie vor für den wichtigsten Teil der Psychologie überhaupt.«*

Im Leben dieses eigenwilligen Forschers, der Margarete Mitscherlichs Werdegang seit den vierziger Jahren entscheidend beeinflußt hat, ist bis heute manches ungeklärt. Trotz der großen Fülle von Literatur über ihn und immer neuer Auflagen seiner Werke, seiner Briefe und der Sitzungsprotokolle der Wiener Psychoanalytischen Vereinigung und verschiedener wichtiger Biographien, wie die von Ernest Jones oder Peter Gay, fehlt noch immer der Zugang zu vielen Quellen, die Aufschluß über sein Leben geben können. Es hat den Anschein, als ob der große Seelenforscher manche Einzelheiten seines eigenen Lebens vor den neugierigen Blicken der Öffentlichkeit verbergen wollte. Wiederholt hat er eigene Aufzeichnungen vernichtet. Seine Nachkommen, wie auch das Freud-Archiv in den USA, halten immer noch viele Briefe und andere Unterlagen unter Verschluß, als wolle man so das Bild Freuds schützen.

Sigismund Schlomo Freud kommt 1856 im mährischen Freiberg (heute Tschechien) in dritter Ehe des Stoffhändlers Jacob Freud zur Welt. Mit 22 Jahren ändert er seinen jüdischen Vornamen in Sigmund. Der Vater soll ein vielseitiger, religiös liberaler Mann gewesen sein. Berufliche Erfolge bleiben trotzdem aus. Er braucht die Hilfe anderer Familienangehöriger, um Frau und sieben Kinder zu ernähren, die in räumlicher Enge und materieller Entbehrung aufwachsen. 1860 zieht er nach Wien um. Dort fällt der hochbegabte Schüler am Leopoldstädter Gymnasium durch den sicheren Stil auf, der sein späteres Werk kennzeichnet. 1873 entscheidet er sich für das Medizinstudium.

### *Vom sexuellen Ursprung der Hysterie*

Einen beruflichen und finanziellen Gönner findet Freud im 14 Jahre älteren Arzt Joseph Breuer (1842–1925), dem Mitbegründer der Psychoanalyse. Breuer hatte hysterische Symptome auf unbewußte schockähnliche »traumatische« Erlebnisse zurückgeführt. Wenn sich Patienten in der Hypnose an unerfreuliche Dinge aus der Vergangenheit erinnern und sie durch Gefühlsausbrüche abreagieren, kann die Hysterie, so Breuer, wieder verschwinden. Berühmt geworden ist der Fall der Frauenrechtlerin Bertha von Pappenheim, die Breuer 1880 behandelte. Er sollte als Fall »Anna O.« in die Geschichte der Psychoanalyse eingehen, und die Methode sollte Freud als »kathartische«, reinigende Methode weiterentwickeln. Ob die hypnotische Behandlung in diesem Fall tatsächlich hilfreich war, wird heute allerdings auch bezweifelt. Freud hatte zu dieser Zeit übrigens auch mit Kokain experimentiert und dessen schmerzlindernde Wirkung entdeckt. Er scheint sich aber über die schädigenden Folgen dieser Droge noch nicht im klaren gewesen zu sein.

Freud promoviert 1881, habilitiert sich 1885 für das Fach Neuropathologie. Er studiert 1885 und 1886 bei dem Pariser Psychiater Jean-Martin Charcot Hysteriefälle sowie die Auswirkungen von Hypnose und Suggestion, findet aber mit seinem Bericht darüber bei der Fachwelt keinen Anklang. Schockiert sind seine Zuhörer, als er 1896 eine Vorlesung über den sexuellen Ursprung der Hysterie hält. Im Jahr darauf kommt er durch einen eigenen Traum zu seiner These vom »Ödipuskomplex«. *»Im Zentrum der psychoanalytischen Konflikttheorie stand über lange Zeit der ödipale Konflikt. Sein Inhalt ist allgemein bekannt: Ödipus – dem unbewußten Zwang des Delphischen Orakels folgend – erschlägt seinen Vater und heiratet seine Mutter. Freud nahm diese antike Tragödie als Vorbild für das, was bewußt oder unbewußt in der Phantasie jedes Menschen wirkt.«*[28] Freud hat die Verliebtheit in die Mutter und die Eifersucht gegen den Vater bei sich selbst festgestellt und daraus den Schluß gezogen, dies sei »ein allgemeines Ereignis früher Kindheit«.[29]

Kurz darauf, nach dem Tode seines Vaters, macht er eine persönliche Krise durch, beginnt seine Träume aufzuschreiben und sie selbst zu analysieren. Obwohl er immer mehr zum wissenschaftlichen Außenseiter wird, ist er von der Richtigkeit seines Suchens und der Bedeutung seiner Forschungen überzeugt. 1886 eröffnet er seine eigene Praxis und heiratet Martha Bernays. Die Behandlungsräume werden bald in das berühmt gewordene Haus in der Berggasse 19 verlegt, wo Freud 50 Jahre lang bis zur Emigration nach dem »Anschluß« Österreichs 1938 gewohnt hat und wo heute das Sigmund-Freud-Museum untergebracht ist. Als er 1902 endlich eine Titular-Professur erhält, hat er sich weit von den Lehren der akademischen Medizin und der Psychologie entfernt.

Das Ministerium hatte seine Beförderung zum ordentlichen Professor wiederholt verhindert. Daß dabei auch antijüdische Vorurteile mitspielten, steht außer Frage. »Die meisten Historiker sind sich darüber einig, daß die Wiener der Psychoanalyse feindlich gegenüberstanden, und daß diese Feindschaft zu einem umfassenden und oft nicht zum Ausdruck gebrachten Antisemitismus gehört. Die Psychoanalyse stellte eine Bedrohung der bürgerlichen Welt dar.«[30] Die große Mehrheit der Psychologen, Soziologen, Theologen und Philosophen lehnte diesen neuen Forschungszweig als unmoralisch oder unwissenschaftlich ab.

Freud hat die Psychoanalyse – die Methode, Verborgenes ans Licht zu bringen – mit der Archäologie verglichen, für die er sich interessierte. Die Verse der Äneis: »Wenn ich die himmlischen Mächte nicht bezwingen kann, dann will ich die Unterwelt in Bewegung setzen«, stellt Freud über seine *Traumdeutung*, die im Herbst 1899 erscheint. Man kann dieses Buch als die erste große Darstellung der Psychoanalyse betrachten. In der Traumdeutung sieht er den »Königsweg« zur Erforschung des Unbewußten. Die Funktion der Träume liegt für Freud darin, verborgene und verdrängte Bedürfnisse, heimliche Wünsche und vorwiegend sexuelle Triebe symbolisch auszudrücken und sie scheinbar zu befriedigen. Der Traum ist der »Hüter des Schlafes«; es gibt einen inneren »Zensor«, der das unmittelbare Auftauchen und das Aufwachen verhindert. Später spricht er vom »Über-Ich«.[31]

In seiner Schrift *Zur Psychopathologie des Alltagslebens* (1901) zeigt Freud, daß Fehlhandlungen wie das Vergreifen, Versprechen und Vergessen nicht zufällig geschehen, sondern daß sich in ihnen unerfüllte Wünsche widerspiegeln. Heute sind Ausdrücke wie »Freudsche Fehlleistung« oder »Freudscher Versprecher« umgangssprachlich geworden. Mit seiner Arbeit *Der Witz und die Beziehung zum Unbewußten* (1905) will er zeigen, daß man die psychoanalytische Deutung auch auf andere gesellschaftliche Gebiete anwenden kann. Ab 1902 sammelt er eine Gruppe von Personen um sich, mit denen er seine Erkenntnisse zu diskutieren beginnt. Wöchentlich trifft sich diese Gruppe in Freuds Haus. Aus der sogenannten Mittwochs-Gesellschaft entsteht später die »Wiener Psychoanalytische Vereinigung«.

Niemand sah damals voraus, daß aus diesen informellen Treffen im kleinen Kreise bald eine weltweite Bewegung mit untereinander rivalisierenden Gruppen entstehen würde. Die Beteiligten konnten nicht ahnen, »daß man Freuds engste Anhänger eines

Tages beschuldigen würde, sich in eine Glaubensgemeinschaft verwandelt zu haben, oder daß man Freud für eine solche Entwicklung verantwortlich machen würde«.[32] Von seinen Mitstreitern aber verlangte Freud »uneingeschränkte Treue«. Er wollte, daß seine Schüler es ihm überließen, die Ergebnisse ihrer psychoanalytischen Forschungen, die meist aus der Beobachtung psychischer Abläufe ihrer Patienten stammten, »zu einem Ganzen zusammenzufassen«.

Ungeklärt ist, ob die vielen Spaltungen unter den Psychoanalytikern in erster Linie auf unterschiedliche theoretische Ansatzpunkte oder auf unbewußte und subjektive Vorurteile einzelner Freudianer zurückzuführen sind. Dazu Margarete Mitscherlich: *»Freud war auch ehrgeizig und wollte seine Wahrheit anerkannt haben. Er merkte, daß er intelligenter als die meisten war. Halbwahrheiten und Geschwätz hat er zutiefst verachtet. Menschen wie Freud sind hochempfindlich. Er konnte sehr impulsiv reagieren und hat ehemalige Mitarbeiter oder Freunde gelegentlich als Schufte beschimpft.«*

## *Der einzelne und die Masse*

Zusammen mit C.G. Jung, der damals noch zu seinen Schülern zählt, nimmt Freud 1909 eine Einladung der Clark University in den USA an. Beiden Forschern wird die Ehrendoktorwürde verliehen. Freud hält dort fünf Vorträge, die, anders als im deutschen Sprachraum, auch von der akademischen Psychologie beachtet und gewürdigt werden und die Ideen der Psychoanalyse populär machen. Das stets vorhandene Interesse der Amerikaner an allem Neuen lassen Freud über Nacht zu einem berühmten Mann werden. Obwohl Freud sich durch seinen Anklang in Amerika geschmeichelt fühlt, ist er zugleich besorgt, daß die Psychoanalyse dort »oberflächlich und leichtfertig« angewendet werden könnte. Uneinig ist man sich vor allem über die Ausbildungsmethoden.

Die Amerikaner wollen nur Mediziner als Analytiker zulassen, Freud, der in seinen Erkenntnissen nicht nur eine »medizinische Spezialität« sieht, möchte auch Laien aufnehmen.

Im Jahr 1910 wird in Nürnberg die »Internationale Psychoanalytische Vereinigung« (International Psycho-Analytical Association, IPA) gegründet, und auf Freuds Betreiben wird der Schweizer Jung zu ihrem ersten Präsidenten gewählt. Das führt zu Streitigkeiten unter den Wiener Analytikern, die mit dieser Wahl nicht einverstanden sind. Für Freud, der in dem bedeutend jüngeren Schweizer zunächst seinen »Kronprinzen« gesehen hatte, ging es nun vor allem darum, einen bekannten Nicht-Juden für die Organisation zu gewinnen, auch weil er sich davon eine größere internationale Anerkennung seines Werkes versprach. Aber dann sollte es bald wegen unterschiedlicher Ansichten zur Trennung und zur offenen Feindschaft mit Jung kommen.

Seit der Zeit des Ersten Weltkrieges finden zahlreiche Schriften Freuds in verschiedenen Verlagen größere Verbreitung. Sie werden nun auch in andere Sprachen übersetzt. Der Erste Weltkrieg kommt auch für die Psychoanalytiker völlig überraschend. Sie waren so sehr mit ihrer Organisation beschäftigt gewesen, daß sie die internationalen Spannungen, die 1914 zum Krieg führten, kaum bemerkten, obwohl gerade Freud sich damals schon intensiv mit der »Massenseele« beschäftigt hatte. 1921 erscheint seine tiefgründige *Massenpsychologie und Ich-Analyse*, in der er das Phänomen des Führers und der oft schwer verständlichen Massenreaktionen psychoanalytisch erklärt.

Danach kommt es in der Masse durch triebhafte Beziehungen zur Identifikation ihrer Mitglieder untereinander und mit ihrem Führer, der zum »Ideal-Ich« aufsteigt. In der Masse wirft der einzelne die Verdrängung seiner unbewußten Triebregungen ab – eine Vorahnung des Dritten Reiches und seines Führers? *»Die Gefahr falschen Idealen und Demagogen anheimzufallen ist bei unreifen Menschen und Jugendlichen besonders groß«*, betont Margarete Mitscherlich. 1924 erscheint Freuds Schrift *Das Ich und das Es*, in der er seine Theorie der Persönlichkeit entwickelt, die er aus dem Zusammenwirken von drei Faktoren erklärt: dem Es, dem Ich und dem Über-Ich. Das Es liegt weitgehend im Unbewußten, als dem Sitz der Triebe. Das Über-Ich dagegen ist die Gewissensinstanz. Das Ich steht ständig im Spannungsfeld beider. Freud hat seine Theorie auf eine Kurzformel gebracht: »Wo Es war, soll Ich werden.«

Natürlich gehört Freud zu den Verfassern, deren Bücher nach Hitlers Machtergreifung in vielen deutschen Städten öffentlich verbrannt wurden. Als im Mai 1938 deutsche Truppen in Österreich einmarschieren, wird die Wiener Psychoanalytische Vereinigung aufgelöst. Mit Hilfe von Freunden gelingt Freud und seiner Tochter und Mitarbeiterin Anna die Flucht nach London, wo er noch bis zu seinem Tod praktiziert und am 23. September 1939, kurz nach Kriegsausbruch, stirbt. Den schrecklichen Tod seiner vier Schwestern in Auschwitz muß er nicht mehr erfahren. In seinen späteren Schriften wie *Das Unbehagen in der Kultur* (1929) hat Freud seine Individualpsychologie mit kulturellen und gesellschaftlichen Faktoren zu verbinden versucht. Kaum einer seiner Nachfolger habe die analytische Weitsicht entwickelt, die diese Werke Freuds auszeichnet, doch zu den wenigen, die Freud darin auf ihre Art nahekamen, zähle Alexander Mitscherlich, meint Edith Kurzweil in ihrem Werk über *Freud und die Freudianer*.[33]

## *Eine unverheiratete Mutter wehrt sich gegen die Doppelmoral*

Alexander Mitscherlich gründet 1946 zusammen mit Felix Schottländer und Hans Kunz die Zeitschrift *Psyche*. Man hofft, durch dieses neue Medium eine gemeinsame Plattform für die psychotherapeutische Diskussion zu schaffen und die verschiedenen

Theorien einander näherzubringen. Nur zu bald erkennt man aber, daß die Meinungsgegensätze unter den psychologischen Schulen zu groß sind und läßt diesen Plan wieder fallen. Mitscherlich bemüht sich fortan darum, die Psychoanalyse auf Gesellschaft und Politik, auf Medizin, Kunst und Literatur anzuwenden. 1947 erscheint seine Habilitationsschrift »Vom Ursprung der Sucht«, eine »pathogenetische« Untersuchung des suchthaften Trinkens. Mit dieser Arbeit will er auch die Psychosomatik, die von der traditionellen Medizin noch weithin abgelehnt wird, auf eine wissenschaftliche Grundlage stellen.

Margarete Nielsen, wir erinnern uns, lebt zu dieser Zeit in Zürich, wo sie eine Stelle als Assistenzärztin übernimmt. Von der Schweiz hat sie den Eindruck, daß man sich hier Fremden gegenüber sehr zurückhaltend, ja ablehnend verhält. Menschliche Beziehungen, die über das Konventionelle hinausgehen, entstehen meist nur langsam. *»Im gastfreundlichen Dänemark liebte man es, auch in den Kriegszeiten zu feiern, und setzte seinen Gästen vor, was man hatte – im Gegensatz zur reichen Schweiz, wo jedes Zuckerstückchen genau abgezählt wurde.«* Sie trifft kaum auf Deutsche oder andere Ausländer. Während dieser Zeit vertieft sich ihre Beziehung zu Alexander Mitscherlich, einem in zweiter Ehe verheirateten Mann. Die beiden hatten sich unter besonderen Umständen in der Schweiz getroffen – und gar nicht ans Heiraten gedacht. Margarete erwartet 1948, schon dreißigjährig, ein Kind von Alexander. Weil sie als unverheiratete Mutter in der damals nach außen hin »hochmoralischen« Schweiz nicht bleiben möchte, kehrt sie 1949 nach Deutschland zurück.

So hat sie am eigenen Leibe erlebt, was eine Frau in solcher Lage alles hinnehmen und ertragen muß. *»Damals war eine Frau mit unehelichem Kind gesellschaftlich erledigt. Bei den Männern wurde eine solche Vaterschaft dagegen als ein Zeichen der Potenz angesehen. Ein typisches Beispiel der herrschenden Doppelmoral: Was beim Mann angeblich Stärke verkörpert, wird der Frau als Unmoral ausgelegt mit der Folge gesell-*

*schaftlicher Ächtung*«, meint Margarete Mitscherlich im Rückblick. Für sie gilt es, von derartigen »moralischen Vorurteilen« frei zu sein und nicht in ein Frauenbild gezwängt zu werden, das nur Männern sexuelle Freiheit zugesteht. Ihre eigene Erfahrung hat sie in der Auffassung bestärkt, daß hier nicht mit unterschiedlichen Maßen gemessen werden darf. Unverheiratete Mütter müssen sich von Schuldgefühlen, die man ihnen eingeredet hat, selbst befreien.

Der bekannte deutsche sozialdemokratische Politiker Carlo Schmid verhilft der Dänin zu einer Aufenthaltsgenehmigung in Deutschland, die damals von den Besatzungsbehörden bewilligt werden mußte und gar nicht leicht zu bekommen war. Sie hatte in der Schweiz als Ärztin recht gut verdient und konnte dort ihr Geld zu einem sehr vorteilhaften Devisenkurs eintauschen. Für 20 Franken gab es 100 Mark. Die Frage war nur, wie sie ihr Geld bei den strengen Devisenkontrollen über die Grenze bringen konnte; man durfte nämlich nur kleine Summen mitnehmen. Sie versteckte also ihre gesamte Barschaft in den Taschen eines weiten Mantels, den sie eigens für diesen Zweck gekauft hatte, und versuchte, ihre Habe über die Grenze zu schmuggeln. Eine gründliche Grenzbeamtin aber findet das Geld, und schon scheint alles verloren. Doch die Beamtin hat ein Herz. Als sie erfährt, daß sie es mit einer mittellosen, alleinstehenden Frau zu tun hat, die ein Kind erwartet, steckt sie ihr die Geldscheine wortlos zurück in die Manteltaschen. Margarete Mitscherlich sieht darin eine Geste der »Solidarität unter Frauen«, wie sie es oft in ihrem Leben erfahren hat.

Mit ihrer Freundin Hedi Erasmy läßt sie sich am Bodensee nieder und bringt dort im Januar 1949 ihren Sohn Mathias zur Welt. Mit dem kleinen Mathias ziehen die Frauen nach Stuttgart. Margarete ist in der Psychiatrie tätig und arbeitet an ihrer Dissertation »Über die Ergebnisse der experimentellen Arbeiten der Atemregulation« des dänischen Forschers Schack August Krogh. Als Dänin bringt sie die besten Voraussetzungen für diese Studie mit. Krogh ist 1920 für sein Gesamtwerk mit dem Nobelpreis ausgezeichnet worden. Er besaß die seltene Gabe, komplizierte wissenschaftliche Probleme klar und verständlich darstellen zu können. Seine Frau Marie Krogh hatte sich intensiv an den Entdeckungen beteiligt; darin ist das Forscherpaar Krogh den Mitscherlichs wohl ähnlich gewesen.

Am Stuttgarter Institut versucht man – nicht anders als Alexander Mitscherlich in seiner Zeitschrift *Psyche* – verschiedene psychotherapeutische Schulen miteinander zu vereinen. Das war ja schon während der Hitlerzeit im sogenannten Berliner »Göring-Institut« versucht worden. Man war damals in Deutschland, auch nach dem Krieg, ganz auf »Harmonie« gestimmt, was sich für die weitere Forschung auch in der Psychologie als wenig fruchtbar erweisen sollte, wie Margarete Mitscherlich meint. Diese »kompromißlerische« Haltung führte zu »theoretischen Unschärfen und Verflachungen«, statt Probleme der psychoanalytischen Forschung kritisch anzugehen, ob es nun um den Einzelmenschen oder die Gesellschaft ging.

Im Jahr 1950 besteht sie ihr medizinisches Doktorexamen in Tübingen. Bald darauf beginnt sie mit ihrer ersten Analyse bei der Rumänin Vilma Popescu, einer in Wien ausgebildeten Psychoanalytikerin. Jetzt hat Margarete Mitscherlich ihre »Berufung« gefunden. Bereits in ihrer frühen Jugend hat sie damit begonnen, sich über psychologische Zusammenhänge Gedanken

Mit Sohn Matthias (1952)

zu machen. Als Kind will sie herausfinden, was sich wohl hinter den Gesichtern und Gesten der Erwachsenen verbirgt. Besonders die Gedanken und Gefühle ihrer Mutter möchte sie ergründen, um zu wissen, ob sie glücklich oder unglücklich ist. Die Entscheidung zugunsten der Psychologie und der Psychoanalyse ist nun endgültig gefallen.

Da erfährt sie von Alexander Mitscherlich, daß er in Heidelberg eine Abteilung für »Psychosomatische Medizin« zu gründen beabsichtige. Er fragt sich damals, ob es möglich wäre, mit der »richtigen« Theorie zur Psychosomatik die »Seelen und Köpfe der Deutschen zu heilen«. Bald gelingt es ihm, eine Verbindung zu Alan Gregg, dem Direktor der Medizinischen Abteilung der Rockefeller-Stiftung, herzustellen. Er nimmt damit einen Kontakt wieder auf, den sein Lehrer Viktor von Weizsäcker bereits vor dem Krieg geknüpft hatte, und dabei kommt ihm die Tatsache zugute, daß er ein »politisch unbelasteter« Mediziner ist. »Die amerikanischen Analytiker und andere Freunde wußten, daß Alexander im Gefängnis gesessen hatte und kein Nazi gewesen war.«[34] Seine psychosomatischen Vorstellungen, die bei seinen deutschen Kollegen eher auf Ablehnung stoßen, finden die Zustimmung der Amerikaner. Die Rockefeller-Stiftung erklärt sich 1949 bereit, seine psychosomatische Klinik für stationäre und ambulante Kranke zu finanzieren.

Mit Hilfe der Psychoanalyse hofft Mitscherlich herauszufinden, warum manche Patienten auf seelische Konflikte mit körperlichen Erkrankungen reagieren, andere hingegen neurotisch oder aggressiv werden. Neben medizinischen Fragen untersucht er die Symptome der Kranken nach »Erlebnissen mit übermächtigen Eltern oder mit Nazi-Autoritäten«.[35] Tief getroffen hat ihn, daß die Nazis versucht hatten, den Massenmord im Namen der Wissenschaft zu rechtfertigen. Mitscherlich wird zum Gründer einer Schule der deutschen Psychosomatik in der Tradition von Ernst Simmel und Otto Fenichel. Danach reagieren Kranke auf unerfüllte Bedürfnisse wie Liebe und Haß, Rache und Wut, oder Trauer und Schmerz, mit körperlichen Symptomen. So leben sie ihr Problem in »verschobener« Weise aus.

## *Durch die Psychoanalyse zur Selbstkenntnis*

In der Folge forschte man in Mitscherlichs sogenannter »Deutschen Schule« intensiv nach den verschiedenen Ursachen von Erkrankungen, ohne das »Psychosomatische Rätsel« wirklich lösen zu können. »Die deutschen Psychosomatiker der Nachkriegszeit wandten sich aber auch sozialen und ethischen Zielen der Demokratie zu, wie sie die Amerikaner für selbstverständlich hielten.«[36] Die amerikanischen Psychoanalytiker versuchten nicht, Techniken zur »Verbesserung« menschlicher Organe zu entwickeln. Sie hatten sich auch nie Gedanken über die Entstehung der Nazi-Ideologie gemacht; auch nicht darüber, wie es dazu kommen konnte, daß Menschen als Untermenschen angesehen wurden und die Medizin als Werkzeug der Rassenpolitik diente. Mitscherlichs »idealistische« Hoffnungen, mit Hilfe der Psychoanalyse eine neue Anthropologie zu entwickeln, teilten die Amerikaner nicht.

Noch im gleichen Jahr zieht Margarete nach Heidelberg. Sie arbeitet in der »Psychotherapeutischen Abteilung für Kinder und Jugendliche« in Mannheim, einer Unterabteilung des Heidelberger Instituts. Aber der neue klinische und theoretische Forschungsbereich findet keinen Anklang an der Universität. *»Ich bin heute noch darüber entrüstet, daß die Universität Heidelberg mit ihrer liberal-humanistischen Tradition unfähig war, den Humanismus Freuds aufzunehmen«*, schreibt Alexander Mitscherlich in seinem Erinnerungsbuch *Ein Leben für die Psychoanalyse.*[37] Er hatte in diesem Punkt die Interessen der Nachkriegsgeneration wohl falsch eingeschätzt.

Nach ihrer psychoanalytischen Ausbildung kann Margarete der »Deutschen Psychoanalytischen Vereinigung« (DPV) beitreten. Als sie das Bedürfnis verspürt, ihre eigenen Probleme mit Hilfe einer Analyse noch besser kennen- und verstehen zu lernen, vermittelt ihr Alexander Mitscherlich 1954 Michael Balint in London als Analytiker. Der aus Ungarn stammende Freudianer war durch seine Arbeiten zur »primären Liebe«, zur »Objektbeziehungstheorie« und zur Anwendung der Psychoanalyse in der allgemeinen ärztlichen Praxis weltbekannt geworden. Auch seine Kritik an der hierarchisch gegliederten Ausbildungspraxis weckte die Aufmerksamkeit seiner deutschen Kollegen.

In London beginnt die junge Ärztin, weiter analytisch an sich zu arbeiten und die Freudsche Psychoanalyse mit anderen Augen zu sehen. Sie erlebt dort zum erstenmal eine typisch *»freudianische Atmosphäre«*.

In ihrer Analyse lernt sie, ihre eigenen *»Idealisierungen, Aggressionen und Wiederholungszwänge«* zu erkennen und wird mit den *»Ambivalenzgefühlen«* konfrontiert, die sie auch gegenüber ihren Eltern hegt. Viele unbewußte Zusammenhänge in ihrem Leben werden ihr dadurch verständlich. Diese Erkenntnisse über sie selbst sind *»schmerzlich und schrecklich, aber auch befreiend«*. Mit Hilfe der Psychoanalyse hat sie gelernt, besser mit ihren Ängsten umzugehen, die sich manchmal schon auflösen, wenn man verstanden hat, wie die Angst entsteht und wie sie sich auswirkt. Manche Ängste, wie zum Beispiel die Klaustrophobie, ist Margarete Mitscherlich nie ganz losgeworden. Wenn sie mit einem Aufzug steckenbleibt, kann sie immer noch von Panik befallen werden. *»Sicher sind heute viele Angstsymptome ganz verschwunden, alle Fehler hingegen leider nicht. Jedoch habe ich es gelernt, mir selbst gegenüber nachsichtiger zu sein.«*

Freud wird in dieser Phase für sie fast zu einem ideellen Vaterersatz. *»Er war mein allwissender Lehrer und Aufklärer, den ich intensiv gelesen und vor allem sehr bewundert habe.«* Es dauert lange, bis sie Distanz zu seinen Ideen findet und erkennt, daß manche Gedankengänge des »Vaters der Psychoanalyse« keine letztgültigen Wahrheiten, sondern zeitbedingte Vorstellungen sind. So wurde manches an der Lehre Freuds von neuen Einsichten relativiert. Nachdem Margarete Mitscherlich das erkannt hat, wagt sie es, sich von Freuds in manchen zeitbedingten Ansichten über die Frau zu lösen, und ihren eigenen psychoanalytischen Ansatz zu entwickeln.

### *Verschiedene Lehrmeinungen prallen aufeinander*

Der anfängliche Begeisterungstaumel ist einer nüchternen Betrachtungsweise gewichen. Im Grundsätzlichen aber ist Margarete Mitscherlich bis heute eine treue Freudianerin geblieben. Freuds Leistung besteht für sie auch darin, daß es ihm gelungen ist, bereits vorhandene Erkenntnisse in einem einzigen Gedankengebäude zusammenzubringen. Auch seine Entdeckung des Ödipuskomplexes ist nichts grundlegend Neues, wie er selbst auch gewußt hat.

Im Kreise streitbarer Psychoanalytiker wird sie in England mit einer neuen, konfliktbeladenen Atmosphäre konfrontiert. Mit dem friedlichen Zusammenleben und gegenseitigen Verstehen war es bei den Freudianern nie allzu weit her. In London war es bereits in den dreißiger Jahren zu Meinungsverschiedenheiten und persönlichen Konflikten über Lehrmeinungen und Auslegungen des »großen Meisters« gekommen. Das wurde bei den für alle unerfreulichen Streitereien zwischen Anna Freud und Melanie Klein nur zu deutlich. Diese Gegensätze spiegelten sich bald auch in der psychoanalytischen Ausbildung wider.

Es bestanden drei einander nicht immer wohlwollende Schulen: die A-Gruppe um Melanie Klein, die B-Gruppe um Anna Freud und eine Mittel-Gruppe mit dem »neutralen Rest« der in London lebenden Analytiker. Dieser dritten Gruppe, der vor allem Balint und Winnicott angehörten, neigten auch die Mitscherlichs zu, die sich aus den Kontroversen möglichst taktvoll herauszuhalten versuchten. Im übrigen wurden deutsche Psychoanalytiker in London damals noch wenig freundlich empfangen, weil viele jüdische Kollegen den Verlust von Familienmitgliedern in Konzentrationslagern zu beklagen hatten und die Vergangenheit nicht vergessen konnten und wollten.

Der Streit zwischen Anna Freud und Melanie Klein beruhte auf persönlichen und theoretischen Rivalitäten. Beide Frauen meinten, daß es bei ihren Auseinandersetzungen auch um die künftige Konzeption der Psychoanalyse gehe, um Fragen wie die Auswahl von Ausbildungskandidaten, die Dauer von Analysen und die Wahl von Analytikern. Trotzdem wurde eine endgültige Spaltung vermieden. Die drei Gruppen einigten sich darauf, daß neue Kandidaten sich von Analytikern der verschiedenen Richtungen ausbilden lassen konnten. Wenn die Freudianer später erneut im Streit lagen, diente der Kompromiß der »englischen Auseinandersetzungen« als Modell für eine gütliche Einigung.[38]

Margarete, die damals noch einen dänischen Paß besitzt und auch in diesem Kreise wie eine »Grenzländerin« wirkt, kann sich mit allen drei Gruppen relativ gut verständigen. Sie nimmt an deren verschiedenen Seminaren teil. Im übrigen können alle Streitereien und Berührungsängste nicht verhindern, daß die Londoner eine alte Gepflogenheit aus Wien wiederaufnehmen und sich an Mittwochabenden treffen. Gemeinsam hört man sich den Vortrag eines Mitglieds an, um anschließend darüber zu diskutieren. Einen Vorteil bei diesen Kontroversen hat Alexander Mitscherlich jedenfalls darin gesehen, daß die Psychoanalyse lebendig bleibt und nicht zum Dogma erstarrt.[39] Zeitweise fanden Melanie Kleins Vorstellungen, ihre komplizierten Theorien zur Erklärung seelischer Vorgänge, Margaretes Interesse. Sie beteiligt sich intensiv an Gesprächen mit der Gruppe um Klein. Margarete Mitscherlich ist eine der ersten, die Kleins Auffassungen in Heidelberg bekanntmacht.

*Alexander ist das Leben selber*

Seit den fünfziger Jahren liegt das Hauptziel der Psychoanalyse für Margarete Mitscherlich in der Überwindung einer paranoiden Selbstentfremdung, die erkannt und behoben werden kann. Besonders wichtig sei es, die eigenen zerstörerischen Kräfte wahrzunehmen, die wir meist ursprünglich gegen uns nahestehende Menschen richten. *»Es gilt herauszufinden, was Angst macht und deswegen abgewehrt und auf andere verschoben werden muß. Zu diesem Zweck werden Sündenböcke gesucht und meist auch gefunden.«* Mancher, der diese Zusammenhänge durchschaut und erkennt, welches Leid er anderen durch seine Projektionen zugefügt hat, verfällt zunächst in tiefe Trauer und in Depression – dann folgt das Bedürfnis der Reue und Wiedergutmachung. Aber ohne diesen Trauerprozeß kann man sich kaum von Vergangenem befreien und einigermaßen unbefangen der Zukunft zuwenden. Im Rückblick meint sie:

*»Ich bin nach wie vor davon überzeugt, daß die Fähigkeit, Projektionen zurückzunehmen und Vorurteile abzubauen und dadurch seine Mitmenschen wie sich selbst möglichst unverzerrt wahrzunehmen, zu den wichtigsten Erfahrungen einer psychoanalytischen Therapie gehört. Dazu zählt auch der befreite Umgang mit tiefsitzenden Neidgefühlen, die unsere Lust am Lernen und Erkennen, ja am Leben überhaupt zerstören.«*

Alexander Mitscherlich trennt sich von seiner Familie, aber seine Frau Georgia Wiedemann willigt zunächst nicht in die Scheidung ein. Nach Margaretes Rückkehr nach Heidelberg haben Alexander und sie große Schwierigkeiten, eine Wohnung zu finden. Zu dieser Zeit dürfen unverheiratete Paare in Deutschland offiziell nicht zusammenleben. Da Mitscherlich in Heidelberg sehr bekannt ist, will er keinen Skandal unter seinen Kollegen riskieren. Schließlich können sie 1955 doch heiraten. Da sich die beiden ganz ihrer Arbeit hingeben, beschließt Margarete, ihren zweijährigen Sohn zunächst im dänischen Gravenstein bei seiner Großmutter, der »Ama«, gemeinsam mit den Kindern ihres Bruders aufwachsen zu lassen.

Der kleine Mathias besuchte bis zu seiner Einschulung 1955 in Heidelberg den deutschen Kindergarten. Im Rückblick war die Trennung von Mutter und Kind nicht unproblematisch. Noch heute erinnert sich Margarete Mitscherlich schmerzvoll an diese Zeit zurück. Immer wieder verstrickt sie sich in Selbstvorwürfe, ob es auch richtig gewesen sei, ihren kleinen Matthias damals wegzugeben und ihn in so jungen Jahren einem solchen Trennungserlebnis auszusetzen. Es hat manchmal den Anschein, als würde sie mit der besonders zärtlichen Liebe, die sie ihren Enkelkindern heute schenkt, auch das am eigenen Sohn Versäumte nachholen.

Von Anfang ihrer Ehe an will sie aus Alexander Mitscherlich keine »Idealfigur« machen, sondern ihn sehen, »wie er wirklich ist«. An ihrem Mann beeindruckt sie seine große Ausstrahlung, sein warmherziger, offener Umgang mit anderen. Ein Assistent hat einmal von ihm gesagt: »Er ist das Leben selber.« Margarete nimmt aber auch seine Schwächen wahr, findet, daß er ein Charmeur ist, der von Frauen angezogen wird und bisweilen auch nicht frei von Unzuverlässigkeit ist. Sie neigt von Natur aus zur Eifersucht und hätte es nicht ertragen können, wenn er zu viel Interesse für eine andere Frau gezeigt hätte. Aber auch Alexander ist auf seine attraktive Frau eifersüchtig. Wie bei vielen Intellektuellen hat sich sein Leben manchmal in einer *»etwas egozentrischen Art zu sehr um seine eigene Person und seine Arbeit gedreht«*. Sie und ihr Sohn Matthias haben ihn öfter mit liebevollem Spott »Unsere Diva« genannt.

## *Ein Paar ergänzt sich*

In ihrer Heidelberger Zeit arbeiten beide Mitscherlichs in der Psychosomatischen Klinik und behandeln dort Patienten. Sie übernimmt auch die Ausbildung von Psychoanalytikern. Er leitet die Klinik als Direktor, findet aber auch Zeit zum Schreiben. Die »Vaterlose Gesellschaft« nennt er das erste größere Buch, das aus der gemeinsamen Arbeit entsteht. Margarete hätte sich damals – ohne Alexander Mitscherlich – wie viele ihrer Kolleginnen und Kollegen ganz in die Freudschen Theorien über die Lehranalyse und für die Arbeit mit den Patienten *»verkrochen«*. Das ging aber nicht, weil ihr Mann sie ständig mit den unmittelbaren gesellschaftlichen Problemen konfrontierte. Ohne ihn hätte sie sich wahrscheinlich im wesentlichen für die *»minutiösen Verästelungen der Psyche«* interessiert, wie sie selbst sagt. Er kam ständig mit neuen Einfällen nach Hause und nahm am politischen Tagesgeschehen der fünfziger und sechziger Jahre regen Anteil. *»Er war für mich wie ein Motor, der dann später, als er nicht mehr da war, in mir weiter wirkte.«*

Der Philosoph Jürgen Habermas, mit Margarete Mitscherlich seit mehr als dreißig Jahren eng befreundet, meint über das Paar Alexander und Margarete: »In dieser komplexen, strahlenden Beziehung schien alles gebündelt zu sein.« Für Habermas waren die beiden Mitscherlichs mit ihren Gesten, ihren Blicken, den ritualisierten Kämpfen und Diskussionen ein »unwiderstehliches Paar«. Bei ihnen fanden Freunde und Kollegen ein »gesellschaftliches, offenes, intellektuelles Haus von großbürgerlichem Lebensstil; das weit gespannte Netz der professionell-freundschaftlichen Kontakte mit den Lehrern und Kollegen aus der Schweiz, aus Holland, London, New York und Kalifornien«, wie Habermas sich erinnert. Hier verkehren Psychoanalytiker aus aller Welt – René Spitz, Jeanne Lampl-de Groot, Michael Balint, auch Paula Heimann, Fritz Redlich, Paul Parin, Thure von Uexküll und viele andere.

Gern gesehener Gast war der Jugendpsychologe Erik Erikson. Er stammte von dänischen Eltern ab, war 1902 in Frankfurt geboren, ein Schüler von Anna Freud geworden und 1933 nach Amerika ausgewandert. In seinem Werk setzte er sich mit dem Problem der Identitätsfindung junger Menschen auseinander. Sein Buch *Kindheit und Gesellschaft* wurde zum Standardwerk über die psychische Entwicklung des Menschen. Er sieht das menschliche Leben in acht entscheidenden Phasen ablaufen. In jedem dieser Abschnitte entstehen besondere psychische Konflikte, die unsere Persönlichkeit prägen. Die schwerste Krise muß bereits der Jugendliche durchleben, werden in dieser Zeit doch die Weichen für das kommende Leben gestellt. Erik Erikson, zuletzt Professor in Berkeley und Harvard, ist im Sommer 1994 im Alter von 91 Jahren gestorben.

Im Jahr 1960 wird das Sigmund-Freud-Institut gegründet. Aber erst 1967, nach dem Abitur ihres Sohnes, erfolgt der endgültige Umzug nach Frankfurt. Ihr fällt der Abschied von Heidelberg schwer. Die Atmosphäre im Frankfurter Institut erlebt sie bisweilen als starr und trauert noch lange der schöpferischen und lebendigen Stimmung von Heidelberg nach.

*»Wir waren eine kleine Gruppe, empfingen ungezählte Anregungen durch Besucher aus aller Welt, durch Kongresse und Arbeitsgemeinschaften. Wir hatten viel zu lernen, und das geschieht am lebendigsten durch Identifikationen mit anderen, die man achtet und von denen man lernt und durch die man sein Denken erneuert. Nur Neid und Mißgunst können dieses Lernen stören, und die gab es in Heidelberg unter den Psychoanalytikern kaum, zumindest habe ich es so erlebt. Wenn man ›erwachsen‹ wird, hört das lustvolle Lernen weitgehend auf: Man wird selbst zu einer Identifikationsfigur oder strebt danach und erweckt so den Neid seiner Rivalen.«*

Auch in Heidelberg hatte es Gehässigkeiten und Behinderungen von Kollegen anderer Fakultäten gegeben. *»Natürlich hatten wir Psychoanalytiker und Psychoanalytikerinnen eine Reihe von Feinden, die* *wir auch als solche empfanden.«* Alexander Mitscherlich wurde wegen seiner Mission im Zusammenhang mit dem Nürnberger Prozeß von Medizinern angefeindet. Als er 1946 den Auftrag der »Arbeitsgemeinschaft der Westdeutschen Ärztekammern« angenommen hatte, als Sachverständiger am Ärzteprozeß in Nürnberg teilzunehmen, war ihm klar, daß seine Universitätslaufbahn dadurch stark behindert werden würde. Erst 1967 wurde er Professor für Psychoanalyse und Sozialpsychologie an der Johann Wolfgang Goethe-Universität in Frankfurt.

## *Vater Harbord und die Angstquelle einer Kindheit*

Wer ist dieser Alexander Mitscherlich? Er wird am 20. September 1908 im bayrischen Hof geboren, als Sprößling einer erfolgreichen und angesehenen Familie. Sein Urgroßvater Eilhard Mitscherlich (1794–1863) war Professor in Berlin, wo er eine nach ihm benannte Phosphorprobe entwickelt und die Isomorphie chemisch unterschiedlicher Kristalle entdeckt. Er ist mit Alexander von Humboldt eng befreundet und macht diesen zum Taufpaten seines ältesten Sohns Alexander. So geht der Vorname Alexander auf den großen Gelehrten zurück. Großvater Alexander Mitscherlich (1836–1918) wird gleichfalls Chemiker, mit Lehrstuhl in München. Auch er ein namhafter Wissenschaftler, der entdeckt, wie man aus Zellstoff Holz gewinnen kann.

Vater Harbord reiht sich in die naturwissenschaftliche Familientradition ein, wird Chemiker und leitet eine ererbte Fabrik in Hof. Doch er schlägt nicht die akademische Laufbahn ein. Der Familie erscheint es als ein Makel, daß aus Harbord »nur« ein Fabrikant und nicht auch ein bedeutender Erfinder oder Forscher geworden ist. *»Der elitäre Hochmut der deutschen Professoren grenzte beinahe schon an Unsinn. Wie es das Sprichwort sagt: Dummheit und Stolz wachsen auf einem Holz«*, meint Margarete Mitscherlich. Vielleicht ist das ein Grund für Harbords Minderwertigkeitskomplex, den er hinter einer hochmütigen Haltung gegenüber seiner nächsten Umgebung verbirgt. Er scheint mit sich selbst unzufrieden und unduldsam mit seinem einzigen Sohn gewesen zu sein. Die Probleme, die Harbord mit seinem eigenen Vater hatte, überträgt er auf seinen Sohn Alexander, für den der Vater mit seiner »brutal-herrschsüchtigen Art« zur »großen Angstquelle seiner Kindheit« wird.

## *Lange Haare, kurzer Verstand*

Die Mutter Clara Heigenmooser (1885–1956) kommt aus einem typisch altbayrischen Milieu und ist festverwurzelt im katholischen Brauchtum. Aus der Sicht der Akademikerfamilie Mitscherlich ist sie eigentlich nicht standesgemäß. Frauen werden in dieser Familie geringgeschätzt. Beim kleinsten Versagen der Mutter hört Alexander den Vater spötteln: lange Haare, kurzer Verstand. Diese Haltung gegenüber Frauen erscheint ihm typisch für das deutsche Bürgertum der Jahrhundertwende: *»Ein rechter Mann mußte mit seinesgleichen die Auffassung teilen, daß eine Frau im Grunde nicht ernst zu nehmen sei, sondern nur den Status eines Halbwesens beanspruchen könne.«*[40]

Frauen werden in Schablonen gezwungen. Die Ehe wird für sie zur Lebensversicherung. Wie bei Ibsens »Nora« spielen viele wohlhabende Bürgerfrauen ihre Frauenrolle, eingesperrt in »Puppenheime«. Wer diese Grenzen zu durchbrechen wagt, muß mit gesellschaftlicher Abwertung rechnen. Eine Schwester der Mutter, die Lehrerin wird, muß dafür spöttische Bemerkungen in Kauf nehmen. Diese Vorurteile gegenüber Frauen sind nach Margarete Mitscherlich auch ein Zeichen dafür, daß die meisten Männer aus dieser Schicht Angst vor Frauen gehabt haben, diese Empfindung aber weder sich selbst noch anderen gegenüber eingestehen durften.

Alexander wächst als Einzelkind auf. In der Schule fühlt er sich nicht wohl. Er versucht in der Rolle des Klassenclowns seine schlechten Leistungen zu überspielen. *»Der Clown ist eine Form des Einzelgängers. Er hat Zuflucht gesucht bei einem Verhalten, welches ihm erlaubt, seine Not zu verstecken. Psychoanalytisch spricht man bei solchem Verhalten von Darstellung durch das Gegenteil. Zum Beispiel werden Trauer und Schmerz durch vorgeschobene Lustigkeit verdeckt.«*[41] Alexander reagiert so seine Probleme mit dem Vater ab und wird zum Einzelgänger. Margarete Mitscherlich hält es für eine große Leistung ihres Mannes, daß es ihm gelungen ist, *»sich innerlich ganz von diesem neurotischen Vater zu befreien«*.

## *Der Einzelgänger findet ein gelbes Heft*

Nach dem Abitur 1928 studiert Alexander Mitscherlich Geschichte, Kunst und Philosophie. Wie im Elternhaus findet er sich auch auf der Universität nicht wirklich zurecht und lebt in einem gewissen inneren Abstand zu seiner Umgebung. Es kommt ihm so vor, als hätte man ihn mit einem »falschen Weltbild« ins Leben hinausgestoßen, mit Vorstellungen und Erwartungen, die »unpassend« sind, weil sie nicht der Wirklichkeit entsprechen.[42] Mit der Freiheit, die er mit dem Studium gewinnt, hat er sich auch Schutzlosigkeit eingehandelt. In München macht er zum erstenmal mit Schriften Sigmund Freuds Bekanntschaft. Er leiht sich zufällig aus der Staatsbibliothek ein kleines, gelb eingebundenes Heft mit dem Titel »Eine Kindheitserinnerung des Leonardo da Vinci« von Sigmund Freud aus, einem Verfasser, von dem er bis dahin nichts gehört hatte. Die Lektüre wirkt »belebend und befreiend«. Alexander beginnt, sich gründlich mit dem Werk des Psychoanalytikers auseinanderzusetzen. *»Bald hatte ich begriffen, daß ich mit Freud auf eine Person genialer Qualität gestoßen war.«*[43]

Später merkt Alexander Mitscherlich, daß er in Freud seinen

geistigen Mentor gefunden hat. Er soll aber noch auf andere »Identifikationsfiguren« stoßen, die ihm vorübergehend zu geistigen Vorbildern werden. Schon früh hat Alexander Mitscherlich durchschaut, welche Hohlheit sich hinter einem autoritären Gehabe verbergen kann. Und doch ist er auf der Suche nach einer echten Autorität. Eine Zeitlang hat er Ernst Jünger bewundert, den Fleiß und die Ausdauer, mit dem Jünger an seinem Werk arbeitet. Durch ihn wird er mit der Welt der Literatur bekannt. Er möchte einmal genau so gut schreiben können wie Jünger, der ihn an die »idealisierten großen illusionären Personen« seiner Kindheit erinnert.[44]

## *Von Jünger zu Niekisch*

Die »Jünger-Phase« sollte nicht lange anhalten. Als Thomas Mann am 17. Oktober 1930 im Berliner Beethoven-Saal einen Vortrag hält, wird im Kreis um Jünger beschlossen, diesen zu »stören und zu sabotieren«, erinnert sich Alexander Mitscherlich.[45] *»Es war mir seinerzeit nicht klar, daß in solchen Momenten die Humanität, wie sie Thomas Mann vertrat, mit der antihumanen Welt des ›heroischen Nihilismus‹ zusammentraf.«* Jünger sei aber, soweit Mitscherlich das überschaut, nie Nationalsozialist gewesen, *»dazu waren ihm die Nazis viel zu vulgär«*, aber er habe sich doch auch nicht genügend von ihnen distanziert, und vor allem habe er den Krieg verherrlicht. Alexander Mitscherlich hat Jünger damals in Briefen mitgeteilt, daß er von seiner politischen Haltung enttäuscht sei. Das hat Jünger ihm nicht verziehen. Als Mitscherlich in den 70er Jahren Jünger bei einem Empfang in St. Gallen spontan die Hand reichen wollte, ging dieser auf die Versöhnungsgeste nicht ein, sondern wandte sich ostentativ von seinem alten Bekannten ab. *»Später hat sich Ernst Jünger aber in einem Brief bei A. M. für sein unfreundliches Verhalten doch entschuldigt.«*

Für den Studenten Mitscherlich wird eine Seminararbeit über Luther beim Historiker Paul Joachimsen zum Wendepunkt. Es fällt ihm auf, daß die vorliegenden Charakterstudien über den Reformator wenig Gemeinsames aufweisen. Denn die Verfasser haben, ohne es zu merken, vieles von sich selbst in die Darstellung von Luthers Leben einfließen lassen. Mitscherlich meint, darin zum erstenmal den *»allgegenwärtigen Einfluß unbewußter Motive«* zu erkennen. Als Joachimsen im Herbst 1932 stirbt, weigert sich sein Nachfolger, Alexander von Müller, eine unter seinem jüdischen Vorgänger angefangene Arbeit zu übernehmen – der gleiche Professor, bei dem Margarete Mitscherlich später ebenfalls studieren sollte. Mitscherlich verläßt daraufhin die Universität. Er sieht keinen Sinn mehr darin, unter solchen Umständen mit seinem Geschichtsstudium fortzufahren, und wendet sich der Medizin zu. Im gleichen Jahr heiratet er die Ärztin Melitta Behr. Seinen Lebensunterhalt versucht er, aus eigenen Mitteln zu bestreiten und eröffnet in Berlin eine Buchhandlung. Er ist selbst am meisten erstaunt, daß ihm dies wirklich gelingt.

Nun zieht es Mitscherlich von der rechten zur linken Seite des politischen Spektrums, zur neuen Vorbildfigur Ernst Niekisch. Dieser war 1917 der SPD beigetreten und hatte sich 1919 ihrer linken Abspaltung, der USPD, angeschlossen. Wegen seiner politischen Rolle in der »Münchner Räterepublik« wird Niekisch zu zwei Jahren Festungshaft verurteilt. Er lehnt die Weimarer Republik ab, hält die deutsche Westorientierung für einen Irrweg und meint, Deutschland müsse sich für den Osten entscheiden. Die Beziehungen von Niekisch reichen bis zum linken Flügel der NSDAP der Brüder Gregor und Otto Strasser und zum SA-Führer Ernst Röhm. Im Jahr 1932 veröffentlicht Ernst Niekisch das Buch *Adolf Hitler. Ein deutsches Verhängnis.* Kaum ist dieses kontroverse Werk erschienen, steht es für alle gut sichtbar im Schaufenster von Mitscherlichs Berliner Buchhandlung und erregt sogar die Aufmerksamkeit der Polizei.

*Untersuchungshaft*

Zwei Jahre nach der Machtergreifung, 1935, stellen sich SA-Männer vor seinem Laden auf, um Kunden den Zutritt zu verwehren. Sie geben Mitscherlich als »politisch suspekter Person« unmißverständlich zu verstehen, daß an Hitlers Geburtstag geflaggt werden muß. *»Ich fühlte mich zunehmend politisch gefährdet und empfand, daß es hohe Zeit war, von Berlin wegzuziehen.«* Zunächst geht es nach Freiburg, dann weiter nach Zürich. Als er erfährt, daß man Niekisch verhaftet hat, kehrt er mit einem Tagespassierschein nach Deutschland zurück, um einen befreundeten Anwalt für die Verteidigung zu gewinnen. Bereits an der Grenze bei Singen wird er verhaftet, nach Nürnberg gebracht und von der Gestapo acht Monate lang in Untersuchungshaft behalten. Nach seiner Freilassung wird ihm die Auflage gemacht, Deutschland nicht zu verlassen und sich täglich bei der Polizei zu melden. Seine Familie muß aus der Schweiz zurückkehren.

Der »Nationalbolschewist« Niekisch mit seiner antifaschistischen Haltung habe Mitscherlich nachhaltiger beeinflußt als Ernst Jünger, schreibt Hans-Martin Lohmann in seiner Biographie. Niekisch hat ihn mit seiner persönlichen Ausstrahlung und seinem scharfen Intellekt beeindruckt. Die Trennung zwischen beiden hängt mit Mitscherlichs Verhaftung zusammen. Bei der Gestapo wird ihm ein Papier vorgelegt, auf dem sich Niekisch recht abfällig über ihn äußert. Es ist nie geklärt worden, ob dieses Dokument fingiert oder echt war. Als sich die beiden nach dem Krieg wiedertreffen, haben sie sich nur mehr Belanglosigkeiten zu sagen. Später erleidet Niekisch in der DDR mit seinen politischen Vorstellungen Schiffbruch: *»Niekisch scheint mir eine tragische Gestalt zu sein, weil die historische Situation ihn dazu verurteilte, in einer Sackgasse, nämlich dem Festhalten an nationalen Idolen, seine Kräfte hinzugeben.«*[46]

Alexander Mitscherlich übersiedelt nach Heidelberg, wo er

sein Medizinstudium abschließen will. Er trifft hier mit Viktor von Weizsäcker zusammen, der zu seinem neuen Vorbild wird. Während seiner Untersuchungshaft hat ihm der Psychoanalytiker Gustav Bally aus Zürich die Schriften Weizsäckers zur Lektüre übersandt. Weizsäcker vertritt eine ganzheitliche, anthropologisch ausgerichtete Medizin. In einem Briefwechsel mit Freud versucht er, die Brücke zwischen seinen eigenen medizinischen Ansichten und der Psychoanalyse zu schlagen. Er arbeitet unter Weizsäckers Leitung an der »Nervenabteilung der Ludolf-Krehl-Klinik«. Weizsäcker hat eine hohe Meinung von Freud, auch wenn seine Haltung widersprüchlich erscheint. »Einerseits empfahl er bei der Heidelberger Bücherverbrennung am 10. Mai 1933, auch Freuds ›Die Zukunft einer Illusion‹ den Flammen zu übergeben, andererseits schaffte er Freuds ›Gesammelte Schriften‹, damals in 12 Bänden, für die Klinikbibliothek an.«[47] Nun kann Mitscherlich die psychoanalytische Literatur ausgiebig studieren, ungestört von Streitigkeiten der Freudianer. Im Dritten Reich aber gilt die Psychoanalyse als »jüdische Wissenschaft« und fällt in Ungnade.

## *Der Geist von Heidelberg*

Heidelberg war durch renommierte Wissenschaftler wie vor allem die Brüder Max und Alfred Weber, Ernst Troeltsch, Friedrich Gundolf und Karl Jaspers zu einer der bekanntesten deutschen Universitätsstädte geworden. Auch deshalb hatte mancher Professor und Student sein »Herz in Heidelberg verloren«. Man sprach gern und oft vom »Heidelberger Geist«, der ganz besonderen politischen und kulturellen Atmosphäre, und stellte bisweilen die heile Welt von Heidelberg der Dekadenz der modernen Zivilisation entgegen.

Die Universität war hochgradig politisiert im Sinne von »liberal« und »oppositionell«. Es war jene Zeit, in der der Soziologe

Karl Mannheim in seiner Schrift »Ideologie und Utopie« (zuerst 1929) die großen Ideologien einander gegenüberstellte, ihre Wesensmerkmale herausarbeitete und von der »freischwebenden Intelligenz« erwartete, daß sie über ökonomischen und politischen Interessen stehe. Nichts widerspreche dem Geist der Universität mehr als die Mißachtung fremder Überzeugungen. Der Literaturhistoriker Friedrich Gundolf, der Stefan George nahestand und durch geistesgeschichtliche Arbeiten großen Einfluß ausübte, pries den »beängstigenden unwahrscheinlichen Zauber« dieser Stadt und fürchtete, er könne eines Morgens »beraubt und ernüchtert erwachen«. Spätestens als seine für die Neue Universität verfaßte Inschrift »Dem lebendigen Geist« im Dritten Reich in »Dem deutschen Geist« umbenannt wurde, ist er ernüchtert worden. Für den Philosophen Karl Jaspers schwebte diese Stadt »gleichsam einige Meter über dem Boden«. Zugleich allerdings herrschten im Heidelberg jener Tage ein »ungemein starker Kastengeist« und eine konservative Kleiderordnung. Es war ein »Antagonismus zwischen kleinbürgerlichem Leben und kosmopolitischem Denken«, wie es der Soziologe Karl Mannheim in einem Brief ausdrückt, um das damalige geistig-politische Klima der Universitätsstadt Heidelberg zu charakterisieren.[48]

Nach der Machtübernahme der Nationalsozialisten sollte sich das ändern. »Dabei brachen auch nicht-nationalsozialistische Gelehrte zunächst theoretisch, dann praktisch mit der neuhumanistischen Universitätsidee: Die Universität gab ihre Autonomie, die Gelehrten selbst gaben die Freiheit der Forschung und Lehre um der Politisierung der Wissenschaft willen auf.« Sogar der konservative Mediziner Viktor von Weizsäcker, der Mitscherlich nahestand, forderte nach 1933 »den politischen Arzt« und die »politische Medizin« und begründete den Vorrang der politischen vor der wissenschaftlichen Erkenntnis mit einer von nationalsozialistischen Thesen kaum zu unterscheidenden Begründung: »Ein erbbiologisch entstandener Minderwert ist erst dann ein Minderwert im Volke, wenn er der Idee dieses Volkes widerspricht. Ob dies der Fall ist, kann aber nicht der medizinische Biologe entscheiden, sondern der führende Vertreter dieser Idee.«[49]

Christian Jansen sieht Viktor von Weizsäckers Auffassungen von der Medizin ganz in der Nähe der »völkischen Medizin« der Nationalsozialisten. Bereits während des Ersten Weltkrieges hatte er sich mit den sogenannten »Rentnerneurosen« befaßt, bei denen der Patient somatische Symptome entwickelt oder vortäuscht, um nicht kriegsdiensttauglich geschrieben zu werden oder um Sozialleistungen beanspruchen zu können. Zwischen 1928 und 1934 werden seine Ansichten immer radikaler. Aus dem System der Sozialversicherung wird für ihn eine Art sozialer Krankheit, »die heute für das Volksganze schwerer wiegt und die Industrie mehr belastet als die von Hygiene zurückgedrängten bakteriologischen Seuchen«. Margarete Mitscherlich und ihre Freundin Jutta Tedsen aber haben Weizsäcker während des Krieges als einen der wenigen Professoren erlebt, die von den politischen Parolen dieser Zeit unabhängig geblieben sind. *»Wir sind oft und gerne in seine Vorlesungen gegangen, weil uns hier kein nationalsozialistisches Gedankengut vorgesetzt worden ist. Weizsäckers Vorlesungen schienen uns eigenständig und wissenschaftlich zu sein.«*

Viktor von Weizsäcker, der sich selbst als »konservativen Revolutionär« bezeichnet, kämpft gegen die sozialen Errungenschaften der Weimarer Republik. Durch die Sozialversicherung und den »monetären Ausgleich« für Krankheit oder Behinderung werde »der Natursinn von Gesundheit und Krankheit« verletzt. So sei »Gesundheit zum Sachgut geworden«. Die nun immer zahlreicher werdenden Neurosen drohten seiner Meinung nach, in einer Zeit der hohen Arbeitslosigkeit und der Gesellschaftskrise den Staat und die Gemeinschaft zu ruinieren. »Das Volksganze ist Patient geworden und meldet seine Rechte gegen die des Einzelnen an«, schrieb er.[50]

Max Weber habe verlangt, daß ein Wissenschaftler »als autonomes Individuum« solche moralischen Entscheidungen selber fällen müsse, Weizsäcker hingegen hätte sie dabei, »ganz Untertan«, in die Hand des »Führers« gelegt, wie Jansen feststellt. Noch weiter sei der Kriegshistoriker Paul Schmitthenner gegangen, den die Nationalsozialisten zum Ordinarius und Staatsminister ernannten. Er forderte eine politische Universität mit »deutschem Antlitz«. Die Verfassung garantierte zwar die Freiheit von Forschung und Lehre sowie die Autonomie der Hochschule. Diese seien deswegen doch »durch die Gliedschaft im Volksganzen an völkische Art und Aufgaben gebunden und dem höchsten Lebensgebot der Nation unterworfen«.[51] Diese Wende zur politischen Universität im Sinne des Nationalismus war längst vollzogen, als Mitscherlich 1938 sein Medizinstudium wiederaufnahm. Heidelberg war gleichgeschaltet worden. Mitscherlich erlebt, wie viele Professoren, etwa der Kunsthistoriker August Grisebach oder der Indologe Heinrich Zimmer, zwangsemeritiert werden, weil sie entweder Juden oder »jüdisch versippt« sind. Mitscherlich schreibt: *»Auch für Dozenten waren die Schulungslager an die Stelle von Salons getreten. Es gab einen Lehrstuhl für Wehrwissenschaft und auch die antisemitische ›Deutsche Physik‹ des Philipp Lenard.«*

Im Jahr 1933, nach der Machtübernahme der Nationalsozialisten, geben Heidelberger Gelehrte »offen und teilweise in krassem Widerspruch« zu früheren Äußerungen ihrer Freude Ausdruck, daß der Liberalismus zerschlagen und der Pazifismus überwunden worden ist. Freudig begrüßen sie auch den »Heroismus« der nationalsozialistischen Ideologie: »Hitler zertrümmerte den alten Liberalismus und schuf in seinen braunen Bataillonen die Vorkämpfer für den wahren Sozialismus, hieß uns das Leben wieder einsetzen für eine Sache, die des Sterbens wert ist.«[52]

Christian Jansen meint dazu: »Das Hitler-Kabinett der ›nationalen Konzentration‹ schien den politischen Wertvorstellungen der meisten Hochschullehrer weit mehr entgegenzukommen, als das von sämtlichen Regierungen seit 1918 galt.«[53] Am Ende offizieller Universitätsfeiern wurde auch das Horst-Wessel-Lied gesungen. In einem gemeinsamen Brief an Hitler begrüßten Universität und Studentenschaft den Austritt Deutschlands aus dem Völkerbund. In dieser Entscheidung des »Führers« sah man eine »befreiende Tat, die der Erkenntnis der Wahrheit dient und allen Völkern den Weg zu einem natürlichen und gerechten Frieden wies«. Daher will man von nun an »für immer an der Seite des Führers« stehen.

Es fehlte kaum ein Klischee der Propaganda des Dritten Reiches, das nicht von Heidelberger Professoren aufgegriffen worden wäre. Jansen zitiert Sätze wie: »Unser Führer Adolf Hitler, das menschgewordene deutsche Volk« (Broemser) war vielen im Lehrkörper ein »begeisternder Erwecker« des »deutsch-heldischen Wesens« (Schmitthenner), dem »die Massen in gläubigem Vertrauen folgten« (Andreas), der »die Zerrissenheit überwunden« habe (Broemser), »das Sehnen des deutschen Volkes erfüllte« (Fehrle) und es »vom Sturz in die Höllentiefe« zurückriß, aus der ihm »schon rote Flammen des kommunistischen Chaos entgegenzüngelten« (Güntert). Der Volkskundler Eugen Fehrle sieht im Hakenkreuz das »Heilszeichen des neuen Reiches«. Es weist wie ein Stern zum Licht und zum neuen Glauben. 1944 dichtet er: »Gott hat den Führer gesandt / er hat den Kummer gewandt / ... wir dürfen wieder Glauben haben.«[54]

## *Die »heile« Nachkriegswelt?*

Die Ursachen für die »massenhafte Zustimmung zum neuen Staat« an der Heidelberger Universität zeigen einen »Mangel an eigenständiger kollektiver politischer Handlungsfähigkeit« und

»eine Disposition der deutschen Bildungselite für charismatische Formen der Herrschaft«.[55] Viele Gelehrte glaubten, »ihre sozialharmonischen wie ihre kulturimperialistischen Vorstellungen von der Vorherrschaft des deutschen Geistes in Europa nur in enger Zusammenarbeit mit den Mächtigen durchsetzen zu können. Besonders in politischen Konflikten suchten fast alle die Nähe zu einem starken Staat und stellten sich häufig ungefragt und in vorauseilendem Gehorsam in dessen Dienste.« Nur wenige besaßen ein intellektuelles Selbstverständnis als professionelle Kritiker.[56]

Margarete Mitscherlich kann heute noch nicht richtig verstehen, über welche Macht deutsche Professoren nach dem verlorenen Krieg noch immer verfügten. Im Ausland dagegen war das Ansehen der Universitätsprofessoren in Deutschland schwer angeschlagen, *»nachdem allzu viele von ihnen 1933 und später zu begeisterten Nazis und zu Denunzianten geworden waren«*, wie sie im Gespräch betont. Als Dänin ist sie hellhörig für die Kritik an deutschen Denkweisen und Umgangsformen aus der Zeit des Nationalsozialismus geblieben. Im Nachkriegs-Heidelberg aber tut man, als sei nichts geschehen, und will unbesehen wieder an die Werte und gesellschaftlichen Verhältnisse der Vorkriegszeit anknüpfen. Hatte man unter dem Schock der Katastrophe kurz nach dem Krieg in manchen Kreisen noch versucht, sich über die Folgen des Nazi-Regimes Rechenschaft zu geben, so wurde in den fünfziger Jahren *»das selbstkritische, um Veränderung bemühte Denken von vielen Deutschen schnell wieder ad acta gelegt«.*

## *Jaspers versus Freud*

In Heidelberg lernt Alexander Mitscherlich auch den Philosophen Karl Jaspers kennen. Während des Krieges war er »an vielen Donnerstagnachmittagen« bei Jaspers eingeladen. Dabei fällt Alexander Mitscherlich die »frenetische Verachtung« Jaspers' für die Psychoanalyse auf. Jaspers habe seit 1912 keine Zeile von Freud mehr gelesen und sich mit dem Psychoanalytiker in der ersten Auflage seiner *Psychopathologie* von 1913 auseinandergesetzt. Nun war eine Neuauflage des Werkes geplant, und Mitscherlich war überzeugt, er habe durch seine Gespräche mit Jaspers diesen zu einem »gerechteren Urteil« über Freud bringen können. Er hoffte, daß aus Jaspers' Werk nun »manche törichte Stelle verschwunden sein würde«, wie er in seinen Erinnerungen schreibt.

Doch bei der Neuauflage der *Psychopathologie* von 1946, die er mit freundlicher Widmung des Philosophen und Psychologen erhält, stellt er fest, daß an dem Buch nichts verändert worden ist. *»Diese Erfahrung hat mich sehr bedrückt. Sie hat mir gezeigt, unter welchen engen inneren Herrschaftsverhältnissen, bedrängt von Vorurteilen und offensichtlich großen Ängsten Jaspers hier gewesen ist.«* Mitscherlich war tief gekränkt, daß Jaspers seine Ratschläge ignoriert hatte. *»Jaspers war hier so selbstherrlich wie viele der deutschen Universitätsprofessoren.«*[57]

Aus den Aufzeichnungen von Alexander Mitscherlich ist nicht ersichtlich, um welche Stellen im Buch es sich handelt. Die in Genf lebende Jaspers-Schülerin Jeanne Hersch schreibt, der Philosoph habe der Psychoanalyse vor allem zwei Dinge vorgeworfen: Einerseits ihren Exklusivitätsanspruch und ihren »starren und reduzierenden« Charakter. Anderseits habe Jaspers die Lehre der Psychoanalyse auch auf methodologischer Ebene kritisiert. Er unterschied in der Psychologie zwischen der erklärenden Methode, den Erklärungen durch Ursachen, und der verstehenden Methode, bei der es darum gehe, einen psychischen Vorgang nachzuvollziehen.

Die Freudsche Theorie sei in einer positivistischen Zeit entstanden und verstehe sich als erklärende Theorie. Sie betrachte Handlungen oder Verhaltensweisen als Phänomene, die sich kausal aus Erlebnissen der frühen Kindheit erklären ließen. Nach Jaspers zieht die sogenannte kausale Erklärung in Wirklichkeit die verstehende Methode heran, da sie ein inneres, subjektives Verständnis des jeweiligen psychischen Vorgangs voraussetzt. Mit einem Wort, hier werde Sinnverstehen mit kausalen Erklärungen verwechselt. Jeanne Hersch schreibt: »Jaspers hat diese Vermischung der Methoden scharf kritisiert und davon ausgehend den wissenschaftlichen Wert der psychoanalytischen Theorie Freuds in Frage gestellt.«[58]

Dank verschiedener günstiger Zufälle konnte Alexander Mitscherlich den Krieg heil überleben, zuletzt in Heidelberg. 1939 war er wegen einer schweren Gelenksveränderung im Knie vom Militärdienst zurückgestellt worden. Bei Kriegsausbruch wurde er als »Wehrunwürdiger« nicht eingezogen, bei der Nachmusterung 1943 zurückgestellt, weil er eine neurologische Ambulanz leitete.[59] Im Frühsommer 1945 bekleidete er für einige Wochen das Amt eines Ministers in der US-Besatzungszone »Saar, Pfalz, Rheinhessen«, wendete sich bald aber wieder der Universität zu.

## *Ein utopischer Sozialismus*

Früh verwirft Mitscherlich im Nachkriegs-Deutschland jeden radikalen Sozialismus – so wie er den totalitären Nationalsozialismus verurteilt hatte. Mit dem Soziologen Alfred Weber, dem Bruder von Max Weber, veröffentlicht er 1946 eine Programmschrift unter dem Schlagwort »Freier Sozialismus«, eine kategorische Absage an den sowjetischen Kommunismus, eine scharfe Kritik auch an der Nachkriegs-SPD und dem nationalistischen Kurs Kurt Schumachers. Der »freie Sozialismus«, der Alexander Mitscherlich vorschwebt, soll eine neue Form der Vergesellschaftung sein, die weder der Herrschaft privater Kapitalisten noch einem diktatorischen Regime unterliegt und auf dem »Wollen der Individuen« beruht.

Wie dieser fromme Wunsch, der den Ideen der utopischen Sozialisten des 19. Jahrhundert nahekommt, in der Praxis verwirklicht werden soll, bleibt allerdings offen. In seinen Erinnerungen schreibt Alexander Mitscherlich: *»Mit Alfred Weber verband mich eine innere Verpflichtung, alle politischen Handlungen daran zu messen, ob sie der Entwicklung des Individuums dienlich waren oder nicht.«*[60] Der über 70jährige Weber war noch von der Zeit vor dem Ersten Weltkrieg geprägt. Sein freier Sozialismus wurde bald vergessen.

Dem Wunsch der US-Besatzungsbehörden und den Bitten seiner Freunde, in die Politik zu gehen, folgt Mitscherlich nicht. Er fühlt sich im Grunde doch nicht zum Politiker berufen und will Arzt bleiben. Allerdings nimmt er als Schriftsteller und »Volkspädagoge« (Habermas) regen Anteil an aktuellen Debatten um die Neugestaltung der deutschen Gesellschaft, so zum Beispiel in einem Aufsatz »Kadaver-Deutschland«, in dem er eine nationale Lösung des »deutschen Problems« ablehnt und für einen gemeinsamen »europäischen Binnenraum« plädiert. Das klinge posthum fast prophetisch, meint Hans-Martin Lohmann.[61]

Dann faßt Mitscherlich einen folgenschweren Entschluß, der ihm später viel Ärger einbringen wird. Er übernimmt 1946 trotz Warnungen von Freunden einen Auftrag der Ärztekammer, als Beobachter der Standesorganisation am Nürnberger Prozeß teilzunehmen. Zusammen mit Fred Mielke, einem jüngeren Mitarbeiter, bringt er die Dokumente des Ärzteprozesses heraus, ohne auf die Sensibilität seiner Kollegen viel Rücksicht zu nehmen, und tut dies im vollen Bewußtsein der nachteiligen Folgen, die ihm daraus entstehen könnten. Dabei hatte er, wie er später schrieb, nur die Gerichtsakten wortgetreu wiedergegeben, in denen die Beziehungen namhafter Ärzte zu den Machthabern des Dritten Reiches offengelegt wurden.

## *Diktat der Menschenverachtung*

Die von ihm und Fred Mielke zusammengestellte Dokumentation »Das Diktat der Menschenverachtung« von 1947 brachte ihm bald starke Anfeindungen seitens der deutschen Ärzteschaft ein. Der Kampf gegen die nachträgliche »Spurenbeseitigung« des Dritten Reiches wurde von nun an richtungweisend für sein Lebenswerk. Was er damals über die Menschenversuche an KZ-Häftlingen durch deutsche Ärzte erfuhr, hat ihn zutiefst erschüttert und ihn in seiner skeptischen Weltsicht bestärkt. Im Vorwort zu seiner Schrift »Das Diktat der Menschenverachtung« schreibt Alexander Mitscherlich: *»Was sich auf diesen Seiten chronistisch verzeichnet findet, sind Untaten von so ungezügelter und zugleich bürokratisch-schlicht organisierter Lieblosigkeit, Bosheit und Mordgier, daß niemand sie ohne tiefste Scham darüber zu lesen vermag, daß Menschen zu solchem fähig sind.«*[62]

Es ging um protokollierte Verbrechen an KZ-Häftlingen und Kriegsgefangenen: Unterdruck- und Unterkühlungsversuche, Versuche mit Fleckfiebervirus, mit Sulfonamid sowie Knochentransplantationsversuche. Aber auch das Euthanasieprogramm für »unheilbar Kranke«, die direkte »Ausmerzung unerwünschten Volkstums«, im Klartext die Tötung Kranker durch »Sonderbehandlung«, und experimentelle Vorarbeiten für Massensterilisation standen in Nürnberg zur Verhandlung. Dabei schieben die Angeklagten die Verantwortung für ihre Taten von sich, weil sie »in unkontrollierbare Befehlszusammenhänge« verstrickt gewesen seien.

In den Nürnberger Protokollen sieht Alexander Mitscherlich eine Informationsquelle, wie sie von kaum einem anderen Schreckensregiment bis zu unserer Generation überliefert worden sei. Er vermißt bei den meisten seiner Zeitgenossen den Wunsch, über diese schrecklichen Geschehnisse wirklich informiert zu werden. Margarete Mitscherlich erinnert sich daran, welche unangenehmen Folgen diese Enthüllungen für beide Herausgeber haben sollten. *»Die Dokumentation wurde von dem bekannten Internisten Professor Rein als eine ›Nachtlektüre für Perverse‹ bezeichnet.«* Das Grauen über Nürnberg hat Alexander Mitscherlich zeit seines Lebens nicht mehr verlassen. Er meint, niemand kann etwas von dem Geschehenen wiedergutmachen, aber die Überlebenden könnten sich gegenseitig darin bestärken, alles zu tun, damit das Schreckliche nicht mitleidlos vergessen wird.

Die Veröffentlichung wurde Alexander Mitscherlich persönlich angelastet. Man beschimpfte ihn als »Nestbeschmutzer«. Unter seinen Kritikern war auch der berühmte Berliner Ordinarius für Chirurgie Ferdinand Sauerbruch. *»Meine medizinischen Kollegen haben mich damals nicht nur als Vaterlandsverräter beschimpft, sondern auch verschiedentlich versucht, mich beruflich zu diffamieren und zu schädigen. Das Verhalten der Kapazitäten grenzte an Rufmord.«*[63] Man unterstellte Mitscherlich sogar, die Tatsachen verfälscht zu haben. Viele Ärzte warfen ihm – zu Recht oder Unrecht – vor, er habe »innerlich und in seinen Veröffentlichungen auf der Seite der Ankläger gestanden«.[64] Mit der folgenden zweiten, größeren Veröffentlichung der Dokumente des Nürnberger Ärzteprozesses, *Medizin ohne Menschlichkeit*, hatte Alexander Mitscherlich seine Karriere als Professor an der medizinischen Fakultät endgültig verspielt.

6.
# Psychoanalyse und Gesellschaftspolitik

Die Deutsche Psychoanalytische Gesellschaft (DPG) in Berlin mit ihren zahlreichen jüdischen Mitarbeitern ist die einflußreichste Gruppe unter den Freudianern der Welt gewesen. Die nicht-jüdischen Mitglieder hofften, daß die Psychoanalyse überleben würde, wenn man den neuen Machthabern gegenüber eine versöhnliche Haltung einnehme. Die Freudschen Lehren wurden doch bald als »jüdisch« abgestempelt oder im Sinne einer »Seelenheilkunde« germanisiert. Das Berliner Institut wurde 1936 dem Deutschen Institut für Psychologische Forschung und Psychotherapie angeschlossen.

Dieses Institut faßte ausgewählte Anhänger von Adler, Jung und Seif zusammen. Es wurde von einem Vetter Hermann Görings geleitet. Professor Mathias Heinrich Göring war selbst Anhänger der Individualpsychologie des jüdischen Psychologen Alfred Adler, eines abtrünnigen Schülers von Sigmund Freud gewesen. Der Engländer Ernest Jones, einer der ersten Freudianer, beschreibt den Göring-Vetter als einen recht zugänglichen Menschen. Im Zeichen des Kompromisses soll Göring den Psychoanalytikern vorgeschlagen haben, als »Geburtstagsgeschenk für den Führer« der NSDAP beizutreten. Jones scheint den Deutschen ihre Zusammenarbeit mit anderen therapeutischen Richtungen am »Deutschen Institut« mehr verübelt zu haben als die Tatsache, daß sie mit den Nationalsozialisten zusammengearbeitet haben.[65] Die Erforschung der damaligen, für den Außenstehenden schwer durchsichtigen Verhältnisse wird dadurch noch erschwert, daß belastende Akten bei der Zerstörung des Gebäudes verlorengingen. Wie es wirklich war, darüber sind nach dem Kriege Streitigkeiten unter den Überlebenden ausgebrochen, die bis heute nicht wirklich beigelegt werden konnten.

Die Mitscherlichs hatten es sich bald nach dem Kriege zum Ziel gesetzt, die Freudsche Psychoanalyse in ihrer ursprünglichen Form wieder in Deutschland heimisch zu machen. Nur wenige im besiegten Deutschland haben sich dafür so früh und nachdrücklich eingesetzt. Ihnen kamen dabei auch ihr Ansehen und die moralische Autorität zugute, die sie bei ihren ausländischen Kollegen genossen. 1951 reist Alexander Mitscherlich in die USA, um alte Kontakte zu den dortigen Psychoanalytikern aufzunehmen, und er findet neue Freunde.

Man sei anfangs noch ganz von der Hoffnung beseelt gewesen, nach Krieg und Terror die verschiedenen Ideen in der Psychotherapie zusammenzubringen, erinnert sich Margarete Mitscherlich. Den teilweise heftigen Konflikten zwischen den verschiedenen Lagern suchte man möglichst aus dem Weg zu gehen. Diese Geisteshaltung spiegelte sich auch in den ersten Jahrgängen der Zeitschrift *Psyche* deutlich wider. Ende der vierziger Jahre kommen Psychoanalytiker, die ausgewandert waren, wieder für kürzere Zeit nach Deutschland zurück. Sie bringen frischen Wind mit; durch ihre Erlebnisse mit den anderen Kulturen hat sich ihr Wissen erweitert. Viele ziehen für ihre Besuche Heidelberg nun Berlin vor, das vor dem Krieg ein Mittelpunkt der Psychoanalyse gewesen war und wo der kleine Kreis der nicht emigrierten »arischen« Psychoanalytiker immer noch lebte. *»Sie mußten, ob sie wollten oder nicht, für die Nationalsozialisten oder für die Wehrmacht tätig werden. Als die jüdischen Psychoanalytiker des Landes verwiesen oder ins KZ geschickt wurden, haben sie keinen Widerstand geleistet«*, bemerkt Margarete Mitscherlich.

## *Eine Denkalternative*

Die Psychoanalyse wird nach dem Krieg zu einer wichtigen Alternative zum Denken während des Dritten Reiches. Mit diesen Erklärungsmustern kann man auf der Grundlage der »Massenpsychologie und Ich-Analyse« Freuds das Phänomen des Nationalsozialismus besser verstehen. *»Vielen Deutschen fiel es wie Schuppen von den Augen. Manche verstanden, warum man sich während der Hitler-Zeit nicht anders verhalten hatte«*, erinnert sich Margarete. So bestand auch ein reger Austausch zwischen klinischen Erfahrungen der Psychoanalytiker und gesellschaftlichen Beobachtungen, besonders über das Spannungsverhältnis von Individuum und Kollektiv.

Das Psychologenpaar ergänzt sich in seiner Arbeitsweise: Sie arbeitet mehr mit Patienten, er schreibt intensiv an seinen Büchern. Ihm geht es in erster Linie um den großen Zusammenhang, ihr mehr um das Wissen im Detail. Margarete Mitscherlich ist vor allem an der »reinen« psychoanalytischen Lehre interessiert, die auf klinischen Erfahrungen beruht, und an der Wechselwirkung zwischen ihrer Arbeit mit den Patienten und den Erkenntnissen über sich selbst. Alexander Mitscherlichs Arbeit ist stark von seinen spontanen Einfällen geprägt. Margarete kümmert sich mehr um den Einzelmenschen, liefert Fälle aus ihrer Praxis, kennt die entsprechende Fachliteratur und versucht, den »roten Faden« hineinzubringen. Alexander bespöttelt bisweilen das »Talmudische« an seiner Frau, ihre Buchstabentreue. Er beschäftigt sich hauptsächlich damit, wie die Psychoanalyse auf die Gesellschaft angewendet werden kann, fragt sich, wie Theorie und Leben zusammenpassen. So unterscheiden und ergänzen sie sich, auch wenn es bisweilen temperamentvolle Wortwechsel gibt. Weil sie sich gegenseitig respektieren, sind sie auch bereit, voneinander zu lernen. Beide finden sich vor allem in ihrer gemeinsamen kritischen Auseinandersetzung mit der »deutschen Seele«, mit deutscher Kultur und Politik.

Die Mitscherlichs wünschen keine Rückkehr zu konservativen Gedanken, wie sie in Heidelberg und anderswo in Deutschland während der Vorkriegszeit und im Kaiserreich anzutreffen waren. Mit Hilfe der Psychoanalyse hoffen sie, die Deutschen von alten nationalen und gesellschaftlichen Vorurteilen zu befreien. Zunächst scheinen die Zeichen recht günstig dafür zu stehen.[66] Nicht nur für Psychoanalytiker, auch für Professoren und Studenten anderer Fakultäten wurde die »Psychoanalyse zu einem alternativen Denkansatz zum Nationalsozialismus«.

Bei der Feier zum 100. Geburtstag von Sigmund Freud am 6. Mai 1956 hält Erik Erikson die Eröffnungsrede zum Thema »Das Problem der Identität«. Auch heute habe diese Frage nicht an Dringlichkeit und Aktualität verloren, weder bei der nationalen, der geschlechtlichen oder der beruflichen Identität, meint Margarete Mitscherlich. An der Freud-Feier nehmen neben dem Bundespräsidenten Theodor Heuss und dem hessischen Ministerpräsidenten Georg August Zinn viele bekannte Persönlichkeiten aus dem politischen und kulturellen Leben Deutschlands teil. Heute scheinen die Politiker das Interesse an der Psychoanalyse völlig verloren zu haben. Sie glauben nicht mehr daran, mit ihrer Hilfe eine kritische, humane Gesellschaft aufbauen zu können, wie Nachkriegspolitiker, welche die zwölf Jahre des Dritten Reichs noch miterlebt hatten.

Damals gelang es Mitscherlich, den hessischen Ministerpräsidenten für ein Psychoanalytisches Institut in Frankfurt zu gewinnen. Georg August Zinn war davon überzeugt, daß die Psychoanalyse einen wichtigen Beitrag für die Gesellschaft leisten könne. Er bat Alexander Mitscherlich, nach Frankfurt zu kommen, damit auch Politiker von ihm lernen könnten und meinte: *»Wir müssen uns jetzt darum bemühen, wieder ein kritisches und politisch nachdenkliches Volk zu werden«*, erinnert sich Margarete Mitscherlich. Weniger wohlwollend sind die Reaktionen mancher Mediziner, die Mitscherlichs Haltung im Zusammenhang mit dem

Nürnberger Ärzteprozeß nicht vergessen haben. Als am 1. September 1960 das Sigmund-Freud-Institut in Frankfurt dann tatsächlich gegründet wird, ist der Psychoanalyse in Deutschland der »zweite« Durchbruch gelungen. Nun beginnen auch große Verlage wie Suhrkamp, S. Fischer, Klett und Piper psychoanalytische Schriften zu veröffentlichen.

Alexander Mitscherlich hatte seit ihrer Rückkehr aus Amerika Verbindung zu führenden Gestalten der »Frankfurter Schule« aufgenommen, wie Max Horkheimer, Theodor W. Adorno und später auch Jürgen Habermas. Ursprünglich war die »Frankfurter Schule« ein Kreis von Intellektuellen, der sich um das 1923 entstandene »Institut für Sozialforschung« gebildet hatte. In ihren von Marx beeinflußten Schriften, meist Essays, Aufsätzen und Aphorismen, wenden sich die Vertreter dieser Richtung gegen die bestehende Gesellschaft, warnen aber vor blindem Fortschrittsglauben und allzu stark systemgebundenem Denken. Mit ihrer »Kritischen Theorie« soll die gesellschaftliche Praxis auf ihre Vernünftigkeit oder Unvernunft hin befragt werden. Als Methode benutzen sie vor allem interdisziplinäre Studien, wobei sie auf verschiedene Fachgebiete zurückgreifen. Eines ihrer Ziele ist eine »vernünftige Gestalt der Gesellschaft«, in der die Wahrheit besser zur Geltung komme. Die sogenannten »Tatsachen der Gesellschaft« werden relativiert. Sie seien von Menschen gemacht worden und könnten daher auch von Menschen verändert und kontrolliert werden.

Ab 1931 übernahm Max Horkheimer die Leitung des »Instituts für Sozialforschung«, an dem interdisziplinär mit Ökonomen wie Friedrich Pollock, Psychologen wie Erich Fromm oder Literaturwissenschaftlern wie Leo Löwenthal gearbeitet wurde. Mit seinem vielbeachteten Aufsatz »Traditionelle und kritische Theorie« (1937) wollte Horkheimer über die engen Grenzen der Fachwissenschaft hinaus aufzeigen, wie bedingt und veränderungswürdig das soziale Ganze sei.

An das Frankfurter Institut war auch das »Psychoanalytische Institut« angegliedert. Im Jahr 1933 wandert das gesamte »Institut für Sozialforschung« dann nach Übersee aus, um dem Hitler-Regime zu entkommen. Gemeinsam mit Theodor W. Adorno verfaßte Horkheimer in Los Angeles zwischen 1944 und 1947 seine Schrift zur *Dialektik der Aufklärung.* Ein anderer bedeutender »Frankfurter«, Herbert Marcuse, blieb in den USA. Seine These von der »Großen Weigerung« als praktische Umsetzung der kritischen Theorie übte starken Einfluß auf die Studentenbewegung der 60er und 70er Jahre aus. Marcuse habe mit seinem Begriff der »repressiven Entsublimierung« darauf hingewiesen, daß Sexualität im Spätkapitalismus als ein gut verkäuflicher Konsumartikel genutzt würde und die ungehemmte sexuelle Triebbefriedigung auch dazu diene, von ungelösten gesellschaftlichen Problemen abzulenken, erklärt Margarete Mitscherlich.

Ende der 40er kehrten Horkheimer und Adorno und mit ihnen das »Institut für Sozialforschung« nach Frankfurt zurück. Alexander Mitscherlich kannte und schätzte beide Werke. Nach ihrer Rückkehr trat er sofort mit ihnen in Verbindung. Horkheimer wollte Mitscherlich in seinem Institut anstellen, aber dazu kam es nicht. Es waren vor allem Adorno und Horkheimer, die Mitscherlichs dazu gebracht hatten, von Heidelberg nach Frankfurt überzusiedeln. *»Im Dritten Reich wurde das Institut für Sozialforschung und damit das ihm angegliederte Psychoanalytische Institut von Paris über Genf nach den USA verlegt. Im Unterschied zu den andern Psychoanalytischen Instituten in Wien und in Berlin ist es also nie ganz untergegangen. Als Adorno und Horkheimer 1949 zurückkehrten, brachten sie auch die Arbeitsgrundlagen des ›Psychoanalytischen Institutes‹ mit. Beim Aufbau des Sigmund-Freud-Instituts konnte man auf diese Dokumente und Schriften zurückgreifen.«*

Zwischen der Frankfurter Schule und dem Freud-Institut bestand aber ein ambivalentes Verhältnis: Einerseits war die »Frankfurter Schule« an einer Zusammenarbeit mit der Psychoanalyse interessiert, andererseits fühlte man sich wegen der *»philosophischen Abstraktionsfähigkeit den meisten Psychoanalytikern weit überlegen. Als Horkheimer seine Analyse bei Karl Landauer beendet hat, sagte er nur: Landauer ist gebildet geworden.«* Horkheimer war auch eine autoritäre Persönlichkeit und konnte sehr rigoros mit Menschen umgehen. Viele seiner Rücksichtslosigkeiten ertrugen die anderen oft nur zähneknirschend, erinnert sich Margarete Mitscherlich. Im Alter wurde er dann tief religiös. *»Horkheimer brauchte den Trost der Religion. Er glaubte zuletzt, ohne die christliche Gemeinschaft fühlen sich die Menschen nicht verpflichtet, human miteinander umzugehen.«*

Weil Alexander Mitscherlich und andere Psychoanalytiker an einer engen Zusammenarbeit mit den Sozialwissenschaftlern interessiert waren, wurden im Freud-Institut auch Soziologen angestellt. *»Wir wollten damals vor allem Fragen der Wechselwirkung zwischen dem einzelnen und der Gesellschaft untersuchen: inwieweit die Menschen von ihrem sozialen Umfeld beeinflußt werden; wie Erziehung und überlieferte Werte das ›Über-Ich‹ bilden; welchen Einfluß die Verinnerlichung der gesellschaftlichen Werte auf den einzelnen Menschen hat und wie sein Verhalten auf die Gemeinschaft zurückwirkt. Und ob sich ein Individuum an eine gestörte Gesellschaft anpassen soll.«*

Gemeinsam mit Jürgen Habermas wurde dann am Sigmund-Freud-Institut eine eigene Soziologie entwickelt. Habermas hat sich in seinem Buch *Erkenntnis und Interesse* eingehend mit der Psychoanalyse auseinandergesetzt. Wie er selbst betont, beschränkt sich seine Kenntnis der Psychoanalyse auf das Studium der Schriften Freuds, ohne sich auf die praktischen Erfahrungen einer Analyse stützen zu können. Gelernt habe er indessen viel aus den Mittwochs-Diskussionen der Mitarbeiter des Sigmund-Freud-Instituts, die damals unter der Leitung von Alexander Mitscherlich stattfanden, wie Habermas selbst betont. Die Mitscherlichs trafen sich auch privat mit den Ehepaaren Adorno und Habermas: *»Wir duzten uns, was damals unter Akademikern noch ungewöhnlich war. Adorno war ein sehr freundlicher und liebenswürdiger Mensch.«*

Margarete und Alexander Mitscherlich mit Willi Hoffer
beim Psychoanalytiker-Kongreß in Berlin (1956)

Was bleibt von der »Frankfurter Schule«? Die Kritische Theorie will einerseits die Aufklärung weiterführen. Andererseits will sie mit ihrer Dialektik auf die Schattenseiten des Fortschritts aufmerksam machen. Schon früh habe man untersucht, wann der Fortschritt zum Rückschritt werde und welchen Preis man zum Beispiel in Form der Umweltzerstörung zu zahlen habe, meint Margarete Mitscherlich. Heute würden sich Horkheimer und Adorno bestimmt mit dem sogenannten »Tabubrechen« rechtsradikaler Kreise auseinandersetzen, die an die nationalsozialistischen Parolen anknüpfen und einen Antisemitismus ohne »Denkeinschränkungen« wollen. Das von ihnen gebrochene Tabu lautet: Unmenschlichkeit darf nicht legitimiert werden. Die Frankfurter Schule würde zwischen den verschiedenen Arten von Tabus genau unterscheiden. *»In diesem Sinn kann man die ›Auschwitzlüge‹, weil hier Tatsachen und Wahrheiten geleugnet werden, nicht als Tabubrechen bezeichnen. Wenn es um Auschwitz geht, darf kein Zweifel an der Wahrheit bestehen. Lüge ist immer ein Rückschritt«*, sagt Margarete Mitscherlich.

Alexander Mitscherlich hat diese unseligen Diskussionen nicht mehr erlebt, aber bestimmt befürchtet, daß so etwas geschehen könnte. Der »chronische Oppositionelle« (Hans-Martin Lohmann) wird 1969 für sein vielfältiges Wirken mit dem »Friedenspreis des Deutschen Buchhandels« ausgezeichnet. In seiner Dankesrede »Über hergestellte Dummheit« sieht er in der Aggression und im Krieg eines der Hauptprobleme der Gegenwart. Für Mitscherlich läuft jede Konformität auf »anerzogene Dummheit« hinaus. Sie birgt deshalb die Gefahr in sich, daß feindselige Aggression geweckt und Sündenböcke gesucht werden. Aggression ist vor allem ein soziales Phänomen. Zu den vordringlichen Aufgaben der heutigen Gesellschaft gehöre es daher, die Dummheit der Vorurteile zu bekämpfen, denn sie ist die mächtigste Ursache der Aggressionen. *»Man muß demnach die Bekämpfung dieser erzieherisch oft unbemerkten und unbewußt erzeugten Dummheit zu den wesentlichsten Aufgaben der Friedenssicherung zählen.«*[67]

Alexander Mitscherlich hat sich in den 50er Jahren, wie Margarete erzählt, auch mit der Massenpsychologie beschäftigt, besonders mit dem Verhältnis von Masse und Führer im Dritten Reich. Er kommt bei diesen Studien aber nicht sehr weit. Schon auf die zentrale Frage »Was ist eine Masse?« findet er keine befriedigende Antwort. Außerdem scheinen ihm Masse und Demokratie schwer vereinbar. Dazu meint der französische Psychologe und Freud-Schüler Serge Moscovici, es sei ein Irrtum zu meinen, daß sich die Massenpsychologie gegen die Demokratie wende oder gar ein autoritäres Verhalten rechtfertige. Sie verkünde nur Wahrheiten, statt sie zu vertuschen und habe die Macht der Führer in diesem Jahrhundert vorausgesehen. Fortschritt und Demokratie, die Zusammenballung von Menschen in Städten und Produktionen führten dazu, daß sich Autorität und Macht immer stärker in den Händen von Führungseliten konzentrierten. Der moderne Massenmensch verfalle zunehmend in den Zustand der Suggestibi-

Die Mitscherlichs (1956)

lität, ähnlich wie bei der Wirkung von Drogen. Er werde süchtig nach Vorbildern und Führern.[68]

Allerdings habe Freud in *Massenpsychologie und Ich-Analyse* schon in den frühen zwanziger Jahren Grundlegendes über Masse und Führer geschrieben und das Hitler-Phänomen mit allen seinen Begleitumständen im Grunde vorausgesehen: »Da wurde das ›Ich‹ für die Masse der Deutschen tatsächlich zum ›Wir‹ und projizierte sich auf den Führer. So nur erklärte sich die Begeisterung für diesen Mann und die Hoffnung, daß er alle Wünsche erfüllen und alle Kränkungen den anderen heimzahlen werde.« Für Freud wird die »sublimierte Liebe« zum Motor der Massenseele. Sie ist die Kraft, die den einzelnen zur Unterwerfung treibt, die Menschenmassen zusammenschmilzt und zusammenhält. Hier ersetzen »Liebesbeziehungen« – wie die »Verliebtheit« der Deutschen in Hitler – alles andere. In der Masse wirft der einzelne die Verdrängung seiner unbewußten Triebregungen ab. Ebenso erklärt sich die kritiklose Bewunderung aller unserer Idole und Stars – von Politik und Pop zu Film und Sport.

Im Dritten Reich hat sich die Masse von der täglichen Propaganda unter Goebbels, einem Meister der Massenpsychologie, immer mehr einfangen lassen. Jeden Tag las man in der Zeitung, hörte im Rundfunk die ständig wiederholten Parolen wie »Ein Volk, ein Reich, ein Führer«, »Die Juden sind unser Unglück«, »Führer befiehl, wir folgen«, »Du bist nichts, dein Volk ist alles« und viele andere Propagandasprüche. Dabei wurden alle politischen Gegner und Andersdenkende ebenso wie Juden, Geisteskranke, »asoziale« Zigeuner, Homosexuelle und Berufsverbrecher kurzerhand aus der »Volksgemeinschaft« ausgeschlossen. Hier wurde die Massenpsychologie mißbraucht, um nationalistische Emotionen anzuheizen. *»Plötzlich fühlt man sich in einer Menschenmenge aufgehoben, folgt einem Führer und fühlt sich Gott nahe. Das ist ein berauschendes Gefühl für viele. Deswegen ist auch der Nationalismus, dieses ›Mit-dem-Volk-Fühlen‹ etwas unglaublich Verführerisches. Sobald* *man aber anfängt, über den Inhalt dieser Parolen nachzudenken, ist der Rausch vorbei«*, erklärt Margarete Mitscherlich.

Eindrücklich ist dieses Massenphänomen in den Filmen der umstrittenen Regisseurin Leni Riefenstahl aus der Zeit des Dritten Reiches festgehalten worden. Der Begriff der Masse ist allerdings ambivalent: Man sieht verächtlich auf die Masse herab und vergißt gern, daß man selbst auch dazugehört. Unvergessen ist die Massenveranstaltung im Berliner Sportpalast nach der Niederlage von Stalingrad, als Goebbels seinen fanatisierten Zuhörern die rhetorische Frage stellte: »Wollt ihr den totalen Krieg?« und ein jubelndes »Ja!« aus der Masse ertönte. Später nannte er dieses Ereignis zynisch »die Stunde der Idiotie«.

Charakteristisch für die Haltung der Mitscherlichs ist ihr Versuch, die Psychoanalyse auf Politik und Gesellschaft, ja auf das aktuelle Tagesgeschehen anzuwenden – mit allerdings unterschiedlichem Erfolg. Im Rückblick zeugt manches von einer scharfen, voraussehenden Analyse, anderes wiederum von Befangenheit, mangelnder Distanz zu den Dingen, von Vorurteilen, die sie eigentlich vermeiden wollten, nicht zuletzt im Verhältnis von der Bundesrepublik zur Ex-DDR. Die Titel ihrer bekanntesten Streitschriften sind dennoch zu geflügelten Worten geworden. Großes Aufsehen weckt zunächst Alexander Mitscherlichs Buch *Auf dem Weg zur vaterlosen Gesellschaft* (1963). Mit dieser Schrift gelingt es ihm, das »akademische Ghetto« zu verlassen und einen breiten Leserkreis zu finden.

## *Das Verschwinden der Väter*

Das Buch handelt vom Verschwinden der Väter aus dem Leben der Kinder in der modernen Massengesellschaft. Hier werden die einzelnen nicht mehr wie früher durch den alten »kulturschaffenden Konflikt der Geschlechterfolge« bestimmt, durch den »Ödi-

Margarete und Alexander Mitscherlich (im Hintergrund)
bei einer Konferenz in der Psychosomatischen Klinik Heidelberg (1962)

puskomplex«. Die »Sozialisierung« der Kinder, ihre Eingliederung in die moderne Gesellschaft, erfolgt auf einer anonymen und abstrakten Ebene, die durch die Kräfte des Geldes und des Marktes bestimmt wird – und nicht mehr durch die patriarchalisch beherrschte Familie mit ihrer »sinnlich faßbaren Autorität«. Der Vater, dessen Arbeit die Kinder miterleben konnten, der immer zugegen war, verblaßt allmählich oder wird zu einem »Schreckgespenst«. Mit der unselbständigen Arbeit entsteht – in der Sicht Mitscherlichs – *»ein Heer von rivalisierenden und neidischen Geschwistern«.*

Früher war der Vater dagegen jemand gewesen, an dem sich die Kinder orientieren konnten. Da fiel es auch leichter, sich mit dem Beruf der Väter zu identifizieren, als später in der anonymen Gesellschaft. Der Autoritätsschwund ist ein allgemeines Phänomen. *»Noch im 18. und 19. Jahrhundert gab es viele Autoritäten, die man auch heute anerkennen kann, Gestalten wie Goethe und Schiller, mit großer geistiger Kraft. Auch Bismarck war ein bemerkenswerter Politiker und für viele ein Vorbild. Er war aber zugleich ein rücksichtsloser Machtmensch, der Unterwerfung verlangte. Man mag seine politischen Leistungen bewundern, für ewige Werte ist er dabei nicht eingetreten. Anstelle des humanistischen Anspruchs kommen nun zunehmend nationalistische zum Vorschein. Kaiser Wilhelm war menschlich gewiß kein Vorbild. Er war im Grunde nur eine ›Pseudofigur‹ und stellte keine wirkliche Autorität dar«*, so Margarete Mitscherlich.

Bei Alexander Mitscherlich befindet sich die »Hierarchie der Vaterrollen« in einem unaufhaltsamen Verfallsprozeß, in dem die alten Vorbilder immer mehr dahinschwinden. Ohne diese traditionellen Bindungen aber gerät das Individuum in ein neues Spannungsverhältnis zur Gesellschaft. Die Folge sind neurotische Verhaltensweisen wie Gleichgültigkeit gegenüber anderen, Angst, Aggressivität und Zerstörungslust. So kommt es zu der scheinbar paradoxen Entwicklung, daß der moderne Mensch immer ungeduldiger nach »subjektiver Autonomie« strebt, um sich

»selbst zu verwirklichen«, gleichzeitig aber Freiheit verliert, weil er sich den »bürokratischen Überorganisationen« unterordnen muß. So wirft die »vaterlose Gesellschaft« ihre Schatten auf Erziehung und Persönlichkeitsbildung.

Es ging Mitscherlich also darum herauszuarbeiten, daß die Väter in der modernen, zunehmend technisierten Welt für die Kinder unsichtbar geworden sind und nicht mehr als Vorbilder dienen können. Alexander Mitscherlich hatte offenbar, wie die meisten damals, noch ein etwas romantisches Vaterbild vom Bauern oder Handwerker vor Augen. Er dachte eher an eine Welt, in der Kinder noch erleben, wie etwas durch Arbeit entsteht, wie man Pflanzen sät und wie man Stühle zimmert. Er sah eine Welt der Vorbildlosigkeit heraufziehen, in der immer mehr Väter in den Büros arbeiten, während ihre Kinder »vaterlos« in den Vororten der Städte aufwachsen müssen.

Was diese kulturelle Umwälzung für den modernen Menschen in der Massengesellschaft bedeutet, bleibt unklar und umstritten. »Heute wissen wir weniger denn je zuvor, welche sozialen und individuellen Folgekosten mit dem Verschwinden der Väter und der revolutionären Beschleunigung technologischer Innovationsprozesse verbunden sind. Eine Beschönigung oder Verharmlosung der gegenwärtigen Situation ist ebenso fehl am Platze wie fatalistisches Stillhalten – Mitscherlich hat diese Alternative denn auch nie akzeptiert«, wie der Mitscherlich-Biograph Lohmann schreibt. Was Mitscherlich den Menschen empfehle, sei eine »offene Lernhaltung«, die ihn immun gegen den Konformitätszwang von außen und gegen die Angst von innen mache.[69]

Möglicherweise liegt einer der Gründe, warum Alexander Mitscherlich sich so eingehend mit der Geschichte autoritärer Vaterfiguren beschäftigt hat, im eigenen familiären Hintergrund und findet darin seine psychoanalytische Erklärung. Margarete Mitscherlich meint, daß hinter dem ausgeprägten Selbstbewußtsein von Eilhard Mitscherlich, dem Urgroßvater, ganz gewiß noch eine entsprechende geistige Leistung gestanden habe. Bei dessen Sohn Alexander sei das schon anders gewesen. Bei ihm sei schon ein Zug zur Überheblichkeit an die Stelle natürlicher Autorität getreten. Bei dessen Sohn Harbord, dem Vater ihres Mannes, habe man überhaupt keine glaubwürdige Autorität mehr verspürt; er sei ganz und gar in einer hochmütigen Haltung gegenüber seiner Umgebung erstarrt. *»Humor, Selbstkritik, Mitmenschlichkeit waren ihm fremd.«* Da habe Alexander *»die väterliche Autoritätssucht in ihrer ganzen Erbärmlichkeit«* am eigenen Leibe kennengelernt, aber auch langsam erkannt, wie oft Selbstverachtung sich hinter dieser Sucht verbirgt.

## *Trauern lernen*

Schon an dieser seiner Frau gewidmeten Arbeit über die »vaterlose Gesellschaft« war Margarete Mitscherlich wesentlich beteiligt. Ein zweites gemeinsames Buch über *Die Unfähigkeit zu trauern* sollte zu Kontroversen führen, die bis heute andauern. *»Der Aufbau eines psychoanalytischen Grundwissens, dem wir uns damals, in den fünfziger und sechziger Jahren, mit Begeisterung zuwandten, nahm uns beide stark in Anspruch«*, erinnert sich Margarete Mitscherlich. *»Wir wollten auch, ähnlich wie viele der zurückkehrenden Emigranten, mit Hilfe unserer psychoanalytischen Erkenntnisse die Nazi-Vergangenheit, die Katastrophe des Dritten Reiches, besser verstehen, damit sich so etwas nie wiederholt. Man wollte wissen, wie es zum ›Hitlerismus‹ kommen konnte und wie weit entfernt wir von einer verstehenden Bearbeitung der Vergangenheit in der Gegenwart noch waren.«* Nach psychoanalytischen Vorstellungen kann man mit der Gegenwart nicht fertig werden, solange die Vergangenheit nicht erinnert und einigermaßen verstanden wird.

Damit hatten die Mitscherlichs ein Thema gefunden, das sie weit über die Grenzen Deutschlands hinaus bekanntmachen

Während der Frankfurter Buchmesse bei der Vorstellung ihres Buches
*Die Unfähigkeit zu trauern* (1967)

sollte: Ohne »Trauerarbeit« können die Deutschen die Gegenwart nicht gewinnen, hieß ihre oft mißverstandene Parole. Mit diesem Buch versuchten die Autoren nun eine Art »Psychogramm« der Bundesrepublik zu erarbeiten. Allzu rasch seien Betroffenheit und Niedergeschlagenheit in den ersten Jahren nach dem Kriege einem neuen Selbstbewußtsein gewichen, statt das schreckliche Erlebnis gründlich »durchzuarbeiten«. Man wurde von den Siegermächten gebraucht und konnte das »Trauern« beiseite schieben. Die Deutschen, so Margarete Mitscherlich, hätten die »Identifikation« mit Hitler einfach fallengelassen, ohne sich überhaupt ernsthaft zu fragen, wie es zu dieser »Liebe zum Führer« gekommen war. Trauer über das Verlorene und Nicht-wieder-Gutzumachende aber sei ein notwendiger seelischer Vorgang, bei dem man durch wiederholte schmerzliche Erinnerungen lerne, Verluste zu ertragen und Illusionen abzubauen. So lautet die These des Buches: Wer die Geschichte verleugnet oder verdrängt, der setzt sich der Gefahr eines »Wiederholungszwangs« aus.

*»Wir sahen uns einem zerbrochenen Ideal von Deutschland gegenüber. Das hat uns beide mitgenommen und geprägt. Wir waren gleichermaßen an der Aufarbeitung der Nazi-Zeit interessiert.«* Die Diagnose, zu der sie in ihrem gemeinsamen Buch gekommen waren, sei heute noch genauso aktuell wie in den sechziger Jahren, betont Margarete Mitscherlich. Immer noch nehmen sich die Deutschen zu wenig Zeit, um sich mit ihrer Vergangenheit auseinanderzusetzen. Aus der narzißtischen Verliebtheit in den Führer sei inzwischen längst eine allesbeherrschende Konsumorientierung geworden, etwa nach dem Motto: »Mein Auto, das bin ich.« Damit versuche man, das angeschlagene Selbstbild wiederherzustellen.

Deutsche Politiker und Historiker hätten sich allzu rasch und eifrig um eine *»harmonische Integrierung der Nazi-Jahre in die deutsche Gesamtgeschichte«* bemüht. Man sei nicht vor *»Unterschlagungen, Fälschungen und Geschichtsklitterung«* zurückgeschreckt, um die Fehler der Vergangenheit zu verdrängen und ein neues deutsches Nationalgefühl, eine deutsche Identität und Selbstachtung zurückzugewinnen. Vielleicht sei auch der Schock der »Nazi-Barbarei« so groß gewesen, daß er manchen Deutschen zur »Trauer« unfähig gemacht habe, aus Furcht vor einer depressiven Phase. Aber gerade diese Form der Auseinandersetzung mit der Vergangenheit – so die These von Margarete Mitscherlich – ist die Bedingung dafür, daß man den eigenen Gefühlen und seelischen Erlebnissen gegenüber offen sein kann und sich in andere einzufühlen vermag.

Heute werde *»die Sehnsucht nach einer Wiederholung der zwölf barbarischen Hitler-Jahre«* erstmals seit 1945 wieder offen geäußert. Schon gehören Fremdenhaß und Gewalt gegenüber den Asylsuchenden zum Alltag. Die »Nazi-Skins« und ihre rechten Anhänger im Osten und Westen Deutschlands sind vorwiegend junge Männer; die Frauen sind prozentual weniger vertreten, auch bei Republikanern und rechtsradikalen Parteien, die vorwiegend von Männern gewählt werden, stellt Margarete Mitscherlich dies fest.

Es sei nicht zu übersehen, daß Vorurteile und Ressentiments der Jugendlichen und der Rechtsradikalen von vielen Deutschen geteilt werden. Das wäre ganz anders geworden, wenn die Deutschen sich die richtige Therapie verordnet hätten. Hätte es eine Phase »kollektiver Trauer« über die Vorurteile der Hitler-Zeit und die Leiden ihrer Opfer gegeben, dann wäre man auch mit dem Elend der Asylsucher besser umgegangen und wäre fähig gewesen, menschenfreundliche Lösungen für die wachsende Zahl der Fremden im Lande zu finden. Die Einsicht in die Fehler der Vergangenheit hätte Deutschland, Ost und West, vor Gewaltausbrüchen und Fremdenhaß bewahren können. *»Wir wissen schließlich dank der Psychoanalyse, daß Feindbilder nur dazu dienen, von eigenen Aggressionen abzulenken und eigene Probleme zu verschleiern.«*

Daran ändert die Rede von der »Gnade der späten Geburt«, auf die sich Helmut Kohl gern beruft, auch nicht viel. Auch die »Spätgeborenen« gehören zur deutschen Geschichte. Unbeantwortet bleibt die Frage, ob der einzelne oder das Kollektiv aus der Geschichte lernen. Wir wissen auch nicht, ob Kriege aus einem untergründigen Drang entstehen und wie man diese unbewußten Kräfte entschlüsseln und unserem Kollektivbewußtsein zugänglich machen kann. Eines scheint sicher: Im Laufe seines Lebens kann jeder Opfer wie Täter werden. Das ist Teil des menschlichen Schicksals. Im größeren Zusammenhang sieht Margarete Mitscherlich im »Trauern« die Fähigkeit des Menschen, Leid zu ertragen und durch Schmerz hindurchgehen zu können. Die hedonistische Wohlstandsgesellschaft möchte diese »Bedingung des Lebens« gern übersehen und verdrängen.

In ihrer Deutung des Wohlstandphänomens der Nachkriegsjahre als Hitler-Ersatz kann man den Mitscherlichs aus heutiger Sicht nur teilweise zustimmen. Es ist sicher richtig, daß sich die Deutschen nach den bitteren Erfahrungen des Dritten Reiches und dem verlorenen Krieg in die Arbeit gestürzt haben, um »Wohlstand für alle« zu schaffen. Aber hier geht es zugleich um ein weltweites Phänomen, das auch als Siegeszug des »American way of life« gedeutet werden kann und inzwischen auch die Schwellenländer der Dritten Welt erreicht hat. Diese weltweite Entwicklung war in den ersten Nachkriegsjahrzehnten nicht so deutlich zu erkennen wie heute.

Die Flucht in den Konsum, der »Tanz um das Goldene Kalb«, macht das Leben nicht nur banal. Auch die Fähigkeit zum Reifen verkümmert mehr und mehr. So erklärt sich, daß Menschen mitten im Wohlstand und Wohlleben das Dasein als unerträglich langweilig empfinden. Margarete Mitscherlichs Kassandra-Rufe, die Deutschen seien zur Trauer »unfähig« und deshalb auch heute gefährdet, ist ohne ihre frühe und große Liebe für das Land Goethes, ohne ihr Zugehörigkeitsgefühl zu Deutschland schwer zu begreifen. Erklärt sie im Gespräch mit der Autorin doch selbst: *»Vielleicht lebt in mir immer noch etwas von den Empfindungen der deutschen Patriotin, die ich in meiner frühen Kindheit gewesen bin.«* Sie versuche bewußt, den Schmerz und die Trauer über den Absturz der Deutschen in die Barbarei zu ertragen.

Im größeren Zusammenhang sieht Margarete Mitscherlich das Leben wie ein ständiges Abschiednehmen. Da zitiert sie gern Heraklits Diktum, daß »alles fließt«. Die Jugend weicht dem Alter, Kinder verlassen ihre Eltern. Dinge, an die man geglaubt hat, stellen sich als Irrtum heraus oder verlieren ihre Gültigkeit. Es tut weh, wenn man sich von Idealen und von Ideologien trennt, die sich als Illusionen erwiesen haben. Damit geht auch immer ein Stück des Selbstwerts verloren. Wer das erträgt, kann sich von Vergangenem lösen, kann reifen und sich neuen Dingen öffnen. So soll die Psychoanalyse helfen, der Wirklichkeit möglichst realistisch zu begegnen.

## *Was ist los mit den Deutschen?*

Daß sie mit ihrem harten Urteil über Deutschland nicht allein steht, zeigt das Zeugnis eines der überlebenden Männer des Widerstandes, der sich selbst mit Hitler in die Luft sprengen wollte. Margarete Mitscherlich ist Axel von dem Bussche einige Male begegnet und erinnert sich noch daran, wie er ihr von seiner dänischen Mutter erzählt hat. Der Psychoanalyse konnte er zwar nicht viel abgewinnen, doch sein Urteil war von den Vorstellungen der Mitscherlichs nicht weit entfernt. Noch kurz vor seinem Tode im Frühjahr 1993 erklärte er im Rückblick auf sein Leben: »Weil die große Mehrheit der Deutschen sich weigerte, die dem Nationalismus und dem Sozialismus anhaftenden ideologischen Gifte ehrlich auszuschwitzen, merken sie heute nicht mehr, wie sie zur politischen Unredlichkeit konditioniert sind.«[70]

Bussche, Offizier an der Ostfront und Ritterkreuzträger, mit deutschem Vater und dänischer Mutter, war in der ehemaligen polnisch-russisch-ukrainischen Bezirkshauptstadt Dudno Augenzeuge einer Massenerschießung von Juden geworden. Das Bild sollte ihn sein Leben lang verfolgen: »800 jüdische Männer, Frauen und Kinder standen in der Novembersonne an, um wie die Heringe Kopf gegen Bein in eine Grube gelegt und mit Genickschuß getötet zu werden. So etwas hatte es in der Geschichte des Abendlandes noch nicht gegeben. Was hier geschah, war das Ereignis eines Jahrhunderts – organisierter Massenmord, auf Befehl des Staatschefs, ausgeführt von deutschen Organen«, sagt er einmal in einem Gespräch mit der Verfasserin.[71]

Für das Argument vieler Deutscher, sie hätten im Dritten Reich doch nur mitgemacht, um Schlimmeres zu verhüten, hatte Bussche wenig Verständnis: »Was Schlimmeres haben sie denn verhütet?« Der Schock von Dudno hat ihn für sein Leben gezeichnet. Was war mit den Deutschen in diesem Jahrhundert geschehen? Diese Frage ließ ihn nach dem Kriege nicht los, aber er fand keine Antwort und keine Ruhe mit sich selbst. Man wollte von ihm wissen, ob die schrecklichen Ereignisse, die sich im Dritten Reich in Deutschland abgespielt hatten, auch in einem anderen Land möglich gewesen wären. Dazu meinte er kurz und bündig: »Für mich ist wichtig, daß es bisher nur in Deutschland passiert ist.«

Sein Leben lang blieb er deshalb den eigenen Landsleuten gegenüber skeptisch. »Die Generation meiner Eltern war entweder politisch unaufmerksam oder ihr fehlte die Phantasie, das Sich-Anbahnende kommen zu sehen. Meine eigene Generation hat Hitler unterstützt oder bekämpft, je nachdem.« Er fürchtete, daß auch kommende Generationen sich nicht vom »Klumpfuß« der deutschen Geschichte und von Auschwitz befreien könnten. »1918 hat man unserem Volk den Kopf abgehauen. Dann ist es zwölf Jahre wie ein Huhn ohne Kopf herumgelaufen und Hitler hat seinen eigenen Kopf daraufgesetzt. Er hatte es in nur sechs Jahren geschafft, alle abzurichten, die Akademiker wie die einfachen Leute. Und wenn wir mit dem Finger auf andere zeigen, kommt die Anklage wie ein Bumerang auf uns zurück. Angefangen haben schließlich wir.«

Den Jüngeren sagte er: »Ihr müßt wissen, was früher geschah, aber ihr sollt deshalb nicht nur nach hinten starren. Seid aufmerksam, heute drohen uns ähnliche Gefahren.« Nur wenige haben sich ihr ganzes Leben lang so intensiv mit der Zeit des Dritten Reichs auseinandergesetzt und im Gespräch mit der jüngeren Generation Rede und Antwort gestanden wie Axel von dem Bussche. Damit verhielt er sich ganz anders als die meisten Überlebenden seiner Generation, die sich gescheut hatten, sich selbst und den Nachgeborenen Rechenschaft zu geben. Das große Verschweigen der Vergangenheit durch die Väter war einer der Gründe für das Aufbegehren der Söhne in der 68er Revolte.

## 7.
# Die 68er Rebellion und die nachfolgende Generation

In den sechziger Jahren nimmt der Einfluß der Psychoanalyse in der Bundesrepublik, besonders bei den Studenten, immer mehr zu. Auch in der Rebellion von 1968 spielt sie zunächst eine wichtige Rolle. Erstmals befragen die Studenten und Studentinnen ihre Eltern nach ihrer Haltung zum Nationalsozialismus. Es gab zwar Filme über das Dritte Reich, aber weder in den Schulen noch in den Familien hatte man eingehend über die nationalsozialistische Zeit gesprochen. Diese Jahre waren tabu. Statt dessen hatten sich die Deutschen bald mit den Siegermächten identifiziert, je nach Besatzungszone, am stärksten aber mit den Amerikanern. Als junge Menschen in den USA dann den Krieg in Vietnam und in Frankreich das »Establishment« in Frage zu stellen begannen, fühlten sich auch junge Deutsche in ihrer Kritik an der Elterngeneration bestärkt.

Sie benahmen sich wie Revolutionäre in ihrem Gefühl, für die Gerechtigkeit und für die Wahrheit zu kämpfen, erinnert sich Margarete Mitscherlich. Sie gaben sich antiautoritär, um des Antiautoritären willen. Immer stärker machten sie ihren persönlichen Affekten Luft und meinten noch, für das Wohl der ganzen Menschheit zu kämpfen. Daniel Cohn-Bendit, einer der Anführer der Revolte in Paris und später in Deutschland, antwortet auf die Frage, was ihn damals motiviert habe, im Gespräch mit mir: »Vielleicht die Lust an der Selbsterfüllung, die Freude, mich mit einem historischen Projekt zu identifizieren. Und dann sicher ein tiefsitzendes Verlangen nach Freiheit. Ich habe an der gesellschaftlichen Atmosphäre zwar persönlich nicht gelitten – sie hat mich einfach gestört. Auch der Vietnamkrieg vertrug sich nicht mit meinem Verständnis von Demokratie.«[72]

Auf die kritische, aufbegehrende junge Generation hatten die Mitscherlichs zunächst ihre Hoffnung gesetzt. Das politische Anliegen der Studentenbewegung in den späten sechziger Jahren schien für sie darin zu bestehen, die ältere Generation mit ihrem Verhalten während der Hitler-Zeit zu konfrontieren und die kollektive »Lebenslüge« zu entlarven. Ähnlich wie einige Jahre vorher in Amerika begann es in Deutschland auch mit Krawallen und Attacken gegen das sogenannte Establishment und mit Schlagworten wie »Trau keinem über Dreißig«.

*»Die Studenten wollten ihre Väter zum Sprechen bringen. Hinter ihrem Wunsch, endlich die Wahrheit zu erfahren, verbarg sich auch eine Wut auf die Väter und auf deren Autorität. Es ging nicht nur um Aufklärung, sondern auch um die Zerstörung der Autoritäten. Dabei sind sie oft selbstgerecht und geradezu inquisitorisch vorgegangen. Aber verglichen mit anderen Revolutionen, war die 68er Studentenrevolte sehr harmlos und hat zum erstenmal nach dem Krieg viele Deutsche dazu gebracht, sich mit sich selbst und ihrer Vergangenheit zu konfrontieren«* (Margarete Mitscherlich).

Alexander Mitscherlich stand damals auf dem Höhepunkt seines öffentlichen Wirkens. Seine Bücher wurden Bestseller. Er wird durch Fernsehauftritte und Interviews einem breiteren Publikum bekannt. Manche wollen in ihm fast schon das »Gewissen der Nation« sehen. Er gilt als skeptischer Sympathisant der »Linken« und der APO, der studentischen Außerparlamentarischen Opposition, von der alle sprechen. In seinen Vorlesungen sitzen Hunderte von Hörern und Studenten, die durch ihn mit der Psychoanalyse in Berührung kommen.[73] Wegen seiner Äußerungen über die vaterlosen Gesellen des Sozialistischen Deutschen Studentenbundes und dem gemeinsam mit Margarete Mitscherlich im Jahr 1977 verfaßten Brief an einen (fiktiven) Sohn mißtrauen ihm bald alle Seiten. In diesem Brief warnen beide vor der zynischen und irrationalen Gewaltanwendung, wie sie bei den Terror-Anschlägen der »Roten Armee Fraktion« sich manifestierte. Jürgen Habermas hat später darauf hingewiesen, daß Mitscherlich sich zwar auf der Höhe einer kaum angreifbaren Autorität befand, aber zunehmend zwischen zwei Fronten geriet: Den einen war er Sympathisant und geistiger Wegbereiter des Terrorismus, für die anderen nichts als ein »Scheißliberaler«.

So wurden auch Mitscherlich, Adorno und Habermas und die ganze »Frankfurter Schule« für die Studenten zu ungeliebten Autoritäten und Vaterfiguren und von ihnen als solche bekämpft. Margarete Mitscherlich erinnert sich, wie Studenten ins Institut für Psychoanalyse der Universität in Frankfurt einbrachen und die Bibliothek plünderten. Sie verlangten, mit Alexander Mitscherlich zu diskutieren, und wurden ihm gegenüber immer aggressiver. Als es bei Tumulten in der Philosophischen Fakultät 1968 zu Ausschreitungen kam, warfen einige Professoren-Kollegen Alexander Mitscherlich vor, die revoltierenden Studenten seien »seine Geschöpfe«. Daher trage er für die Radikalisierung zum Teil die Verantwortung. Was zunächst kabarettartig begonnen hatte, wurde zum humorlosen und gehässigen Streit zwischen Studenten und Lehrern.

## *Umbruch und Anpassung*

Entrüstung weckte das skandalöse Verhalten mancher Studenten gegenüber Theodor Adorno, den sie öffentlich verhöhnten, als er es ablehnte, sich für ihre diffusen politischen Ziele einspannen zu lassen. Adornos angebliche Schwäche für junge Mädchen war bekannt. Um ihn zu diffamieren, gingen Studentinnen mit entblößtem Busen auf ihn los. Der Philosoph sah keinen anderen Ausweg mehr, als das »Institut für Sozialforschung« in Frankfurt durch die

Polizei räumen zu lassen. Adorno hat die Aggressivittä und Taktlosigkeit der Studenten einen schweren Schock versetzt. Er hat unter der immer mehr um sich greifenden Stimmung von Gewalttätigkeit und Gehässigkeit sehr gelitten. Manche glauben, diese schmerzliche Erfahrung habe auch zu seinem frühen Tod beigetragen. So die Dichterin Marie-Luise Kaschnitz, die der Meinung ist, der Bruch mit der Jugend habe die Grundlage für Adornos Leben zerstört. Schließlich schlug die Stimmung wieder um. Viele Studenten paßten sich resigniert den gesellschaftlichen Realitäten an, andere gingen in den Untergrund, wurden sogar zu Terroristen in der »Roten Armee Fraktion« und schreckten auch vor Mordanschlägen gegen das verhaßte System nicht mehr zurück.

Margarete Mitscherlich meint im Rückblick, daß in Zeiten radikalen Umbruchs neben allen berechtigten Anliegen zwangsläufig auch Grausamkeit und Gewalt mit ins Spiel kommen. Man lebe seine persönliche Aggressivität aus, ähnlich wie in der Puber-

Im Gespräch mit Gretel Adorno; im Hintergrund Theodor W. Adorno (1967)

tät. Der Ausbruch der 68er Generation habe auch etwas Pubertäres an sich. Darin könnten auch Chancen für das Individuum liegen, das sich von seinen alten Abhängigkeiten von Menschen und Ideen lösen muß. Die Tatsache, daß sich viele der sogenannten Linken schon nach wenigen Jahren völlig angepaßt haben und nur mehr an Konsum und Karriere interessiert sind, zeige nur zu deutlich, daß es ihnen damals mit ihren politischen Idealen nicht wirklich ernst war und daß sie eigentlich nicht recht wußten, was sie wollten.

Auch damals hätte man bei allen berechtigten Vorwürfen gegenüber der Vätergeneration erkennen müssen, daß auch diese Väter Produkte ihrer Zeit waren und nicht von vornherein wissen konnten, wohin Adolf Hitler, der »Mann aus dem Volke«, der zunächst auch im Ausland anerkannt und als Garant gegen den Kommunismus betrachtet wurde, sie einmal führen würde. Jede Generation mache sich auf ihre Weise »schuldig«, wie Margarete Mitscherlich betont. Sie will auch hier die Psychoanalyse ins Bild bringen, denn sie solle den Menschen bewußtmachen, daß sie sich für ihre eigenen Irrtümer und Affekthandlungen verantworten müssen, statt immer wieder die Schuld auf andere zu schieben und mehr auf den Balken im eigenen Auge zu achten als den Splitter im Auge des Nächsten.

Auf die Kernfrage, was die 68er Rebellion in der Gesellschaft bewirkt habe, ob man sie rückblickend doch als Erfolg bezeichnen könne, antwortet Margarete Mitscherlich nach einigem Zögern mit ihrem typischen »Jein«, das die positiven wie die negativen Aspekte berücksichtigen will, um Feindbilder zu entlarven und um einseitige, vorschnelle Urteile zu vermeiden. Anfänglich hatten die Mitscherlichs große Erwartungen in die Studentenbewegung gesetzt, obwohl sie den Ideen eines Herbert Marcuse von Anbeginn an eher skeptisch gegenüberstanden. Auch Herbert Marcuse, der in Amerika lebte und nach dem Kriege zum Philosophen der jungen Generation hochstilisiert wurde, spricht kritisch von der »repressiven Entsublimierung«, die zu einer seelischen Verarmung und Verrohung führe. Damit stimmen die Mitscherlichs überein. Marcuses Vorstellungen von einer leid- und schmerzfreien Welt können sie nicht teilen. »Das Leiden an der Endlichkeit der Existenz und an unaufhebbaren seelischen Konflikten kann auch durch noch so ideal gedachte Gesellschaftsformen nicht aus der Welt geschafft werden. Sigmund Freuds realistischer Pessimismus erweise sich als ehrlicher und wahrer als die hedonistische Utopie«, schreibt Iring Fetscher.[74]

Aber für die Grundforderungen der Jungen hatten sie großes Verständnis, für ihre Kritikfreudigkeit, für ihren »Aufstand« gegen die autoritäre Erziehung. Sie begrüßten ihre Opposition gegen eine Elterngeneration, die Gesprächen über die Ereignisse im Dritten Reich und peinlichen Fragen am liebsten auswich. Die Mitscherlichs unterstützen die Jungen in ihrem Ansturm gegen »konservative« Vorurteile und alte Privilegien in der modernen Gesellschaft. Doch dann sollte alles ganz anders kommen. Bald zeigte sich, daß viele Intellektuelle, auch Universitätsprofessoren, die zum Anarchismus und zum Chaotentum drängenden Tendenzen der 68er Bewegung unterschätzt hatten. Die Extremisten unter den Studenten wandten sich schließlich – sogar mit Tätlichkeiten – auch gegen ihre eigenen »geistigen Väter« und Wegbereiter. Von dieser Entwicklung haben sich die Mitscherlichs bald ernüchtert abgewandt.

## *Leistung versus Lust*

Einen bemerkenswerten Wandel hat Alexander Mitscherlich damals in seiner Einstellung zum Leistungsprinzip durchgemacht. Auch er hatte die Studenten ursprünglich zur »großen Verweigerung« gegenüber der Leistungsgesellschaft aufgerufen. Der konservative Soziologe Helmut Schelsky war in seinem Werk über die »Priesterschaft der Intellektuellen« noch 1975 mit Alexander Mitscherlich hart ins Gericht gegangen.[75] Doch schon zur Jahreswende 1976/1977 schlägt Mitscherlich selbst in der *Frankfurter Allgemeine Zeitung* einen der Leistungsverweigerung gegenüber kritischen Ton an und fordert gemeinsame Wertvorstellungen, *»weil an einem ungehemmten Egoismus jede Gesellschaft zugrunde gehen muß«*. Er beklagt, daß einst hochgeschätzte Tugenden – Sparsamkeit, Pünktlichkeit, Ordentlichkeit – in der neuen Wegwerfgesellschaft fast nur noch »Kuriositätswert« hätten.

Die Studentenprobleme sollten sich in den nächsten Jahren von Grund auf verändern. Die Aufbruchsstimmung war bald verflogen. Die Parolen der 68er bringen heute in Deutschland kaum noch jemand auf die Straße. Als eigenständige politische Kraft hat sich die Studentenschaft nicht profilieren können, nicht einmal bei den »Grünen«. Inzwischen gibt es an deutschen Universitäten mehr als 1,8 Millionen Studenten, doppelt so viele wie 1975. Heute steht die Hochschule vor anderen Problemen: Im Zeichen der Studentschwemme und eines von Wirtschaftsführern immer wieder beklagten qualitativen Niedergangs der Leistungen kommt es beim international zusehends schärfer werdenden Wettbewerb in den aussichtsreichen Berufen vor allem auf solide Ausbildung an. Dieter Simon, Vorsitzender des Wissenschaftsrats in Deutschland, spricht von »katastrophalen Qualitätsverlusten von Studium, Lehre und Forschung«. Er erklärt kurz und bündig: »Die Universität ist verrottet.«[76]

Die Mitscherlichs haben den rapiden »Werteverfall« der sechziger Jahre zunächst als eine natürliche Reaktion der jüngeren Generation auf den »Muff von tausend Jahren« gedeutet. Bald aber werden sie sich der Gefahr bewußt, daß ohne gemeinsame, verpflichtende Wertvorstellungen jede Gesellschaft am »ungehemmten Egoismus« zugrunde gehen muß. Von den Utopien einer besseren, leidfreien neuen Gesellschaft, die durch die Vorstellungen der Umbruchszeit der sechziger Jahre geistert, distanzieren sie sich nach den Erfahrungen mit den Auswüchsen der 68er Bewegung entschieden, Leid und Schmerz bleiben für den Psychoanalytiker eine wesentliche Dimension menschlicher Existenz.

Im Rückblick meint Margarete Mitscherlich heute, man habe es in den fünfziger Jahren noch mit einer konformistischen jungen Generation zu tun gehabt, die sich mit der Lebenslüge ihrer Eltern identifiziert habe. Nach außen sichtbare Generationenkonflikte habe es nicht gegeben. In den sechziger Jahren wuchsen die Widerstände gegen Eltern, Schule und Universität, bis sich das aufgestaute Unbehagen gegen die ältere Generation 1967 und 1968 in voller Heftigkeit entlud. Der verbissene Kampf der Behörden und Medien gegen ein paar Dutzend terroristische Einzelkämpfer und ihre Sympathisanten im damaligen Deutschland erscheint Margarete Mitscherlich als weit übertrieben. Es hatte den Anschein, als wollte man sich mit dem Kampf gegen einen gemeinsamen Feind von eigener Schuld, Problemen und Aggressionen ablenken. *»Wenn Bonn nur einen Bruchteil der Energie, mit der man den Terrorismus bekämpfte, für die konsequente Ahndung von Naziverbrechern verwendet hätte, bräuchte man sich heute weniger Vorwürfe zu machen.«*

Fazit: Der heftigen Opposition der sechziger Jahre folgt eine Generation mit »verunsicherten Wohlstandseltern«. Der jungen Generation scheint ohne die »Lebenslüge« der fünfziger Jahre und mit dem Abklingen revolutionärer Ziele, die Gesellschaft aufrichtiger und gerechter zu gestalten, ihr »Lebenssinn« abhanden gekommen zu sein. Seit spätestens Ende der siebziger Jahre resigniert ein großer Teil der Jugend und hat kaum noch Hoffnung, daß es ihr gelingen werde, die Gesellschaft umzugestalten. Diese jungen Leute verfallen zunehmend einem neuen Konformismus, der anders als in den Aufbaujahren nun als ziel- und hoffnungslos erscheint. Diese Einstellung deuten viele als ein Zeichen von Resignation im Zeichen des Verlustes der Vorbilder, meint Margarete Mitscherlich. Das erklärt zum Teil auch die vielen jugendlichen Drogenabhängigen und Verwahrlosten, die sich ungeliebt und unverstanden fühlen und eigentlich *»Waisen mit Eltern«* sind.

# 8.
# Die Frau in der modernen Gesellschaft

Die Studenten der 68er Revolte haben die Gesellschaft zwar zu erschüttern, aber nicht umzustürzen vermocht. Fast dreißig Jahre später erscheint aus der Sicht der Wohlstandsgesellschaft diese Zeit eher als Episode, als Zwischenspiel. Den aufrührerischen Studenten, die den »Konsumwahn« so vehement gegeißelt haben, ist es nicht gelungen, die Konsumorientierung unserer Gesellschaft zu verändern. Der Verbraucherboom sollte in den folgenden Jahrzehnten erst richtig in Schwung kommen. *»Seither hat sich die Art der Deutschen mit ihrer Vergangenheit umzugehen zwar verändert, aber es haben sich wieder neue Abwehrformen gebildet, um der Konfrontation mit der Geschichte auszuweichen«*, faßt Margarete Mitscherlich zusammen.

Deutliche Spuren dagegen hinterließen die Auseinandersetzungen der 68er Rebellion in der Frauenbewegung. Dazu hat Margarete Mitscherlich einen bemerkenswerten Beitrag geleistet. »In der deprimierenden Atmosphäre der Nachkriegszeit hatten die Frauen in Deutschland weder Zeit noch Kraft, sich mit dem Feminismus auseinanderzusetzen. Die erste Feministin, die sich zu Wort gemeldet hat, war Margarete Mitscherlich«, schreibt Edith Kurzweil. Sie war auch die erste, die versucht hat, eine Brücke zwischen Frauenemanzipation und Psychoanalyse zu schlagen. Viele Feministinnen hatten in »Vater Freud« einen Patriarchen gesehen, der das weibliche Geschlecht in seiner traditionellen Rolle festhalten wollte. Durch ihren eigenständigen Ansatz ist es Margarete Mitscherlich gelungen, manche dieser Vorurteile abzubauen. Sie hat zu zeigen versucht, daß die Psychoanalyse zwar

Vorstellungen über »Männlichkeit« und »Weiblichkeit« von der patriarchalischen Gesellschaft übernommen, es aber auch verstanden hat, sich mit dieser Gesellschaftsform kritisch auseinanderzusetzen. Wenn es darum geht, die Ursachen für die Unterdrückung der Frau besser zu begreifen, sind viele psychoanalytischen Erkenntnisse von großem Wert. Bei einigen Freudianern stieß Margarete Mitscherlich mit ihrer Feststellung, daß es bis heute noch keine psychoanalytische Theorie der weiblichen Sexualität gebe, die frei sei von Mythologisierungen und zeitbedingten Vorurteilen, auf Ablehnung und scharfe Kritik.

Blicken wir zurück! Der organisierte Kampf der Frauen für ihre Bürgerrechte hatte mit der Französischen Revolution begonnen, damals mit Unterstützung vieler revolutionärer Männer. So hatte sich der Philosoph Antoine Condorcet schon unzweideutig für die »Gleichberechtigung der Frauen und der Schwarzen ausgesprochen«. Schon 1789 versuchte die Revolutionärin Olympe de Gourges nach dem Vorbild der Menschenrechte eine »Erklärung der Frauenrechte« zu verbreiten, in der sie passives und aktives Wahlrecht und die Zulassung der Frauen zu öffentlichen Ämtern forderte.

Darin heißt es: »Die Frau wird frei geboren und bleibt dem Manne ebenbürtig in allen Rechten … Das Gesetz soll Ausdruck des Willens aller sein; alle Bürgerinnen und Bürger, Männer und Frauen gleichermaßen, sollen zu seiner Entstehung beitragen … für alle soll das Gesetz gleich sein. Alle, ob Männer oder Frauen, müssen berechtigt sein, öffentliche Ämter, Positionen und Stellen zu übernehmen, je nach ihrer Fähigkeit.«[77] Fast prophetisch mutet eine Stelle an, in der Olympe de Gourges erklärt, daß Frauen, wenn sie »das Recht« hätten, aufs Schafott zu gehen, auch das Recht bekommen müßten, Abgeordnete zu werden. 1793 mußte sie selbst ihren Kampf gegen die männlichen Vorrechte mit dem Tod durch die Guillotine bezahlen.

Schon 1790 werden Söhne und Töchter in Frankreich einander

gleichgestellt, 1792 wird Eheleuten die Scheidung erlaubt. Im Zuge der Restauration aber kehrt man auch hier wieder zu vorrevolutionären Verhältnissen zurück. Im »Code Napoleon« schränkt man die Freiheiten der Frau erneut ein und befestigt wieder die patriarchalische Familienform. Der Ehemann kann nun seiner Frau den Wohnort vorschreiben, und was sie besitzt oder verdient, gehört ihm. Bei der Scheidung werden ihm die Kinder zugesprochen, die Frau hat auch keinerlei Anspruch auf den gemeinsamen Besitz. Im 19. Jahrhundert verficht die bekannte Schriftstellerin George Sand energisch die Sache der Frau. 1869 verfaßt Léon Richter die »Droits de la Femme«, die Frauenrechte, und organisiert 1878 den ersten internationalen Frauenkongreß.

### *Die verlachten Suffragetten*

In England beginnt die Emanzipation 1792 mit der aufrührerischen Schrift der britischen Frauenrechtlerin Mary Wollstonecraft zur »Verteidigung der Rechte der Frauen«. Die unverheiratete Mary hat zunächst eine Anstellung als »Gesellschafterin« bei einer wohlhabenden Dame. Sie versucht vergeblich, eine Schule zu gründen. Nach einer Liebesaffäre bleibt sie allein mit einem unehelichen Kind zurück. Sie benutzt ihre Lebensgeschichte, um eine Streitschrift gegen die »Männertyrannei« zu schreiben. Wollstonecraft protestiert gegen die gesellschaftlichen Mißstände, unter denen sie selbst zu leiden hat, wie fehlende Bildungsmöglichkeiten, beschränkte Berufsaussichten und die Doppelmoral gegenüber dem weiblichen Geschlecht. Sie fordert ein gesetzlich verankertes Recht auf Bildung, auf Arbeit und eine gleichberechtigte Stellung von Mann und Frau.[78]

Der sozialistische Philosoph William Thomson vermutet in seiner Schrift »Appell der einen Hälfte der Menschheit, der

Frauen, gegen die Anmaßung der anderen Hälfte, der Männer« eine Verbindung zwischen der Unterdrückung der Frau und der Rassendiskriminierung. 1869 veröffentlicht der große sozialliberale Gesellschaftskritiker John Stuart Mill sein Buch über die *Hörigkeit der Frau.* In England entwickelt sich schon um die Jahrhundertwende eine militante Frauenbewegung, die vor gewalttätigen Protestaktionen nicht mehr zurückschreckt und weltweites Aufsehen erregt. *»Das waren doch großartige Frauenrechtlerinnen, die kein Opfer scheuten und sich auch nicht von ihrem Konzept dadurch abbringen ließen, daß man sich über sie lustig machte, um sie der Lächerlichkeit preiszugeben«*, meint Margarete Mitscherlich.

Zur Zeit der Industriellen Revolution im 19. Jahrhundert verändert sich die Situation der Frau erneut. In den wohlhabenden Schichten, im Adel wie im aufsteigenden Bürgertum fühlt sich die »Lady of leisure«, die begüterte Müßiggängerin, wie in einen »goldenen Käfig« eingesperrt. Vom Ehemann versorgt, wird sie völlig von ihm abhängig und verliert in der Gesellschaft an Einfluß und Bedeutung, auch wenn es immer wieder Ausnahmen gibt. Auf der anderen Seite steht das harte Los der in der Fabrik schuftenden Arbeiterfrau, die meist mit einer harten Doppelbelastung von Lohn- und Hausarbeit fertig werden muß.

In Deutschland hatte zwar Theodor Gottlieb von Hippel, der zum Freundeskreis Kants gehörte, bereits 1792 ein Traktat über »Die bürgerliche Verbesserung der Weiber« verfaßt. Doch erst im Zusammenhang mit der liberalen Revolution von 1848 beginnen sich die Frauen zu organisieren. Die Frauenrechtlerin Luise Otto-Peters entwirft das erste Programm zur Besserstellung der Frau und stellt dabei nun auch die Rechte der Arbeiterinnen stärker in den Vordergrund. Sie fordert die Erziehung und Ausbildung der Frau zu selbständiger wirtschaftlicher und geistiger Arbeit im Dienste nationaler und liberaler Ideale. Sie distanziert sich aber, wie die meisten damaligen Vorkämpferinnen der Frauenrechte, von den allzu emanzipierten Frauen, die auch für die »freie Liebe« eintreten. Die Begriffe Feminismus und Emanzipation werden damals noch weithin im abschätzigen Sinn verwendet.

### *Bund deutscher Frauenvereine*

Luise Otto-Peters beruft 1865 die erste Frauenkonferenz nach Leipzig ein und wird zur Mitbegründerin des »Allgemeinen Deutschen Frauenvereins«. Die zum Teil heftigen Auseinandersetzungen zwischen den verschiedenen Richtungen lassen sich mit den heutigen Kontroversen vergleichen, findet Margarete Mitscherlich. Für die Sozialistinnen geht es zunächst vor allem um die »Befreiung des Proletariates« vom ausbeuterischen Kapitalismus; erst wenn dieser falle, lasse sich auch die patriarchalische Familie überwinden. Es gibt aber auch radikale Feministinnen, die sich gegen die Unterdrückung der Frau schlechthin wenden. So will auch die bürgerliche Frauenbewegung – im Gegensatz zu sozialistischen Parolen – das Los der Frau innerhalb der bestehenden Gesellschaftsordnung verändern. Trotzdem schließen sich 1894 die inzwischen zahlreichen Vereine zum »Bund deutscher Frauenvereine« zusammen, der 1897 dem einflußreichen »Internationalen Frauenbund« beitritt. Der Erste Weltkrieg führt zur Anerkennung der weiblichen Arbeits- und Berufsleistung in der Kriegswirtschaft, das Jahr 1918 zur politischen Gleichberechtigung der Frau in Deutschland.

In den zwanziger Jahren unter der Weimarer Republik erreicht die Frauenbewegung breite Schichten. Zu den führenden Gestalten gehören damals Marianne Weber, die Frau des Soziologen Max Weber, und die bekannte Frauen- und Sozialpolitikerin Gertrud Bäumer. 1918 dürfen die Frauen erstmals wählen. Dazu schreibt der Historiker Richard Grunberger: »Die Weimarer Verfassung gab den Frauen das Wahlrecht. Und eine feministische

Elite, von Rosa Luxemburg und Clara Zetkin auf der äußersten Linken bis zu einigen weiblichen Reichstagsabgeordneten auf der Rechten, hatte dazu beigetragen, die politische Szene während der Nachkriegszeit zu prägen. Zwischen diesen politischen Leitfiguren und dem Heer der Arbeiterinnen stand die professionelle Avantgarde des anderen Geschlechts: fast 100 000 Lehrerinnen, 13 000 Musikerinnen und 3000 Ärztinnen.«[79]

Doch nur zu bald bricht diese Entwicklung mit der Machtergreifung der Nationalsozialisten 1933 wieder ab, und damit zerfällt auch die internationale Frauen-Zusammenarbeit. Die meisten großen deutschen Frauenverbände lösen sich auf. Die verbleibenden Vereine werden im »Frauenwerk« zusammengefaßt; viele Frauen treten der NS-Frauenschaft bei. Im Dritten Reich werden die alten Ziele der Frauenbewegung als »liberalistisch« abgelehnt. Die NS-Frauenschaft soll sich um die Pflege der Familie und die Heranbildung gesunder Mütter und tüchtiger Hausfrauen kümmern. Die NS-Frauenschaft unter der Leitung von Gertrud Scholtz-Klink ist dem Führerprinzip verpflichtet mit dem Auftrag, die Mutterrolle aufzuwerten, doch ohne jeden eigenen politischen Einfluß. Schon 1921 hatte die NSDAP in einer ihrer ersten Parteiverordnungen Frauen grundsätzlich von Parteiämtern ausgeschlossen. Für Hitler ist die Frauenemanzipation »ein Symptom der Verderbtheit, durch Frustration und Defekte der Sexualhormone hervorgerufen«. Goebbels vergleicht die Frau mit dem Vogelweibchen, das sich für seinen Gefährten herausputzt und nur für ihn seine Eier legt.[80]

In den Dokumentarfilmen über das Dritte Reich kann man das Leben und Wirken der Frauen in jener Zeit heute noch gut einschätzen, meint Margarete Mitscherlich. Man sieht, wie Frauen ihre »Zweitrangigkeit« einfach hinnehmen und wie sie begeistert der *»Moral und den perversen Idealen der Nazi-Zeit«* zustimmen. Wie alle anderen fügen sie sich den verschiedensten Anforderungen, die ihnen zugemutet werden – vom »Heimchen am Herd« bis zum hingebungsvollen Weibchen, das dem Führer Söhne gebiert, zur BDM-Führerin oder zur Arbeiterin in der Munitionsfabrik. Es gab aber auch Frauen, die als KZ-Wächterin tätig waren, wie die grausame Irma Greese in Belsen oder die sadistische Ilse Koch in Buchenwald, die das Los der Häftlinge durch ihre Quälereien noch erschwerte. Nur allzu viele waren bereit, so ziemlich alles mitzumachen, was von ihnen verlangt wird, nach der unangefochtenen Devise »Führer befiehl, wir folgen«.

### *Antisemitismus – eine Männerkrankheit?*

Wie die Schwachen und Unterdrückten in der Gesellschaft seit eh und je dazu neigen, sich mit dem Aggressor zu identifizieren und seine Ansichten zu übernehmen – auch wenn sie sich dadurch selbst erniedrigen –, verhalten sich auch die meisten Frauen in ähnlicher Weise. Deutlich zeige sich auch hier, wie eng »Idealisierung und Aggression« miteinander verbunden sind. *»Mit der Übernahme der NS-Herrschaft werden ›reaktionäre Frauenbilder‹ neu belebt – bis hin zur ›Frauenverachtung‹«*, konstatiert Margarete Mitscherlich. *»Unter Hitler haben die Frauen noch weniger als die Männer zu sagen.«* Das ändert sich nur vorübergehend, als viele Frauen im Krieg dringend benötigt werden, als Krankenschwestern in den Lazaretten und zunehmend auch in den Munitionsfabriken. *»Es ist mir erst durch das Dritte Reich klargeworden, daß Sexismus, also Frauenverachtung, und Rassismus, also Rassenverachtung, tatsächlich zusammengehören. Kommt es nicht aufs gleiche hinaus, ob man einen Menschen wegen seines Geschlechtes oder seiner Rasse mißachtet?«* Die Frau als Persönlichkeit, nicht zuletzt die unverheiratete Frau, zählte in der Hitler-Zeit wenig. In politischen Auseinandersetzungen hatte sie überhaupt nichts mehr zu sagen.

Im Antisemitismus will Margarete Mitscherlich eine »Männerkrankheit« sehen, obwohl Frauen dagegen auch nicht immun sind.[81] Hitler habe es verstanden, den Haß auf die Juden bei Männern wie bei Frauen zu schüren, indem er ihnen die Verantwortung für die Niederlage von 1918 zuschob. So schien er die narzißtische Kränkung der Deutschen zu heilen, die wieder stolz auf ihre Armee sein wollten. Immer klarer ist ihr in jenen Jahren geworden, in welchem Ausmaß *»die Nazi-Zeit von Männlichkeitswahn, Herrenrassetum und den entsprechenden Idealen«* besessen war. *»Anti-Feminismus und Anti-Semitismus erscheinen mir seitdem als zwei Seiten derselben Medaille.«*

Frauen neigen häufig dazu, sich der öffentlichen Meinung anzuschließen, die meist von Männern geprägt wird. Schon immer haben sie unbesehen die politischen und sozialen Vorurteile ihrer Väter, Brüder und Männer übernommen. Margarete Mitscherlich weist auf Freud hin, der die weibliche Neigung, sich anzupassen, mit der »Angst vor Liebesverlust« erklärt. Daher sind Frauen weniger gefährdet, durch ihre eigenen Projektionen und Haßgefühle dem Antisemitismus zu verfallen als durch Übernahme männlicher Vorurteile.

*»Das Verhalten der Frau während der Zeit des Nationalsozialismus und des Zweiten Weltkrieges ist weitgehend von ihrer gefährlichen Neigung geprägt, sich den männlichen Vorschriften, Prinzipien und Idealen anzupassen. Diese Bereitschaft der Frauen zur Anpassung trug zur perversen Inhumanität der jüngsten deutschen Geschichte bei. Die Mutterkreuzideologie der deutschen Heldenmütter ist dafür nur eines von vielen Beispielen.«*

Für Margarete Mitscherlich ist der Antisemitismus eine »soziale Krankheit«, nicht eine »Krankheit« des einzelnen. Sie steht im Zusammenhang mit »einer typisch männlichen Entwicklung«. Die seelische Verfassung des Mannes, die Art seiner Erziehung, die Verinnerlichung von Verboten und Verhaltensweisen der Eltern, trägt im Einzelfall dazu bei, solche »Vorurteilskrankheiten« chronisch werden zu lassen. Den negativen Aspekt der sogenannten männlichen Werte sieht Margarete Mitscherlich in der Gefühlsabwehr, in der Härte, in der sturen Unterwerfung unter Gesetz und Ordnung, im hierarchischen Denken und im männlichen Chauvinismus.

Das alles ermöglicht eine Hierarchie, in der man nach oben buckelt und nach unten tritt. *»Zwischen dem einzelnen, seiner seelischen Entwicklung und der Gesellschaft, in der er lebt, wirkt eine gegenseitige Beeinflussung, die es zu erkennen gilt.«* Die Gefahr ist groß, daß man sich von Massenbewegungen mitreißen läßt und zum Mitläufer oder gar zum Mittäter wird. Wer die »Höllenfahrt der Selbsterkenntnis« (Kant) durchgemacht hat, ist dagegen noch am ehesten gefeit und imstande, seine eigenen Schwächen und Fehler zu sehen und dafür einzustehen, statt sie auf andere zu projizieren und ihnen dafür die Verantwortung zuzuschieben.[82]

## *Frauen für den Widerstand*

Margarete Mitscherlich ist auch davon überzeugt, daß überwiegend Männer Hitler gewählt haben und nicht, wie verschiedentlich behauptet worden ist, die »emotionalen« Frauen. Sie zitiert historische Untersuchungen, denen zufolge immerhin zwei Prozent weniger Frauen als Männer für Hitler gestimmt haben sollen. Andererseits habe sich auch unter dem Hitler-Regime gezeigt, daß die meisten Frauen schließlich die politische Meinung ihrer Männer übernommen hätten. Dennoch hätte es bei den Frauen einen latenten Widerstand gegen das »öffentliche Meinungsdiktat der Nazis« gegeben, auch wenn darüber nur wenig bekannt geworden sei.[83]

Die meisten der aktiv am Widerstand beteiligten Frauen versteckten politisch Verfolgte, Deserteure und Juden. Sie versorgten diese Menschen mit Nahrungsmitteln und Kleidern, verhalfen vielen zur Flucht vor der Gestapo. An erster Stelle haben sich dabei Ehefrauen, Verwandte oder Bekannte der aktiv am Widerstand beteiligten Männer engagiert. Trotz Sippenhaft, stundenlanger Verhöre und Drohungen haben sie in den meisten Fällen niemanden verraten. Es gab auch Frauen, die sich furchtlos um die in Not geratenen Familien politischer Häftlinge kümmerten. Viele von ihnen stammten aus christlichen Familien oder aus der Anhängerschaft der Sozialdemokraten und Kommunisten.

Der Krieg aber hinterläßt zunächst einmal einen Trümmerhaufen – in jeder Hinsicht. Eindrücklich sind die Bilder der sogenannten »Trümmerfrauen«, die sich an dem Wiederaufbau der völlig zerstörten Städte beteiligen. In den Aufbaujahren spielen Frauen eine wichtige Rolle. Die öffentliche Verwaltung ist zusammengebrochen, viele Verkehrsmittel sind unbenutzbar, Strom, Wasser und Gas eingeschränkt. Man hungert, es fehlt an Kleidung, Möbeln, Hausrat und Wohnungen. 22 Prozent des Wohnraums sind zerstört. Nach Angaben des Soziologen Helmut Schelsky gibt es 1,5 bis 2,5 Millionen Kriegerwitwen, 2,5 Millionen Schwerversehrte und 1,5 bis zwei Millionen sozial Deklassierte.[84]

Nach dem Krieg ist das weibliche Geschlecht deutlich in der Überzahl. Es gibt einen gewaltigen »Frauenüberschuß«, etwa 7 283 000 mehr Frauen als Männer, der größte Teil im heiratsfähigen Alter. Dadurch befinden sich die Frauen in einer schwachen Position. Feministinnen wehren sich gegen das unschöne Wort vom »Frauenüberschuß«, obwohl man in der Statistik seit eh und je auch vom »Geburtenüberschuß« spricht. Sie meinen, dieses Wort sei aus der Finanz- und Handelssprache entlehnt und degradiere die Frau zur »überschüssigen« Ware. In jener Zeit wird die Familie oft zur Notgemeinschaft. Aber nur 60 Prozent, also drei von fünf Bundesdeutschen, leben damals noch in »vollständigen Familien«.

## *Zurück an den häuslichen Herd*

Die lange Zeit der Trennung hat die Familienmitglieder einander entfremdet. Nun müssen viele alleinstehende Frauen selbständig für sich und ihre Kinder sorgen. Die traditionellen Vorstellungen von der Frau in der Familie mit dem Vater als Oberhaupt wandeln sich. Auch die Kinder können sich nur schwer an das Leben mit dem Vater gewöhnen. Die Kriegserlebnisse haben viele Männer verändert; manche sind für ihre Familie schwer ansprechbar geworden. Als die Männer aus Krieg und Gefangenschaft zurückkommen, wollen sich viele selbständig gewordene Frauen nicht mehr ohne weiteres ihrem Mann wieder unterordnen.

Das soll in den fünfziger Jahren allerdings wieder anders werden, als die Männer ihren gewohnten Platz in den Werkstätten und Büros einnehmen und Karriere machen. Viele Frauen fügen sich dem Unvermeidlichen und kehren »brav« an den häuslichen Herd zurück; der beschwerliche Weg zur Selbständigkeit wird wieder aufgehalten. Dann wird die Kriegszeit vergessen, man heiratet wieder und gründet eine Familie. Ab 1950 setzt ein bis heute unübertroffener »Heiratsboom« ein, auch wenn immer noch zehn Prozent aller Kinder unehelich zur Welt kommen.

»Die bewußte ›Schlechterstellung‹ der Frauen auf allen gesellschaftlichen Gebieten korrespondierte mit traditionellen und nationalsozialistisch eingefärbten Familienvorstellungen«, schreibt Angela Vogel in ihrem Bericht über die Familie in der Bundesrepublik nach dem Kriege. Nun werden die etwa 40 Prozent der Bevölkerung ausgegrenzt, die nicht in der herkömmlichen Familienform leben, weil sie sich nicht anpassen können oder wollen. In manchen Lokalen ist in jener Zeit Frauen noch ohne männliche Begleiter der Zutritt verboten – angeblich um sie zu schützen. Alleinstehende haben es besonders schwer, Wohnungen von den Behörden zugeteilt zu bekommen. Im Grunde seien sich alleinstehende Frauen und Mütter damals nur zu oft als zweitrangig und »gesellschaftlich diffamiert« vorgekommen, als wolle man einen indirekten »Zwang« zugunsten der Ehe und der Familie ausüben, meint Vogel.

Im Jahr 1946 tritt das alte BGB-Familienrecht wieder in Kraft und bestätigt den Männern erneut das private Kontroll- und Verfügungsrecht über »ihre« Frauen und deren Vermögen wie auch die väterliche Gewalt über die Kinder. Die volle Gleichstellung vor dem Recht erfolgt erst durch ein Urteil des Bundesverfassungsgerichts im Juli 1959, durch das der Vater die alleinige Entscheidungsgewalt verliert. In den Jahren des Wirtschaftswunders arbeiten Männer und Frauen Seite an Seite am Wiederaufbau. Wie knapp die Einkommen damals bemessen waren, zeigt die Tatsache, daß noch 1954 jede zehnte Familie nur über ein Monatseinkommen von weniger als 250 DM verfügte, nach heutiger Kaufkraft etwa 875 DM. Es ist auch die Zeit der »Schlüsselkinder«, weil so viele Mütter mitverdienen müssen. Bald wird aber nicht mehr aus purer Not gearbeitet, sondern um die rasch steigenden Konsumansprüche zu erfüllen. Und doch geschieht dies bei vielen berufstätigen Müttern mit dem unguten Gefühl, ihre Familie zu vernachlässigen.

Erst in den sechziger Jahren wird der Frau durch die »antiautoritäre Bewegung« zum Bewußtsein gebracht, daß sie »unterdrückt« sei und sich dagegen wehren sollte. Viele junge Frauen erkennen, daß in »unserer Demokratie, unserer Volksherrschaft« nach wie vor die Männer das Sagen haben. Seither hat es den Anschein, als würden sich die starren Vorstellungen einer männlichen Kultur und die eingefahrenen Rollen allmählich auflösen. In den siebziger Jahren ändert sich das Bild dann grundlegend. Denn die jüngere Frauengeneration, im Krieg und während der ersten Nachkriegsjahre geboren, ist mit »moderneren« Vorstellungen aufgewachsen und gibt jetzt den Ton an. Viele sind Töchter von alleinerziehenden Müttern, die ihnen zwar zum Vorbild werden, aber von denen sie sich auch lösen möchten.

Engagierte Studentinnen übernehmen die aufbegehrende Haltung ihrer männlichen Kollegen gegenüber den gesellschaftlichen Autoritäten und den Professoren. Diese Studenten gehen damals aber immer noch davon aus, daß sich die Frau dem Mann unterzuordnen habe. *»Frauen erkannten, daß die antiautoritäre Gesinnung ihrer Kommilitonen, Freunde und Ehemänner nur für Männer gelten sollte. Das patriarchalische Verhalten auch dieser Männer den Frauen gegenüber änderte sich überhaupt nicht.«*[85] Als die Studentenrevolte abklingt, passen sich viele der jungen Männer wieder an die gesellschaftlichen Gegebenheiten an.

Die feministische Bewegung ist nun aber nicht mehr aufzuhalten, auch wenn es unter den Frauen keine einheitlichen Wert- und Zielvorstellungen gibt. Zu Hauptthemen werden der weibliche Körper, die unterschiedliche Sexualität der Geschlechter, die Gebärfähigkeit der Frau, die Abtreibung und die Gewalttätigkeit der Männer im Umgang mit Frauen. Margarete Mitscherlich versucht damals, die psychoanalytische Sicht in die Frauenbewegung einzubringen, um Hintergründe zu durchleuchten und besser zu verstehen. Sie begrüßt die Auseinandersetzungen, weil »billige« Harmonie ohne das Austragen von Konflikten nichts ändern kann. *»Die Frauenbewegung, sofern sie sich weiterhin nicht zähmen läßt, gehört heute zu den wichtigsten gesellschaftlichen und politischen Prozessen und kann zu einer in Deutschland dringend notwendigen Streitkultur beitragen.«*[86]

Margarete Mitscherlich hofft, mit ihrer psychoanalytischen Betrachtungsweise die verhärteten Rollenvorstellungen von Mann und Frau aufzulockern, stößt zunächst aber bei vielen Feministinnen auf Widerstand. Die feministische Kritik an der Psychoanalyse wendet sich vor allem gegen die klassische Interpretation, nach der sich eine Frau dadurch definiere, daß sie kein Mann sei. Freud wertete es als ein Zeichen der Reife, wenn es den

Mädchen gelingt, ihre sexuellen Regungen zu unterdrücken. Margarete Mitscherlich ist verblüfft, daß ein so kritischer Denker wie Freud das Schamgefühl junger Mädchen nicht als gesellschaftlich fabrizierte Moralvorstellung gesehen, sondern als einen natürlichen Reifungsvorgang verstanden hat. Seine Kritiker unter den Feministinnen meinen, Freud habe sich fast nur mit der Entwicklung der männlichen Sexualität auseinandergesetzt, die spezifisch weibliche Sexualität aber vernachlässigt oder auf eine patriarchalische Weise interpretiert. In feministischen Kreisen gilt Freud meist als Frauenverächter, weil er die Bestimmung der Frau in der Erziehung der Kinder und der Versorgung des Haushaltes sah, und dies, obwohl die Zahl der Frauen in der Psychoanalyse größer war als in jeder anderen Wissenschaft.

Für Freud war die Liebe zum Mann und zu den Kindern, die Gestaltung des Familienlebens die letztliche Erfüllung im Leben der Frau. Im Mittelpunkt seiner Theorie steht der Penis. Er verkörpert die Männlichkeit mit allen Vorteilen, die den Männern in der Gesellschaft zugestanden wurden. Freud nimmt an, daß die psychische Verarbeitung des anatomischen Geschlechtsunterschiedes den Frauen keine andere Wahl lasse, als sich als ein unvollkommenes Wesen zu erleben. Die Zuwendung der Frau zum anderen Geschlecht wird nach seiner Vorstellung vor allem durch den »Penisneid« bestimmt. Bereits kleine Mädchen fragen sich besorgt, warum sie nicht auch einen Penis haben. Wenn sie dann einsehen, daß sich dieser »Wunschtraum« nicht erfüllen läßt, wünschen sie sich statt dessen ein Kind vom Vater. So erklärt Freud die »natürliche Abneigung« des kleinen Mädchen gegen das Weibliche und seine Hinwendung zum Mann, zunächst zum Vater.[87]

Von solchen Thesen wollen viele Feministinnen nichts hören. Für sie ist dieser angebliche »Mangel« der Frau nichts als ein Phantasieprodukt der Männer, die sich selbst und ihre Körperlichkeit idealisieren wollen. Heute deutet man den »Penisneid« auf eine andere Weise. Die Geschlechter sind nun einmal durch ihre Genitalien unterschieden, und der Penis symbolisiert das Männliche insgesamt, das seit Jahrtausenden eine bevorzugte Stellung in der Gesellschaft einnimmt. In manchem hat die Frauenbewegung zweifellos simplifiziert und das Verhältnis von Mann und Frau nur schwarzweiß gesehen. Das, so Margarete Mitscherlich, scheine beim »Kampf der Geschlechter« unvermeidbar zu sein, wenn es darum gehe, Vorstellungen und Verhaltensweisen von Grund auf zu verändern, um die tatsächliche Unterdrückung zu beenden.

Margarete Mitscherlich meint dazu, daß manches in Freuds Gedanken sehr zeitbedingt gewesen sei. Wie sollte es auch anders sein. Seine Ansichten über die Frau waren stark von den damals geltenden bürgerlich-patriarchalischen Werten geprägt, die auch seine Theorien beeinflußten. Freud vermochte nicht zu erkennen, daß Frauen gegenüber Männern nicht von Natur aus »minderwertig« sind, sondern durch gesellschaftliche Normen dazu »gemacht« wurden. Nicht weil ihr »Über-Ich« schwächer ausgeprägt war, wie es bei Freud hieß, haben sich Frauen früher mit den Wertvorstellungen der Männer identizifiert.

Sie waren als die Schwächeren auf das Geliebtwerden durch andere angewiesen. Dazu wurden sie auch von früh an erzogen. Wenn sie keinen Beruf ausübten, lag in diesem Geliebtwerden ihr wichtigster Zugang zum Leben. Die Männer hingegen hatten sich stark, erfolgreich und heldenhaft zu geben und durften ihre Gefühle kaum zeigen. Diese betonte Rollentrennung hat eine höchst einseitige Auffassung vom Wesen des Mannes und der Frau zur Folge gehabt. Heute wird diese männliche Wertewelt nicht nur von vielen Frauen, sondern auch von Männern in Frage gestellt. Trotzdem gibt es für Margarete Mitscherlich niemanden, der aufrichtiger gegenüber sich selbst war als Sigmund Freud. Sie ist davon überzeugt, daß es nur wenigen Psychoanalytikern gelungen ist, wie Sigmund Freud, rationales Denken und den Dialog mit dem Unbewußten in ähnlicher Weise in Einklang zu bringen.

Daß Freud die gesellschaftlichen Umstände, unter denen Frauen leben, kaum berücksichtigte, zeigt der Fall der »Anna O.«. Freud meinte die Ursachen für die Krankheit der Bertha von Pappenheim in ihren negativen Eigenschaften wie Hinterhältigkeit, Raffinesse und Verführungskünsten gefunden zu haben. Dabei betrachte er diese sogenannten »weibliche Waffen« als quasi angeboren. Er übersah aber, daß die anscheinend typisch weiblichen Eigenarten, wie bei vielen Frauen, so auch bei Anna O., aus ihrem Überlebenskampf resultieren. Die Symptome, an denen sie litt, standen im engen Zusammenhang mit der Frauenverachtung, die in ihrer Familie herrschte. Nach einer teilweisen Heilung setzte sich die literarisch begabte und sozial engagierte Bertha von Pappenheim in ihren vielen Schriften besonders für das Schicksal von Jüdinnen ein. Freud hat über diesen Fall zusammenfassend geschrieben: »Sie hat trotz ihrer Herstellung seither in gewisser Hinsicht mit dem Leben abgeschlossen, ist zwar gesund und leistungsfähig geblieben, ist aber dem normalen Frauenschicksal ausgewichen.«[88]

Margarete Mitscherlich hat ihre Ansichten zum Frauenproblem in der Schrift *Die friedfertige Frau* dargelegt, einer psychoanalytischen Untersuchung zur Aggression der Geschlechter, die zum Bestseller geworden ist. Ihre These: Schon früh lernt der Junge, seine Aggressionen nach außen zu tragen, während das Mädchen seine Aggressivität gegen sich selbst richtet. Frauen seien von Natur aus nicht friedfertiger als Männer; sie würden sich erst aufgrund der Erziehung so verhalten.

*»Also nicht die friedfertige Frau sorgt für Frieden und permanente Aufklärung, sondern nur diejenige, die sich die falschen Werte und die entsprechenden zerstörerischen Verhaltensweisen bewußtmacht. Aus Angst vor Liebesverlust, verdrängten, nach innen gewandten Aggressionen und dem naiven Glauben an die männliche Überlegenheit paßten sich viele Frauen den ›Werten‹ der Herrenmenschen des Dritten Reiches an.«*

Männliche »Tugenden« und weibliche Anpassung haben nach Margarete Mitscherlich wesentlich dazu beigetragen, daß es in der Geschichte der Menschheit zu Krieg und Gewalt ohne Ende gekommen ist.

Bei einem Aufenthalt in Palo Alto von 1972 bis 1973 lernt sie den amerikanischen Feminismus gründlich kennen. Nach ihrer Rückkehr wird sie mit der radikalen Feministin Alice Schwarzer näher bekannt und veröffentlicht verschiedene Beiträge in deren Zeitschrift *Emma.* Margarete Mitscherlich engagiert sich auch für den »politischen Feminismus«. Sie ist der Ansicht, daß in Politik und Wirtschaft eine Doppelmoral herrsche, und setzt sich mit ganz konkreten Fragen wie der Abtreibung und der Überbevölkerung auseinander. *»Für die deutschen Feministinnen, deren wissenschaftliche Arbeit sie nachdrücklich beeinflußte, wurde sie zum Idol.«*[89]

## *Eine »fliegenäugige« Weltsicht*

Margarete Mitscherlich sieht ihre Patienten immer im Zusammenhang mit deren Lebensgeschichte und den Auswirkungen der Nachkriegszeit. Den Haß auf die Fremden, wie auf türkische Gastarbeiter von heute, vergleicht sie mit dem Antisemitismus. In dieser Ablehnung treten erneut unbewußte Aggressionen zutage, die auf Sündenböcke projiziert werden. Allerdings geht die Gewalttätigkeit den Fremden gegenüber zu 96,3 Prozent von Männern aus, wie jüngste Auswertungen von Polizeiakten über

Margarete Mitscherlich (1972)

Verbrechen und Frauenhaß bestätigen. *»Auch das ist eine Folge falscher Vorstellungen von Männlichkeit und einer Erziehung zu sogenannten männlichen Werten. Hinter den jugendlichen Gewalttätern steht eine schweigende Vielheit – die zumindest deren Ansichten teilt, daß Fremde und Juden nicht nach Deutschland gehören.«* Frauen neigen dazu, das »Männliche« und die geschlechtsspezifischen Rollenvorstellungen unkritisch zu übernehmen und überzubewerten. Sie werden durch diese früh verinnerlichten Vorurteile und durch eine falsche Rücksichtnahme in ihrer späteren Entscheidungsfreiheit eingeschränkt. Vom Mann ihrer Wahl erhoffen sie sich dann meist, er werde ihren eigenen Mangel beheben. Doch das ist ein Trugschluß. Es sind die gleichen Männer, die über Krieg und Frieden entscheiden, die Macht über Frauen ausüben und die ihnen gegenüber auch gewalttätig werden.

Auch in *Mühsal der Emanzipation* (1990) stellt sie mit Bedauern fest, daß von einer geänderten Einstellung der Männer gegenüber Frauen noch wenig zu spüren ist. Frauen sind immer noch in großem Ausmaß Opfer von männlicher Gewalt und von Diffamierungen. Auch heute noch herrscht die Meinung vor, Frauen seien weniger »moralisch« und trügen weniger zur Kultur bei als Männer. Margarete Mitscherlich meint wie Aldous Huxley, die weibliche Sicht sei »fliegenäugig«. Das heißt, Frauen seien in der Lage, vieles differenzierter wahrzunehmen und besser zu verstehen. Mit ihrer anerzogenen Fähigkeit zur Einfühlung könnten sie einen wichtigen Beitrag für eine menschlichere Gesellschaft leisten.

Den meisten Frauen fehlt es aber noch immer am nötigen Durchsetzungsvermögen. Viele scheuen davor zurück, Verantwortung zu übernehmen und Entscheidungen zu treffen. Hier haben Frauen einen großen Nachholbedarf. Wenn sie sich durchsetzen, entwickeln sie oft Schuldgefühle. Auch das hängt mit ihrer Erziehung zusammen. Schon vom Kindesalter an werden sie ständig ermahnt, sich zu fügen, sich hinzugeben, alles zu verstehen, sich immer einzufühlen und Schwächere zu schützen. Auch wenn sich die Frauen noch so bemühen, es gelingt ihnen doch nicht, alle diese Forderungen zu erfüllen. Viele haben daher ständig ein schlechtes Gewissen. *»Für Frauen ist es unerläßlich, diese Mechanismen zu durchschauen und immer wieder die Schattenseiten der Männerkultur mit ihren einseitigen Idealen und Wertvorstellungen zu entlarven, die viel Leid über die Welt gebracht haben.«*

Wenn ein Mann zum Beispiel die Stimme erhebt und brüllt, wird das als eine normale Reaktion betrachtet. Fordern Frauen mit lauter Stimme energisch etwas, erscheinen sie als unweiblich und lächerlich. Frauen müssen es ertragen lernen, daß man nicht immer geliebt werden kann. Und wenn sie ihre Ziele durchsetzen wollen, dürfen sie sich auch nicht vor Konfrontationen scheuen.

*»Jede Frau kennt den Zwiespalt, in dem sich jemand befindet, der für alles zuständig sein soll, aber nicht über die Macht verfügt, etwas zu verändern. Als Frauen neigen wir oft dazu, unsere untergründigen Aggressionen in Vorwurfs- und Opferhaltung umzuwandeln und dadurch unsere Wut indirekt loszuwerden. Es ist schwer, die Angst vor Selbständigkeit, die masochistische Unschulds- und Vorwurfshaltung aufzugeben. Aber ohne kritisches und selbstkritisches Aufbegehren der Frauen wird sich in unserer Gesellschaft nichts ändern.«*

## *Von der Ohnmacht zur Macht*

Es fällt vielen Frauen schwer, mit der Macht umzugehen, schon weil die Vorbilder fehlen. Wer in einer Männergesellschaft Macht übernimmt, wird sich auch mit den Männern identifizieren müssen, wie es bei Margaret Thatcher und Indira Gandhi der Fall war. Beide sind oft wie Männer aufgetreten und haben männliche Werte und eine männliche Politik vertreten. Wer als Frau Macht bekommt, muß mit »Liebesverlust« rechnen. Eine »mächtige«

Frau ist oft nicht nur dem Haß der Männer, sondern auch dem der Frauen ausgesetzt, die sich selbst ohnmächtig fühlen. Wenn Frauen etwas bewirken wollen, kommen sie aber nicht darum herum, Macht zu übernehmen. Wer keine Macht hat, kann nichts verändern. Sicher sollte Macht nicht mißbraucht werden, aber ohne Macht erreicht man nichts, betont Margarete Mitscherlich. *»Ein konfliktfreies und aggressionsloses Miteinanderleben wäre ein Scheinparadies, in dem man, wenn es wirklich erreichbar wäre, wahrscheinlich vor Langeweile zugrunde gehen würde.«* Heute stellt es eine ganz besondere Herausforderung für die Frau dar, zu zeigen, daß man Macht ausüben kann, ohne deswegen unmenschlich werden zu müssen.

Viele Feministinnen kritisieren nicht nur die Männer, sondern auch ihre Mütter, die Macht mißbrauchen. Oft ist vom Haß auf die Mutter die Rede. »Die Mutter ist an allem schuld«, lautet der Slogan. Die Mutter behindere die Tochter in ihrer Selbständigkeit. Sie wolle ihre Tochter am liebsten in kindlicher Abhängigkeit halten und verbiete ihr, über den eigenen Körper zu verfügen und auf sexuellem Gebiet zu tun und zu lassen, was sie wolle. Auch hier gilt es zu differenzieren. Man macht es sich zu leicht, wenn man nur andere für eigene Schwächen verantwortlich machen will.

Für esoterische oder mythologische Tendenzen in der Frauenbewegung hat die Rationalistin Margarete Mitscherlich wenig Verständnis. Sie sieht darin eine antiaufklärerische Haltung. Astrologie und andere abergläubische Richtungen und Mystifizierungen stehen für sie jenseits aller Vernunft und Psychologie, sind ein Rückfall in Magie und Wunschdenken. Vielleicht handelt es sich beim heutigen Esoterik-Boom um eine Gegenbewegung zum extremen Materialismus unserer Zeit, dessen Lebenszweck nur noch Macht und Geld sind. Viele Frauen schließen sich zusammen, weil sie meinen, in der Gesellschaft nur wenig bewirken zu können. Diese Frauen, die meist die Macht verteufeln und schon gar keine Macht übernehmen wollen, möchten sich aus der nüchternen und harten Wirklichkeit in die Irrationalität zurückziehen. Sie hoffen, hier Geborgenheit und Sicherheit zu finden, als könne man sein Schicksal durch Kartenlegen und andere okkulte Praktiken beeinflussen. *»Dann fühlt man sich erdhaft der Natur verbunden, sucht in archaischen Bildern nach der Muttergöttin. Das schafft vielleicht ein Gefühl der Wärme, an der ich aber ersticken würde, weil damit dem kritischen Denken, ja dem Denken überhaupt der Boden entzogen wird.«*

In diesem Rückzug auf »antiaufklärerische Positionen«, in denen Frauen sich mystifizieren, wird die Gefühlswelt der Frau oft als »Tor zur Wahrheit« verherrlicht. Andere Frauenbewegungen wiederum glorifizieren die Gebärfähigkeit der Frau und ihre Mütterlichkeit als »neue Weiblichkeit«. Man huldigt dem Liebesideal einer glückseligen wortlosen Verschmelzung, wie sie in früher Kindheit mit der Mutter möglich war. Margarete Mitscherlich befürchtet, daß diese Vorstellungen zu einer neuen weiblichen Unmündigkeit führen könnten. *»Die Fähigkeit der Frau zur Selbständigkeit, zur Entscheidungsfähigkeit, zu Humor und Selbstkritik, zur Friedlosigkeit im Kampf gegen eine sich selbst zerstörende Männerwelt können dann in der Idealisierung einer Mutter-Kind-Symbiose und einer Verherrlichung des Aufopferns verlorengehen.«* Damit werden die »große Liebe« und der Rückzug in die Familie wieder zum weiblichen Lebensinhalt gemacht. Und nichts Besseres könnte sich die konservative Männerwelt wünschen, meint Margarete Mitscherlich.

## *Eine Rückkehr der alten Muster?*

In ihrem Buch *Die Zukunft ist weiblich* (1987) hat sie gefordert, viele bisher als weiblich angesehene Eigenschaften wie Einfühlung in den Nächsten, Mitleid und Einsatz für den Schwachen sollten auch von Männern entwickelt werden. Es geht ihr nicht um ein neues Matriarchat im Sinne einer »Macht der Frauen über die Männer«. Soll die Menschheit überleben und eine Zukunft haben, müsse sie weibliche Haltungen und Denkweisen, die »menschlicher« seien, zum Tragen bringen. Sonst werde die Humanität immer wieder von neuem gefährdet. Besonders im Christentum habe man diese »weiblichen« Tugenden der Nächstenliebe in den Mittelpunkt mitmenschlicher Verhaltensweisen gestellt. Jesus aber habe sogenannte weibliche und männliche Werte in sich vereint.

Immer noch besteht die Gefahr, daß in der Beziehung zwischen Mann und Frau wieder alte Muster zum Vorschein kommen, die man für überwunden gehalten hatte: die überfürsorgliche Mutter, die einerseits alle Familienmitglieder »infantilisiert«, andererseits selber kindlich bleibt und sich bei ihrem »unzerstörbar« starken Mann anlehnen will. Seit jeher bemüht sich Margarete Mitscherlich auch hier um ein ausgewogenes, der Wahrheit näherkommendes Bild, wendet sich gegen Ideologisierungen, die die wahren Motive verdecken. *»Auch Feministinnen sind gegen Selbstbetrug und Rationalisierungen nicht gefeit.«* Sie versucht ein psychoanalytisches, verstehendes und erklärendes Element in die Debatte zu bringen. Das zeitbedingte psychoanalytische Frauenbild von Sigmund Freud, das von manchen Feministinnen als »patriarchalische Sicht« abgelehnt wird, hat sie mit Hilfe moderner Erkenntnisse und Forschungen zu korrigieren versucht.

Auf der anderen Seite des Spektrums befänden sich Frauenbewegungen mit ihrer übertriebenen Ablehnung weiblicher Werte wie der Schönheit und ihrer Vorliebe für unfrisierte, ungeschminkte, nachlässig gekleidete Frauen auf einem Irrweg. Das erinnert Margarete Mitscherlich an die Hitler-Zeit mit ihrer Parole: Eine deutsche Frau schminkt sich nicht. Durch solche und andere kindische Übertreibungen haben es Männer oft leicht, auch sehr berechtigte Forderungen der Frauenbewegung lächerlich zu machen und die Intelligenz der Frau in Frage zu stellen. Um das Vorurteil der »dümmeren Frau« zu entkräften, *»muß eine Frau im Berufsleben um vieles besser sein als ein Mann, um die gleiche Stellung zu bekommen«*. Frauen werden dabei zum großen Teil immer noch schlechter bezahlt als Männer. Auch in der Politik unserer Tage kann von einer wirklichen Gleichstellung der Frau – zum Beispiel gemessen an der Zahl der Parlamentarierinnen – noch nicht die Rede sein, nicht einmal im vorbildlichen Skandinavien.

Die Frauenverdienste sind in den letzten Jahrzehnten zwar statistisch stärker gestiegen als die Einkommen der Männer. *»Das Ziel: gleicher Lohn für gleiche Arbeit und gleiche Arbeitsbedingungen haben die Frauen aber bis heute noch nicht erreicht«*, wie Margarete Mitscherlich feststellt. Frauen, besonders Alleinstehende mit Kindern, sind auch in den benachteiligten Randgruppen besonders stark vertreten. *»Viele von ihnen führen ein wenig beneidenswertes Leben, das sie von früh bis spät auf den Beinen hält. Ihre Arbeit wird oft nicht anerkannt und relativ schlecht entlohnt. Viele haben keine Aufstiegschancen. Und dann werden sie noch von ihren Männern geprügelt. Wer diese Entsagungen nicht erfahren hat, wer nicht weiß, was es bedeutet, eine ausgebeutete Frau zu sein, der kann leicht sagen, daß beim Kampf um die Rechte der Frauen übertrieben wird.«*

Auch hier hat sich Margarete Mitscherlichs Haltung über die Jahre nur wenig geändert; sie hat immer versucht, ihre Zeit, ihre Mitmenschen und sich selbst »fliegenäugig«, das heißt kritisch wahrzunehmen und im Sinne ihres »Jein« zu differenzieren: ja zu den Zielen der Bewegung, zum kämpferischen Einsatz für die Frauensache, wie er in ihren eigenen psychoanalytischen Ausführungen und Streitschriften deutlich zum Ausdruck kommt, nein, wenn es um Ideologisierungen, um übertriebene und unrealistische Vorstellungen und nicht um die Wahrheitssuche in der Frauenbewegung geht. Auch Übertreibungen und Simplifizierungen wie etwa die Verteufelung der Ehe lehnt sie ab. Mit ihrem psychoanalytischen Denken, das in erster Linie auf Verstehen und

Erklären von Phänomenen ausgerichtet ist, das, wenn immer möglich, heilen und die Menschen aufrichtiger, vorurteilsfreier machen will, hat sie in den extrem feministischen Kreisen kein Gehör gefunden.

*»Für mich bedeutet Emanzipation: Befreiung von bestehenden sozial fixierten, oft verinnerlichten Werten und Vorstellungen, die man oder frau als falsch und gefährlich erkannt hat … Für mich ist Emanzipation der ständige Versuch einzelner, unmenschliche Zustände, gleich in welchem Bereich, wahrzunehmen und zu ändern, zum Besseren, Dialektischen hin.«* Und sie fügt warnend hinzu: *»Denn wer glaubt die endgültige Wahrheit, das Gute gefunden zu haben, wird sicherlich zum Entstehen neuer Intoleranz und erbarmungsloser ›Ideale‹ beitragen.«*[90]

# 9.
# Psychoanalyse heute: Kritik und Würdigung

## *Supermarkt der Therapien*

Auch auf die Entwicklung der Psychoanalyse, ihr stets ein zentrales Anliegen, blickt Margarete Mitscherlich heute mit gemischten Gefühlen zwischen Hoffnung und Sorge zurück. Einerseits hat dieses Wissensgebiet mit seinen Begriffen und Vorstellungen einen festen Platz im Denken der deutschen Öffentlichkeit, andererseits befindet sich die Psychologie insgesamt in einem bedenklichen Zustand der Widersprüche und des Sektierertums. Wie weit dieser Prozeß heute gediehen ist, zeigt der Umstand, daß man nicht einmal genau weiß, wie viele verschiedene Psychotherapieschulen es gibt: Die einen sprechen von rund 104, andere haben ausgerechnet, daß seit Sigmund Freuds Zeiten inzwischen etwa 700 seriöse oder auch fragwürdige Analyse- und Behandlungsformen im »Supermarkt der Therapien« angeboten werden.[91]

In der Einleitung seines vielbeachteten Buchs *Psychotherapie im Wandel. Von der Konfession zur Profession*[92] schreibt der Berner Psychotherapieforscher Klaus Grawe einleitend: »Wer die Psychologie liebt, hat oft Anlaß, sich der Psychotherapie zu schämen.« Vieles, was heute in Zeitschriften, Zeitungen und Buchläden unter dem Namen »Psychotherapie« angepriesen wird, ist zu weiten Teilen eine Art von Eldorado »entweder noch lebender oder schon toter Gurus und ihnen gläubig nachbetender Jünger«. Klaus Grawe fordert eine Qualitätskontrolle, damit der Patient besser die für ihn passende Therapie auswählen kann. Psychotherapien, die durch Glauben statt durch Wissen gekennzeichnet sind, ignorieren meist, was die wissenschaftliche Forschung über die Störungen menschlichen Erlebens und Verhaltens sowie die Möglichkeit ihrer psychologischen Beeinflussung herausgefunden hat, meint Grawe. In Fachkreisen stößt das umfangreiche Werk auf vehemente Kritik. Man wirft Grawe und seinen Mitautoren vor, sie würden für ihre eigenen neuen Therapieverfahren werben, hätten zur Psychoanalyse ein ambivalentes Verhältnis und seien vor allem blind gegenüber ihren eigenen Perspektiven.[93]

Kurzum: Die einen sind nach wie vor zu sehr auf Freud fixiert und betrachten jede Weiterentwicklung der Lehren des Altmeisters als Sakrileg, während andere sich dadurch zu profilieren suchen, daß sie ihn oder andere bekannte Psychologen beliebig auslegen und ihre Thesen oft sehr unterschiedlich anwenden. Dabei war gerade die Psychoanalyse mit dem Anspruch angetreten, auf wissenschaftlicher Grundlage den Bewußtseinshorizont der Menschen immer mehr auszuweiten, das heißt den Menschen seiner selbst bewußt werden zu lassen. Ein Paradox der psychoanalytischen Forschung besteht darin, daß sich ihr »Gegenstand«, das Unbewußte, immer wieder verändert und dadurch einem Kontinent ähnlich ist, der im Lauf der Zeit eine andere Form annimmt. *»Wenn psychoanalytische Erkenntnisse sozusagen Allgemeingut werden, dann beeinflussen sie bald auch das Unbewußte des Kollektivs. Allerdings ist gerade das Unbewußte schon vom Begriff her nicht zu ›definieren‹, weil es uns eben nicht bewußt ist.«*

Das Persönlichkeitsmodell der Psychoanalyse kennt unterschiedliche innere Faktoren, wie den Lebenstrieb und den Todestrieb, auch Eros und Thanatos genannt, oder das Lust- und das Unlustprinzip. Man teilt die erste Zeit des menschlichen Lebens in verschiedene Phasen ein: in die orale, auf das Saugen ausgerichtete, in die anale, auf die Ausscheidung ausgerichtete, und in die phallisch-genitale, auf das Geschlecht ausgerichtete Phase. In jeder dieser Phasen können Fixierungen, gefühlsmäßige Verfestigungen, entstehen, die eine gesunde seelische Entwicklung hemmen und zu neurotischen Störungen führen. Als besonders wichtig wertet die Psychoanalyse die genitale Phase, weil in diese Zeit die Entstehung des sogenannten »Ödipuskomplexes« oder bei Frauen des »Elektrakomplexes« fällt. Diese Komplexe entstehen durch eine übermäßige Bindung an den gegengeschlechtlichen Elternteil und äußern sich unter anderem in Eifersucht, Aggression und Schuldgefühlen dem gleichgeschlechtlichen Elternteil gegenüber.

Neurosen sind eine Art Scheinkompromiß zwischen den »verdrängten und den verdrängenden Vorstellungen«, Fehlanpassungen an die Anforderungen der Außenwelt oder an innere unlösbare Konflikte. Viele Neurotiker führen gewissermaßen ein Leben zwischen »Amboß und Hammer« und fühlen sich ständig überfordert. Das Ziel des therapeutischen Prozesses besteht unter anderem darin, die unbewußten Inhalte und Zusammenhänge dieser Störungen dem Patienten einsichtig zu machen. Durch dieses veränderte Verständnis über die Entstehung der inneren Konflikte sollen die Neurosen geheilt werden. Sie sind nach psychoanalytischer Vorstellung eine unkontrollierbare Wiederkehr der ambivalenten, gegensätzlichen Gefühle, die Kinder gegenüber ihren Eltern hegen und die nicht offen ausgetragen werden konnten. Vor allem sind sie die Folge eines inneren Konfliktes zwischen dem Es und dem Über-Ich, das heißt zwischen den Triebwünschen und dem Gewissen.

### *Die Wahrheit über uns selbst finden*

Freud hatte sich bekanntlich durch das Medium der Träume dem Unbewußten anzunähern versucht. Später wurde für ihn die Übertragung auf den Analytiker zum »Königsweg«, der zum Unbewußten führt. Mit Hilfe »freier Assoziationen«, spontaner Einfälle der Patienten, werden in der Analyse Träume gedeutet, um zu neuen Erkenntnissen zu kommen.

*»Es werden so Dinge bewußt, die einem vorher gar nicht in den Sinn gekommen wären. Die Theorie der Psychoanalyse erstellt gewissermaßen eine Landkarte zur Erforschung des Kontinents der Seele. Wenn mir ein Patient zum Beispiel von Zwängen erzählt, die es ihm unmöglich machen, bestimmte Dinge zu tun, sehe ich, daß er an einer Zwangsneurose leidet, die mit starken Aggressionen zusammenhängt. Hinter diesen Störungen können sich neben Todeswünschen auch sehr starke Liebeswünsche verbergen, aber meist überwiegt der Haß«* (Margarete Mitscherlich).

Die Psychoanalyse will dem Problem eines Menschen dadurch näherkommen, indem sie herauszufinden versucht, warum jemand immer wieder in die gleichen Verhaltensweisen verfällt. Ein bekanntes Beispiel dafür ist die Spielleidenschaft Dostojewskis, die Freud vor dem Hintergrund unbewußter Haßgefühle gegenüber dem Vater deutete. *»Da ihm seine inneren Konflikte, sein Vaterhaß nicht genügend bewußt waren, konnte er eben nicht Phantasien gegen Realität abwägen, sondern blieb lange Zeit dazu verurteilt, mit seiner Spielleidenschaft und seiner masochistischen Unterwerfungsbereitschaft sein unbewußtes Strafbedürfnis immer von neuem zu befriedigen«*, schreibt Margarete Mitscherlich.[94]

Ein Patient beendet seine Analyse meist, wenn er gelernt hat, ehrlich zu sich selbst zu sein und den Dingen ins Auge zu sehen. Wenn er sich nach einigen Jahren wieder in eine Analyse begibt, kann man feststellen, daß er erneut versucht, der Konfrontation mit sich selbst auszuweichen. Es hat sich ein neues »Unbewußtes« gebildet. Freud hat das Unbewußte in verschiedene Bereiche eingeteilt: in das sogenannte Vorbewußte, an das wir uns plötzlich wieder erinnern und dadurch ein anderes Bild von uns gewinnen können, und in das eigentlich Unbewußte, das für unser Bewußtsein unerreichbar bleibt. Wenn »anstößige« Triebwünsche mit den Gewissensregungen und Moralvorstellungen des »Über-Ichs« in Konflikt geraten, werden sie ins Unbewußte abgedrängt und dort festgehalten, fixiert oder äußern sich in Symptombildungen.

Auf diese Weise sollen unangenehme Vorstellungen oder schmerzliche Erinnerungen vom Gedächtnis ferngehalten werden. Krankhaft wird der Verdrängungsprozeß aber erst, wenn er zu Neurosen, zu Verhaltensstörungen führt, die auch die körperlichen Funktionen beeinträchtigen können. Für den frühen Freud sind die beiden Begriffe Verdrängung und Abwehr noch bedeutungsgleich. Später wird die Verdrängung bewußter Inhalte ins Unbewußte – im Gegensatz zur bewußten Unterdrückung – als eine Form der Abwehr gesehen. Margarete Mitscherlich meint, manche ihrer Patienten würden sich *»sehnlich die Erinnerung an ein bestimmtes Trauma wünschen«*. Nur durch die Wiederholung der unangenehmen Erfahrungen von einst können oft die Störungen, die sie in der Psyche hinterlassen haben, »verarbeitet« werden. Bei Versuchen, die Widerstände des Patienten gegenüber Deutungen seiner Einfälle, seiner Träume und seiner Verhaltensweisen abzubauen, kommt die sogenannte »Übertragungsneurose« gegenüber dem Analytiker ins Spiel.

Oft »manövrieren« sich Menschen während ihres Lebens wiederholt in ähnlich schwierige Lagen. Da sie die Zusammenhänge, die zu ihrem Verhalten führen, nicht bewußt durchschauen können, fühlen sie sich in ihrem Unglück häufig vom Schicksal verfolgt. In solchen Fällen will Psychoanalyse mit dem Patienten herausfinden, was sich wirklich hinter seinen »Schicksalsneurosen« verbirgt. *»In einer solchen Neurose werden unbewußte, aus der Kindheit stammende Impulse meist sexueller oder aggressiver Art und die mit ihnen verbundenen Schuldgefühle agiert; damit ist gemeint, sie werden in einer unendlichen Folge von Aktionen in verschlüsselter Form szenisch wiederholt.«* Margarete Mitscherlich erwähnt eine ihrer Patientinnen, die jedesmal, wenn sie etwas Neues beginnt, ob eine menschliche Beziehung oder eine Arbeit oder Ausbildung, nicht lange durchhält und immer wieder abbricht. *»Nur wenn diese junge Frau so nahe an die Wahrheit über sich selbst herankommt, daß sie sich nichts mehr vormachen muß, wird sie sich langsam verändern können.«*

## *Psychoanalytiker in Distanz und Nähe*

In ihrer Ausbildung sollen sich die Psychoanalytiker wieder mehr an die ursprünglichen Richtlinien halten, wie sie unter Freud in Wien erarbeitet worden sind, findet Margarete Mitscherlich. Für die ersten Psychoanalytiker, die aus verschiedenen Lebensbereichen kamen, war ein Medizinstudium keine Voraussetzung. Freud befürwortete die Laienanalyse, weil er hoffte, daß Laienanalytiker ihre Kenntnisse aus verschiedenen anderen »nichtmedizinischen« Fächern heranziehen könnten. Margarete Mitscherlich mißfällt die hierarchische Struktur und die autoritäre Einstellung, die sich manche Psychoanalytiker zugelegt haben. *»Ich halte es für sehr wichtig, daß eine Art der Ausbildung gefunden wird, in der eindeutig klargestellt ist, daß es sich in der Analyse um zwei Erwachsene handelt.«* Auf der Suche nach den Verletzungen aus der Kindheit kann es auch in der Übertragung zu einer Regression, einer kindhaften Einstellung kommen. Wenn man in einer zu kindlichen Verhaltensweise verhaftet bleibt, kann daraus eine übertriebene Abhängigkeit vom Analytiker werden.

Eindringlich warnt Margarete Mitscherlich Analytiker davor, ihre Macht zu mißbrauchen. In letzter Zeit hat besonders der »Sex-Mißbrauch« von Frauen auf der Couch Schlagzeilen gemacht. Die Patientin mag ihren Analytiker verführen wollen, aber der Analytiker muß »Triebverzicht« üben. *»Wenn er Triebschicksale analysieren und deuten will, kann er nicht gleichzeitig Triebe befriedigen.«* Deshalb sollte besonders ein Analytiker nicht vergessen, daß auch er nicht gegen Versuchungen gefeit ist. Er darf nie aufhören, sich selbst gegenüber kritisch zu bleiben. Ein Patient muß alles sagen, seine Kritik ungehemmt äußern dürfen. Damit kann er aber auch eine empfindliche Stelle beim Analytiker treffen. Wenn es sich nur um Projektionen handelt, die mit der Wirklichkeit wenig zu tun haben, wirken solche Äußerungen kaum verletzend. Anders sieht es aus, wenn damit die »Achillesferse« des Analytikers, eine verwundbare Stelle, getroffen wird, die jeder Mensch hat. *»Diese ständigen Herausforderungen für den Analytiker sollten so ein Triumphgefühl – ich bin der Mächtige, der Patient ist der Ohnmächtige – eigentlich überhaupt nicht aufkommen lassen.«*

Der Patient überträgt, er »projiziert«, also unbewußte Wünsche oder Ängste auf den Psychoanalytiker und durchlebt erneut Konflikte mit wichtigen Personen aus der Kindheit. In diesem Prozeß kommen auch zärtliche oder feindselige Gefühle wieder zum Vorschein, wie man sie gegenüber seinen Eltern empfunden hat. Gerade diese infantilen Neurosen sollen in der Analyse aufgelöst werden. Der Analytiker selbst muß ständig seine eigenen »inneren Prozesse« bewußt wahrnehmen, um den Patienten wirklich verstehen zu können. Nur wer ein einigermaßen stabiles »Ich« hat, ist fähig, das Spannungsfeld zwischen Distanz und Nähe, zu sich selbst und zum Patienten auszuhalten. Freud schwebte daher vor, daß sich Analytiker alle fünf Jahre selbst wieder in eine Analyse begeben sollten.

Ein Therapeut muß sich zudem ständig darüber Rechenschaft geben, welche Deutungen den Patienten zum jeweiligen Zeitpunkt der Analyse überhaupt erreichen können. Damit sich nicht das Wort aus »Faust« bewahrheitet: Die Botschaft hör ich wohl, allein mir fehlt der Glaube. Man soll gleichsam wie ein Taucher von der Oberfläche her langsam immer weiter in die unbekannten Tiefen vordringen. *»In der psychoanalytischen Therapie ist es gefährlich, sich vorwiegend auf seine intuitiven Fähigkeiten zu verlassen. Es ist vielmehr wichtig, sich systematische Kenntnisse der psychoanalytischen*

*Theorie und Praxis anzueignen, um mit deren Hilfe die intuitiven Wahrnehmungen der Kontrolle unterziehen zu können.«*[95]

Während der Therapie liegt der Patient auf der »Couch« und sagt, wenn es ihm möglich ist, alles, was ihm einfällt: Träume, Erinnerungen aus der Kindheit und Konflikte. Der Analytiker sitzt hinter ihm. Auf diese Weise soll jede Art von Beeinflussung des Patienten möglichst vermieden werden. Auch wenn der Analytiker sich Notizen macht, Fragen stellt und Deutungen vorschlägt, verhält er sich zurückhaltend. Heute haben sich die Erwartungen gegenüber den Psychoanalytikern verändert. Margarete Mitscherlich schreibt: *»Es ist der Psychoanalyse vorgeworfen worden, daß sie ihre Behandlungstechnik den historischen Wandlungen nicht angepaßt habe. Heute sei es angebracht, die passiv-abwartende, sich im wesentlichen auf Deutungen beschränkende analytische Haltung aufzugeben, aktiver zu werden und unmittelbar durch Ratschläge und Anweisungen einzugreifen.«*[96]

In Wirklichkeit ist die psychoanalytische Methode nur scheinbar passiv. Mit Hilfe der freien Assoziation des Patienten werden verdrängte oder unbewußt gebliebene Zusammenhänge ans Licht gebracht, die zur Ursache von symptombildenden Konflikten geworden sind. Die Psychoanalyse ist nicht nur Therapie des einzelnen, sie will auch bisher unbekannte seelische Bereiche erforschen und zu den Ursprüngen der kollektiven wie der individuellen Neurosen vordringen. Dadurch steht sie auch im Austausch mit den sich stetig verändernden sozio-kulturellen Bedingungen, erklärt Margarete Mitscherlich.

## *Hat Freud an den »Schlaf der Welt« gerührt?*

Auch in einem anderen wichtigen Punkt entfernt man sich in der Psychotherapie von den Lehren des Altmeisters. So hieß es beim »Weltkongreß der Psychotherapeuten« in Hamburg über die heutige Entwicklung: »Gegenwart und Zukunft des Menschen bekommen die zentrale Bedeutung in jeder Therapie, im Gegensatz zur bisherigen Vergangenheitsforschung, die vor allem in der Psychoanalyse betrieben wird. Man ist also, grob gesprochen, davon abgekommen, die Kindheit nach Schädigungen durchzuforschen, die jeden Menschen angeblich schicksalhaft prägen.«[97]

Kein Blick zurück mehr wie Frau Lot in der Bibel also, möchte man sagen, sondern Ausschau in die Zukunft heißt die neue Devise. *»Für mich und die Psychoanalyse bestimmt nicht! Es ist eben nicht möglich, die Zukunft ohne das Verstehen der Vergangenheit zu meistern«*, entgegnet Margarete Mitscherlich. Die Psychoanalyse sei keineswegs mit Psychotherapie oder einer möglichst schnellen Heilung des einzelnen gleichzusetzen. In der Psychoanalyse sei Heilung immer mit einer Erforschung der psychischen Grundlagen und mit den Ursachen der Erkrankung verbunden. Naturwissenschaftliche Methoden seien dabei nur bedingt von Nutzen.

Für Margarete Mitscherlich ist die Psychoanalyse Freuds der wichtigste Teil der Psychologie überhaupt. *»Keine andere psychologische Theorie dringt so tief in die menschliche Seele ein. Man darf sich aber auch nicht zu sehr an Freud klammern, sonst läuft die Psychoanalyse Gefahr, zum Dogma oder zur Ideologie zu werden. So glaube ich nicht, daß man alles nur auf die früheste Kindheit zurückführen kann, wie es hier manchmal geschieht.«* Die psychoanalytische Lehre muß, will sie als wissenschaftliche Theorie anerkannt werden, offen und selbstkritisch bleiben, ganz besonders, wenn es um die noch zu wenig entwickelte Psychologie der Frau geht – sonst besteht die Gefahr des Sektierertums.

Wie wird sich die Psychoanalyse weiterentwickeln? Kaum an einer anderen Person scheiden sich die Geister so offensichtlich wie an Freud: Den einen ist er ein Genie, Pionier und Held, den anderen ein Fälscher, Nachahmer und Schwindler.[98] Obwohl Freud durch sein Studium der Physiologie, der Lehre von den Grundlagen der menschlichen Lebensvorgänge, in der Tradition naturwissenschaftlichen Denkens stand, sah er seine Psychoanalyse den üblichen naturwissenschaftlichen Methoden als überlegen an. Viele Anhänger Freuds hatten wie er zunächst das Gefühl, fast alle Antworten auf bisher unbeantwortete Fragen gefunden zu haben. So wurde die Psychoanalyse für viele fast schon zur Religion. Manche meinten sogar, den absoluten Sinn und die endgültige Wahrheit entdeckt zu haben. *»Das hat sich immer wieder als Illusion erwiesen, und wird natürlich nie möglich sein, denn man wird nicht aufhören, neue Zusammenhänge zu entdecken. Wenn sich die Psychoanalyse von wissenschaftlicher, durch psychologische Erfahrung gewonnener Methodik entfernt, läuft sie Gefahr, in monokausale Erklärungen abzugleiten.«*

Man kann sicher alles »psychologisieren« und vergißt dann darüber die sozialen, politischen oder wirtschaftlichen Aspekte. Die Psychoanalyse sollte aber noch mehr als andere Geistesrichtungen für neue Erkenntnisse und Erfahrungen offenbleiben. Schließlich ist sie ja vor allem eine Erfahrungswissenschaft, und Freud, wie Margarete Mitscherlich ihn sieht, war alles andere als ein starrer Verfechter einer Ideologie: *»Jedesmal wenn ich Arbeiten von diesem genialen Mann lese, entdecke ich etwas Neues. Er war ein unglaublich differenzierter Beobachter. Freuds Schriften kann man daher auch heute noch mit großem Gewinn lesen, auch wenn er mit seiner Theorie der weiblichen Sexualität und manchen seiner Verallgemeinerungen sicher ein Kind seiner Zeit bleibt.«*

Heute schwanken die Haltungen zur Psychoanalyse zwischen völliger Ablehnung und begeisterter Zustimmung. Für manche Künstler und Literaten wurde sie zur Offenbarung, zum goldenen Schlüssel für das Verständnis verborgener Zusammenhänge. Anderen war sie nichts als ein Irrweg. Auf die Frage, was von Freud bleibt, meint Margarete Mitscherlich, Freud habe mit seiner Forschung an den »Schlaf der Welt« gerührt und keine Rücksicht auf Tabus und Denkhemmungen seiner Zeit genommen.

*»Auch wenn manche seiner Theorien überholt erscheinen, so hat er uns durch seine Art des Denkens Mittel in die Hand gegeben, die uns befähigen, die jeweiligen subjektiven Beeinflussungen wahrzunehmen, die unsere Theorien und intellektuellen Erkenntnisse prägen. So sind wir theoretisch und erkenntnismäßig in der Lage, Neuem gegenüber stets offenzublei-ben.«*

## *Die Methode kommt vor dem Wissen*

Die psychoanalytische Denkweise und das Wissen, wie sehr menschliches Verhalten vom Unbewußten bestimmt wird, eröffnen dem einzelnen neue Möglichkeiten zu seiner Reifung und Beziehungsfähigkeit. Das gilt auch für die Emanzipation der Frau. *»Erst die kritische Distanz der Frauen zu sich selber und der vom Mann geprägten Gesellschaft gibt ihnen die Möglichkeit zu erkennen, welchen Einfluß nach wie vor unbewußte Identifikationen mit männlichen Wertvorstellungen und männlichen Haltungen der Frauenbewegungen ausüben.«*[99] Der Psychoanalytiker Reimut Reiche ist davon überzeugt, daß in der Psychoanalyse stets die Methode vor dem Wissen stehen soll. »Auch wenn wir vertraut … gewordenes psychoanalytisches Wissen Freuds kritisch überprüfen, und dann eventuell aufgeben, kann die Psychoanalyse nur gewinnen – wenn wir an ihrer Methode festhalten.«[100]

Es war ein großes Anliegen von Freud, seine Erkenntnisse über das Individuum mit Gesellschaftskritik zu verbinden. Die Schriften über die Kultur, die Kunst, die Literatur und über gesellschaftliche Fragen machen beinahe die Hälfte seines Werks aus. Hier liegen wie so oft Irrtum und Wahrheit nah beieinander. Auch wenn im Rückblick einige Schwächen zutage treten, scheint ihm gerade seine Unbefangenheit manche noch heute gültige Entdeckung erst ermöglicht zu haben. In der Soziologie war er wenig bewandert, er kannte weder August Comtes noch Max Webers bahnbrechende soziologische Untersuchungen. Auch seine religiös-mythische Vorstellung, die Gesellschaft sei aufgrund der Tötung eines Urvaters entstanden, ist heute neben der Evolutionstheorie nicht mehr haltbar.

Die Hoffnung Freuds auf eine bessere Gesellschaft ohne das vernunftwidrige, unberechenbare Verhalten des einzelnen wie des Kollektivs hat sich nicht erfüllt. Auch wenn das Wort von Karl Kraus von Kritikern der Psychoanalyse immer noch gern zitiert wird: »Die Psychoanalyse ist jene Krankheit, für deren Therapie sie sich hält«, kann doch nach Sigmund Freud niemand mehr die Macht unbewußter Kräfte leugnen. Freud war nüchtern in der Beurteilung der Menschen. »Ich kann nicht Optimist sein, unterscheide mich aber von den Pessimisten, glaube ich, nur dadurch, daß mich das Böse, das Dumme, Unsinnige nicht aus der Fassung bringt, weil ich es von vornherein in die Zusammensetzung der Welt aufgenommen habe.«[101]

Freud hat sich darum bemüht, der Psychoanalyse als Theorie, als Diagnoseform, als Behandlungsmethode allgemeine Anerkennung zu verschaffen. Jedoch sperrte er sich gegen experimentelle Untersuchungen und standardisierte Tests, wie sie heute auf anderen naturwissenschaftlichen Gebieten gang und gäbe sind. Freud wehrte sich auch dagegen, seine Erkenntnisse aus der Therapie überprüfen zu lassen. Er meinte, man könne die »psychische Realität« nicht im Experiment erfassen. Einzig die psychoanalytische Behandlungssituation würde Einsicht in die psychischen Mechanismen gewähren.[102]

Gerade in dieser Beziehung mußte die Psychoanalyse in letzter Zeit einige Kritik einstecken, obwohl Analytiker wie Rorschach oder Szondi versucht haben, verschiedene Tests zu entwickeln. Nach Klaus Grawe fehlen stichhaltige Belege für die Wirksamkeit ihrer Therapie. Daher werde ihr Status als Therapieform nicht sehr hoch veranschlagt. Nach psychoanalytischer Vorstellung können nur durch Langzeitanalysen so tiefgreifende und dauerhafte Persönlichkeitsveränderungen bewirkt werden, daß man von einer »Heilung« im eigentlichen Sinne, also einer Behebung nicht nur der Symptome, sondern auch der Ursachen sprechen kann. Die »Wiederherstellung« der Persönlichkeit – nach dem Durcharbeiten und Auflösen der Übertragungsbeziehung – nimmt einen Zeitraum von mehreren Jahren mit wöchentlich drei bis fünf Therapiesitzungen und einer Gesamtdauer von mehreren hundert Stunden in Anspruch, erklärt Grawe. Die psychoanalytische Methode ist für Edith Kurzweil aber auch ohne vollständige »Heilung« ein Erfolg, wenn sich mit ihrer Hilfe die Patienten zeitweise besser fühlen und ihr inneres Gleichgewicht finden können. Was man sich unter einem Zustand der sogenannten »Normalität« vorzustellen hat, meint sie, konnten ohnehin weder Freud noch andere Analytiker genau definieren.

## *Karl Popper: Sie versiegelt sich selbst*

Mancher fragt sich, ob Tiefenpsychologie überhaupt einen Anspruch auf Wissenschaftlichkeit erheben soll. Der Philosoph Karl Popper zum Beispiel findet, alles, was nicht widerlegbar, nicht falsifizierbar sei, könne auch keine gültige wissenschaftliche Theorie sein. Popper wirft der Psychoanalyse vor, sie mache sich durch eine Art »Selbstversiegelung« unwiderlegbar, weil sie kein mögliches Verhalten von Menschen ausschließe. Was immer ein Mensch tut, wird als Bestätigung der psychoanalytischen Theorie gedeutet. Ob ein Mensch ins Wasser springt, um unter Einsatz seines Lebens ein Kind zu retten, ist für Popper psychoanalytisch gesehen genauso erklärbar, wie wenn derselbe Mensch ein Kind ins Wasser wirft, um es zu töten. »Man könne sagen, daß in einer solchen Theorie die Theorie mit eingebaut ist, sie sei unwiderlegbar. Besonders deutlich ist das in der psychoanalytischen Einstellung der Kritik gegenüber, nämlich daß die Kritik psychoanalysiert werden muß und daß das dann eine hinreichende Antwort auf jede Kritik ist.«[103]

Im psychischen Bereich aber sind Theorien wissenschaftlich besonders schwer zu beweisen oder zu widerlegen, schon weil gerade hier nichts eindeutig ist. *»Hier gilt eine andere Denkweise als die positivistische Methode Poppers. Handelt es sich doch um ausgesprochen vielschichtige und langwierige Prozesse, weil die Seele sehr komplex und schwierig zu erforschen ist.«* Aber grundsätzlich bewegt sich Margarete Mitscherlich doch auf dem Boden der Popperschen Kritik. *»Wir laufen immer Gefahr, aus einer offenen Theorie eine Glaubenssache und ein geschlossenes Weltbild zu machen. Das gilt auch für den Psychoanalytiker, der glaubt, sich im Seelenleben genau auszukennen und die letzte Wahrheit zu besitzen.«* Diesem Irrtum sind die Mitscherlichs jedoch nicht erlegen. Sie haben die Psychoanalyse nicht isoliert, sondern im Gedankenaustausch mit anderen Humanwissenschaften betrieben. Eine »ungeschichtliche« Psychoanalyse hat die lebensnahe Wechselwirkung zwischen dem einzelnen und seinem gesellschaftlichen Umfeld häufig vernachlässigt.

Vor allem: In der Psychoanalyse geht es um die Fähigkeit, zu verstehen, sich in andere Menschen einzufühlen und sich selbst und der Gesellschaft gegenüber kritisch zu bleiben. Als Grundregel gilt, man kann nur nachempfinden, was man selbst erfahren und verarbeitet hat. Das heißt, daß wir nicht von einem von vornherein festgelegten Bild des Menschen oder von einer abgeschlossenen Vorstellungswelt ausgehen können. Aber bei allem Willen zur Objektivität werden wir natürlich immer beeinflußt von der Umgebung, in der wir aufwachsen. Das gilt auch für Freud. Dabei war er – vielleicht anders als mancher moderne Forscher – ein hochgebildeter, »universaler« Mann, der sich mit den verschiedensten Kulturen und Philosophien beschäftigt hatte, erklärt Margarete Mitscherlich.

Daß die Psychoanalyse alles andere als leicht verständlich ist, zeigt ein Blick auf den komplizierten Begriffsapparat mit einer Fülle von schwer verständlichen und oft nicht eindeutig verwendeten Fremdwörtern. Andererseits führt heute fast jeder psychologische Begriffe im Mund, und das Interesse an der Populärpsychologie nimmt ständig zu. Margarete Mitscherlich ist der Ansicht, auch wenn bestimmte Begriffe unverstanden verallgemeinert würden, träfen sie doch meist einen richtigen Punkt, wie zum Beispiel der Begriff Identität. *»Freud ging es auch darum, mit Begriffen neue Wirklichkeiten zu schaffen, so wie im Gespräch zwischen Analytiker und Patienten meist etwas Neues entsteht. Die Analyse arbeitet wie ein Leuchtturm, der immer neue Stellen ausleuchtet und ins Bewußtsein bringt. Es gibt keine endgültigen Erklärungen. Immer wieder kommt Neues hinzu, wodurch sich das Gesamtbild verändert.«*

Für den Laien ist es schwierig zu verstehen, über welche Themen in den oft vehement geführten Auseinandersetzungen der verschiedenen psychoanalytischen Richtungen eigentlich gestritten wird. Margarete Mitscherlich spricht in Anlehnung an Sigmund Freud vom »Narzißmus der kleinen Unterschiede« und warnt ausdrücklich davor, Theorien zu Ideologie werden zu lassen. Sie empfindet es als »gefährlich«, wenn für eine bestimmte psychoanalytische Theorie ein »Glaubensbekenntnis« verlangt wird. Besonders die Selbstidealisierung mancher Kollegen und ihre Überzeugung, die Wahrheit »für alle Menschen und für alle Zeiten« gefunden zu haben, behindere jede wissenschaftliche Weiterentwicklung.

Außenstehende verwundert es, daß gerade Psychoanalytiker sich ständig in den Haaren liegen. In der Psychoanalyse bemühe man sich doch, unbewußte Motive eigener Handlungen aufzudecken. Doch diese Arbeit an sich selbst scheint bei vielen Analytikern nichts bewirkt zu haben. Psychoanalytiker fühlen sich, weil sie oft noch empfindsamer als andere Wissenschaftler sind, besonders leicht gekränkt. Gerade in diesen Kreisen scheinen Neid und Rivalität an der Tagesordnung zu sein.

*»Es stellt sich die Frage, ob es sich bei den Psychoanalytikern um eine ganz besonders streitsüchtige Spezies handelt oder ob diese Form des Umgangs allen Intellektuellen eigen ist. Jedenfalls teilen sie diese Eigenschaft mit den Literaten und allen, die sich mit der menschlichen Psyche, mit den Feinheiten der Gefühle auskennen. Sie können die Schwächen ihrer Gegner genau herausspüren und verwenden dann ihr Wissen, um sie damit bloßzustellen.«*

Nicht vergessen hat Margarete Mitscherlich die besänftigenden Worte ihres Freundes Steven Marcus: »Kultur entsteht durch den Krieg *(warfare)* der Intellektuellen.« Alexander Mitscherlich hat die sich streitenden Psychotherapeuten einmal spöttisch mit »Platzhirschen« verglichen, die unaufhörlich röhren, um damit Konkurrenten in ihrem Bereich zu übertönen.[104]

Der Kampf um die reine Lehre ist nach Annemarie Dührssen schon in der Entstehungszeit der Psychoanalyse angelegt. Freuds zentrale Ideen haben große Ähnlichkeiten mit Gedanken Schopenhauers, Nietzsches und Eduard von Hartmanns. Anhänger Freuds versuchen hingegen oft aufzuzeigen, daß es sich bei der Psychoanalyse um eine ureigene Schöpfung Sigmund Freuds handele. Zum Kernpunkt späterer Streitigkeiten sollte besonders die Neigung Freuds werden, viele Begriffe, Ideen und Methoden von älteren Autoren, Kollegen und Schülern zu übernehmen, ohne immer auf die Quellen hinzuweisen.[105] Das Thema des Plagiats zieht sich wie ein roter Faden durch Freuds Briefwechsel mit seinen Anhängern und Gegnern. *»Je berühmter jemand ist, um so häufiger wird der Vorwurf des Plagiats erhoben. Selbst neue Ideen werden nie ganz neu sein, sondern an andere Gedanken anknüpfen.«*

Annemarie Dührssen glaubt, diese menschliche Schwäche bei einer so schöpferischen Persönlichkeit wie Sigmund Freud aus dessen Lebensgeschichte heraus verstehen zu können. Dabei denkt sie an die Armut seiner jungen Jahre und die Diebstahlerlebnisse, über die er aus seiner Kindheit selbst berichtet habe. Viele Zwistigkeiten seien darauf zurückzuführen, daß es oft unklar geblieben sei, um wessen »geistiges Eigentum« es sich bei vielen Erkenntnissen der Psychoanalyse eigentlich handle. Die sich immer wieder durchsetzende Tendenz, neue Gedankengänge von Abweichlern oder Abgefallenen zunächst abzuweisen, dann totzuschweigen, um sie schließlich leicht abgewandelt als neue eigene Ideen der Öffentlichkeit vorzutragen, hätte sicher für das gesamte Ansehen der Psychoanalyse nachteilige Folgen gehabt, schreibt Dührssen.[106]

## *Ein heißer Kampf*

Als Margarete Mitscherlich nach dem Krieg nach London kam, tobte ein heißer Kampf unter den Psychoanalytikern, zwischen Freudianern und Kleinianern. *»Diese Feindseligkeiten und diese Vorurteile waren geradezu unglaublich«*, erinnert sie sich. Trotz aller Heftigkeit kam es doch nicht zur endgültigen Spaltung. Phyllis Grosskurth – die Biographin von Melanie Klein – schreibt dazu: »Mag man vor deutschen Bomben Angst gehabt haben, aber noch mehr Angst hatte sie (Melanie Klein) vor der Invasion deutschsprachiger Analytiker und der Einnahme ihres Territoriums durch sie, gar nicht zu reden von Kollaborateuren.«[107]

Selbst in der kleinen, bei der breiten Öffentlichkeit wenig bekannten Zeitschrift *Psyche* kam es unter den Mitarbeitern immer wieder zu Zänkereien und Machtkämpfen. Vom Inhalt her ging es bei den jahrelangen Streitigkeiten etwa um die Frage, ob man mit psychoanalytischen Methoden den Zustand der Gesellschaften untersuchen oder sich mehr auf die Patienten konzentrieren sollte. Margarete Mitscherlich wollte von diesem »Familienzwist« aber nichts wissen: *»Plötzlich war ich die böse Feindin, und es gab mir gegenüber keine Hemmungen mehr. Man hat mir alle möglichen Dinge vorgeworfen, es war ziemlich schlimm.«* Mit dem *Psyche*-Konflikt hat sie am eigenen Leib erfahren, wie wehrlos ein Mensch werden kann, wenn er von ihm nahestehenden Personen zum Sündenbock gemacht wird. *»Ähnliche Auseinandersetzungen gibt es wohl auf der ganzen Welt, wenn Psychoanalytiker und Intellektuelle aufeinandertreffen«*, gibt Margarete Mitscherlich zu bedenken. Ihre Gegner haben damals versucht, sie aus der *Psyche* zu entfernen. Damit wollten sie ihr gleichzeitig den geistigen Anteil am Erbe ihres Mannes, am Sigmund-Freud-Institut streitig machen, das sie mitbegründet hat. Gegen beide Versuche aber hat sie sich mit Erfolg zur Wehr zu setzen gewußt.

Vielleicht ist das Bedürfnis nach Feindbildern in manchen deutschen Kreisen noch stärker ausgeprägt als anderswo. Gruppierungen sind ohne ein gemeinsames Feindbild schwer zusammenzuhalten. Das sei leider traurige Wirklichkeit, erklärt Margarete Mitscherlich. Sie hat trotzdem versucht, einen eigenständigen Weg zu gehen.

*»Ich bin nicht bereit, Vorurteile anderer Leute zu übernehmen, selbst die meiner besten Freunde. Das scheint mir absurd. Ich denke auch, je intelligenter ein Mensch ist, um so größeren Wert legt er darauf, sich eine eigene Meinung zu bilden. Oft kommt man natürlich nicht daran vorbei, sich bei Auseinandersetzungen für eine Gruppe zu entscheiden, ob man will oder nicht. Denken Sie nur daran, daß früher Menschen gesellschaftlich für tot erklärt wurden, wenn sie es zum Beispiel wagten, aus der protestantischen oder katholischen Gemeinschaft auszuscheren.«*

Die zwölf Jahre Hitler-Diktatur sind ein Beispiel dafür, welche Ausmaße narzißtische Wut annehmen kann. *»Der in seinem Selbstwert gekränkte ›Führer‹ konnte sich in die Wünsche und Frustrationen des narzißtisch gekränkten Volkes einfühlen, das sich nach dem verlorenen*

*Krieg als zweitrangig erlebte, und er konnte instinktiv herausspüren, wie dessen Wünsche nach Rache und Kompensation durch Größengefühle zu befriedigen waren. Destruktive Aggression in höchstem Ausmaß war die Folge.«*[108] Freud hat in seinem Werk *Massenpsychologie und Ich-Analyse* aufgezeigt, daß Völker, die sich als zweitrangig erleben, sich mit Hilfe eines Führers leicht zu destruktiven Ausschreitungen hinreißen lassen.

Nach dem »Vater der Psychoanalyse« passen wir uns mit Hilfe der Idealisierung den Forderungen einer Gesellschaft an. Es wird uns von früh an eingetrichtert, unsere zerstörerischen Kräfte auf andere zu projizieren. Die Herrschenden werden idealisiert und verklärt, die Masse genießt es mit einem »sadomasochistischen« Gefühl, sich ihnen zu unterwerfen, und fühlt sich durch den Haß auf gemeinsame Feinde geeint. Feindbilder sollen den Selbsthaß mildern, können aber zur Selbstzerstörung ganzer Kollektive führen. *»Einzig durch Selbsterkenntnis kann man lernen, mit der zerstörerischen Aggressivität umzugehen«*, hat Margarete Mitscherlich erkannt. Zugleich sollte man die Fähigkeit entwickeln, sich in das Leid des anderen einzufühlen. Nach der goldenen Regel der Menschlichkeit als Aufforderung zum sittlich richtigen Verhalten gegenüber anderen: »Was du nicht willst, das man dir tu, das füg auch keinem anderen zu.«

## *Ideale, die zur Gewalt führen*

Revolutionen und gewaltsame Umstürze für die Ideale der Menschheit von Freiheit, Gerechtigkeit und Gleichheit enden häufig zerstörerisch. Es bewahrheitet sich immer wieder, daß Revolutionen ihre eigenen Kinder fressen. Gerade hier tritt das Kräftespiel zwischen einzelnen und dem Kollektiv besonders kraß zutage, wie Margarete Mitscherlich konstatiert. Nach Friedell ist die Geburtsstunde der Revolution der Augenblick, »wo sich irgendein öffentliches Unrecht in irgendeiner menschlichen Seele in Erkenntnis verwandelt«.

Nur zu oft werden Menschen zu Revolutionsführern, die ihre »eigenen Erniedrigungen« durch rücksichtslose Machtansprüche zu kompensieren trachten. Ohne Selbstreflexion verfallen auch Kämpfer für hehre Ziele einem zerstörerischen Wiederholungszwang und ungehemmten Aggressionen, *»ob sie individuell oder kollektiv ausgelebt werden, sie enden in der massenhaften Zerstörung anderer und damit letztlich auch in der Selbstzerstörung«*. Durch ihr Verhalten haben Anführer von Freiheitsbewegungen auf der ganzen Welt solche Überlegungen Margarete Mitscherlichs oft genug bestätigt.

Als Feministin weist sie immer wieder darauf hin, daß nur die eine Hälfte der Menschheit, nämlich die Männer, gewalttätig sind, die andere, die Frauen, dagegen *»so gut wie gar nicht«*. In der Geschichte sind Gewaltverbrechen hauptsächlich von Männern verübt worden, nur selten sind »Weiber zu Hyänen« geworden und haben sich an Greueln beteiligt. In ihrem Buch *Die friedfertige Frau* schreibt sie, daß aber auch das Bild von der »nicht-aggressiven, friedfertigen Frau« nicht der Wirklichkeit entspricht. *»Nach allem, was wir wissen ... sind bei den Geschlechtern, von Geburt an, aggressive Potentiale vorhanden und können jederzeit geweckt werden ... Der Unterschied der Geschlechter besteht lediglich in der Verarbeitung und Äußerung aggressiver Impulse oder Triebregungen, was allerdings von grundsätzlicher Bedeutung ist.«*[109]

Es stellt sich die Frage, ob sich im Verhalten der Frauen, wie Beispiele aus den Vereinigten Staaten es vermuten lassen, ein neuer Trend abzuzeichnen beginnt. »Der Applaus für einen Film wie Thelma and Louise und für Lorena Bobbitt, die ihren schlafenden Gatten entmannte, läßt darauf schließen, daß das allzu gefällige Bild von der angeborenen Friedfertigkeit der Frauen nicht mehr behagt«, schreibt die *Frankfurter Allgemeine Zeitung*[110]. In den amerikanischen Streitkräften sind heute bereits 11,5 Prozent Soldatinnen. Immer mehr Bewerberinnen wollen sich auch an kriegerischen Auseinandersetzungen beteiligen, die heute noch den Männern vorbehalten sind. Zudem zeigen Statistiken, daß der Prozentsatz von Gewalttaten bei Frauen sogar rascher zuzunehmen scheint als bei männlichen Verbrechern. Margarete Mitscherlich weist aber auch darauf hin, daß sich unter den Gefängnisinsassen in den USA insgesamt nur etwa 7 Prozent Frauen befinden.

Auf der Suche nach neuen Rollenbildern ist es sicher ein Mißverständnis weiblicher Emanzipation, wenn Frauen den Umgang mit Gewalt und Aggression von den Männern übernehmen. Gerade in unserer Zeit ist ein weiblicher Beitrag für eine friedlichere Welt nötiger denn je. *»An der Frau liegt es, männlichem Imponier- und Darstellungsgehabe, dieser Wurzel vieler Gewaltakte und kriegerischer Auseinandersetzungen, die zur Aufrechterhaltung solcher Mentalität notwendige Bewunderung zu versagen, die eigenen Identifikationen mit männlichen Wertvorstellungen zu überprüfen und in Frage zu stellen.«* Ob bei Frauen oder bei Männern, bis heute gibt es noch keine eindeutige Erklärung für aggressives Verhalten von Menschen.

## *Zwischen Eros und Thanatos*

Freud hat seine Theorien zu dieser Frage im Verlauf seiner Forschungen einige Male verändert. Anfangs betrachtet er die Aggression nicht als einen eigenständigen Trieb, sondern als einen Teil der Libido. Er glaubt, daß zum Sexualtrieb ein »Bemächtigungstrieb« gehöre, der sich im Sadismus oder im Masochismus äußere. Später kommt die sogenannte Frustration-Aggressionstheorie hinzu. In seiner Schrift *Triebe und Triebschicksale* sieht er den menschlichen Haß als Quelle der Zerstörung, bis er zu dem Schluß kommt, daß es einen nichtsexuellen Aggressionstrieb gibt. Aggression ist bei Freud zwar naturgegeben, aber doch steuerbar.

Und dann entdeckte Freud den Todestrieb und stellte sich vor, daß es neben dem lebenserhaltenden Eros, der auf die Fortpflanzung ausgerichtet ist, noch den Thanatos, einen Todestrieb, gäbe. *»Der Todestrieb bewirkt, daß wir uns neben dem Wunsch zu leben auch nach Ruhe sehnen und wieder leblos werden wollen«*, erklärt Margarete Mitscherlich. Durch unterdrückte Aggression können sich Menschen selbst schädigen, weil sich der »Todestrieb« gegen das eigene »Ich« richte. Eros und Thanatos erscheinen als die beiden wesentlichen Mächte, die den Verlauf des menschlichen Schicksals bestimmen. Ein Beispiel für die zerstörende Kraft des Todestriebs findet Margarete Mitscherlich im Leben Kafkas. In einem Essay über ihn schreibt sie: *»Schließlich konnten aber alle dichterischen Selbstheilungsversuche die Entwicklung seiner Lungen- und Kehlkopftuberkulose und damit seinen frühen Tod nicht verhindern. Zu dem Ausbruch seiner Lungentuberkulose bemerkte er: ›So geht es nicht weiter, hat das Gehirn gesagt, und nach fünf Jahren hat sich die Lunge bereit erklärt zu helfen.‹«*[111]

Diese beiden Kräfte sind, wenn auch in unterschiedlichem Ausmaß, in jedem Menschen vorhanden. Wie ambivalent unsere Haltung zu Leben und Tod ist, soll eine Äußerung des bekannten Bergsteigers Reinhold Messner illustrieren: *»Ich gehe durch das Todesrisiko, um dabei lebend herauszukommen.«* Auffallend ist der immer stärker werdende Trend zu Extrem-Sportarten, bei denen man oft leichtfertig sein Leben aufs Spiel setzt. Man weiß noch immer nicht genau, ob im Sport Aggressionen abgebaut werden oder ob die Bereitschaft zu aggressiven Handlungen noch zunimmt. Ein empirischer Beweis für alle diese Hypothesen konnte bisher nicht erbracht werden.

Es wäre sicher eine verzerrte Sicht der Dinge, wollte man nur die zerstörerische Seite der Aggressionen sehen. Ohne jede Aggression könnte niemand in seinem Lebenskampf bestehen. *»Man braucht Aggressionen bekanntlich auch, um sich durchzusetzen, ein eigenes Ich aufzubauen, sich die notwendige Distanz in seinen mitmenschlichen Beziehungen zu erobern, auch um nein sagen zu können und Liebesverluste* *zu ertragen – was Frauen bekanntlich besonders schwerfällt.«* Alles hängt davon ab, wie man mit seinen Aggressionen umgeht, und das entscheidet sich oft schon in der Kindheit. Nur eine einfühlende Erziehung ist in der Lage, dem Kind zu zeigen, wie es ein ausgewogenes Maß zwischen Aufbegehren und Anpassung, zwischen Durchsetzungsvermögen und Rücksichtnahme finden kann. *»Verbotsmorale, so sagte schon Freud, unterdrücken zwar Aggressionen, verhindern aber nicht, daß diese sich dann andere und noch gefährlichere Auswege suchen.«*

Alexander Mitscherlich stand Freuds Theorie vom Todestrieb stets skeptisch gegenüber, ohne den Aggressionstrieb zu leugnen. Mitscherlich hoffte, daß durch einen Lernprozeß die zerstörerische und selbstzerstörerische Neigung der Menschen abgebaut werden könnten. Für ihn ist die Aggression nicht so sehr ein biologisches Phänomen als vielmehr ein soziales Problem, das sich im Umgang unter den Menschen vollzieht. Die ausschlaggebende Ursache für Aggressionen ist die durch »Erziehung zu Vorurteilen« entstandene Dummheit. »Man muß demnach die Bekämpfung dieser erzieherisch oft unbemerkt und unbewußt erzeugten Dummheit zu den wesentlichsten Aufgaben der Friedenssicherung zählen.«[112] Als skeptischer Aufklärer wußte Mitscherlich um die Grenzen menschlicher Vernunft.

## *Haben sich bloß die Symptome verändert?*

Alexander Mitscherlich ging es darum, die Psychoanalyse auch »jenseits der Couch« anzuwenden. Er suchte eine Öffnung zur Sozialpsychologie. »Mitscherlichs sozialpsychologische Untersuchungen zur jüngsten deutschen Geschichte zählen zu den raren Anstrengungen, die Macht des Schicksals mit der Macht der Erinnerung zu konfrontieren«, schreibt Hans-Martin Lohmann. Am Ende seines Lebens aber zweifelte er, ob es mit Hilfe der Psychoanalyse wirklich gelungen war, den Deutschen die Ursachen für ihre nationalsozialistische Vergangenheit bewußter werden zu lassen. Auf die Frage, was die Psychoanalyse wirklich zum Verständnis des »Hitlerismus« beitragen konnte, vermochte Mitscherlich keine »befriedigende analytische Antwort« zu geben, die über die bekannten historischen Ursachen hinausging. »Die Analyse kennt keine andere Hilfe als den Rat, endlich die Trauerarbeit zu leisten, sich zu erinnern und den Irrglauben, man könne durch Verdrängen und Vergessen Geschehenes ungeschehen machen«, schreibt Iring Fetscher.[113]

Mitscherlich war nach Fetscher der Ansicht, die »Triebschicksale« der modernen Menschen verliefen zwar anders als zur Zeit Freuds, das aber hieße keinesfalls, daß eine seelische Befreiung stattgefunden hätte. Durch das neue soziale Umfeld haben sich nur die neurotischen Symptome verändert, an die Stelle des Rollenspiels der Hysteriker »sind Charakterstörungen, narzißtische Neurosen, ›borderline cases‹ und vor allem eine Fülle psychosomatischer Störungen getreten«. Wie für Freud war auch für Alexander Mitscherlich die Psychoanalyse nicht nur eine Therapieform, sondern auch eine »Kulturmethode«.

Alexander Mitscherlich stirbt am 26. Juni 1982 im Alter von 73 Jahren. Die Meinungen seiner Kollegen über ihn waren kontrovers. Horst-Eberhard Richter erinnert sich, intern hätten die Psychoanalytiker zwar Vorbehalte gegenüber ihrem »kreativsten Mitglied« gehabt, als »Botschafter, der ihre eigene politische Sprachlosigkeit kompensierte«, sei er ihnen aber doch recht gewesen.[114] Und Annemarie Dührssen geht sogar so weit, daß sie in Frage stellt, ob Mitscherlich überhaupt eine »reguläre analytische Ausbildung« erhalten habe.[115]

Margarete und Alexander Mitscherlich (1977)

*Den ganzen Menschen verstehen*

Nach Mitscherlichs Tod hat sich das von ihm gegründete Sigmund-Freud-Institut immer mehr von politischen Fragen abgewandt und zunehmend auf die Behandlung von Patienten konzentriert. Analytiker, die morgens ihre Patienten analysieren und sich nachmittags der Gesellschaftskritik widmen, sind in der Minderzahl, meint Edith Kurzweil. Auch in ihren Zielvorstellungen sind die Psychoanalytiker Deutschlands gespalten geblieben. Die eher »rechtsgerichteten Freudianer« setzen darauf, daß der einzelne durch die Analyse so selbständig und widerstandsfähig wird, daß er sich auch gegenüber den Zwängen der anonymen Massengesellschaft behaupten kann und sich nicht entmündigen läßt. Die eher »linksorientierten« Analytiker hingegen sind der Ansicht, die individuelle Autonomie müsse auf politischem Weg erkämpft werden, da die Neigung nicht abnehme, Verantwortung auf einen Führer oder eine Regierung zu übertragen.[116]

Aus dem Sigmund-Freud-Institut soll ein reines Forschungsinstitut werden. Das wäre sicher auch im Sinn von Alexander Mitscherlich, dem die Forschung immer viel bedeutet hat. Er hat wie kaum ein anderer auf seinem Gebiet die geistige und kulturelle Entwicklung im Nachkriegsdeutschland mitgeprägt. Selbst der Soziologe Helmut Schelsky, einer seiner schärfsten Kritiker, respektiert ihn als einen hervorstechenden Intellektuellen der Linken. »Alexander Mitscherlich ist kein Irgendwer, sondern ein führender wissenschaftlicher Schriftsteller und Zeitkritiker von großer allgemeiner Anerkennung … er ist geradezu ein Musterbeispiel für die literarisch-politische Verwendung der Psychoanalyse, die sich von ihrem Bezug auf Heilung von kranken Individuen gelöst und sozialpsychologisch spekulativ geworden ist.«[117]

Die *Neue Zürcher Zeitung*, ein international angesehenes Blatt, das die Entwicklung in Deutschland aus angemessener Distanz beurteilt, schreibt in ihrem Nachruf über Alexander Mitscherlich: »Er hat gedacht wie ein Philosoph, wie ein Arzt, wie ein Psychoanalytiker, wie ein Sozialpsychologe, und er hat geschrieben wie ein Wissenschaftler, wie ein Schriftsteller, wie ein Politiker: er hat sich aller Disziplinen und Mittel bedient in seinem Anliegen, den Menschen in seiner Ganzheit zu verstehen.«[118]

10.
# Altes Deutschland – neues Deutschland

An den Diskussionen über das Schicksal des geteilten Deutschlands hatte das Psychologenpaar Mitscherlich von der ersten Stunde an rege teilgenommen. Seine Sorge um die Zukunft des verunsicherten Landes hatte es zu kritischen Analysen veranlaßt und bisweilen auch zu heftigen polemischen und leicht mißverständlichen Äußerungen verleitet. So als Margarete Mitscherlich vor einigen Jahren in einer familienpolitischen Debatte im Fernsehen eine Bemerkung machte, die ihr viele Feinde, ja Beschimpfungen und sogar Morddrohungen einbrachte. *»Wissen Sie, daß die Deutschen aussterben – so wie sie bisher waren –, das kann man eigentlich nicht bedauern. Zwei Weltkriege haben sie vom Zaun gebrochen, millionenfachen Völkermord haben sie hinter sich gebracht.«*

Diese Äußerung war natürlich nicht so gemeint und ist nur aus der erhitzten Atmosphäre der Auseinandersetzungen zu erklären. Margarete Mitscherlich wollte sagen, es sei besser, wenn bestimmte negative Eigenschaften der Deutschen sich nicht »fortpflanzten«. Sie hat in der »Deutschen Frage« oft den Finger auf die Wunde gelegt. Ihr Kampf für die Befreiung der Frau und ihre scharfe Kritik an der bestehenden patriarchalischen Gesellschaft Deutschlands forderten manchen Journalisten zu heftiger Polemik heraus.

So läßt die *Frankfurter Allgemeine Zeitung* ihren Mitarbeiter Eckhard Henscheid das Mitscherlich-Werk *Die Unfähigkeit zu trauern* in geradezu diffamierender Weise angreifen. Henscheid bezweifelt gar, daß Frau Mitscherlich das Buch überhaupt verstanden und gemeinsam mit ihrem Mann geschrieben hat. Frau Mitscher-

Mit Ehrenplakette der Stadt Frankfurt am Main (1991)

lich sei nur die »böse Witwe« eines berühmten Mannes, die von dessen Ruhm lebe und im Grunde weder von der Psychoanalyse, der Politik oder der Gesellschaft etwas verstünde.

Dazu schreibt Jürgen Habermas in einem Leserbrief: »Wenn die F.A.Z. etwas gegen die Praxis der Vergangenheitsbewältigung – und deren problematische Züge – hätte sagen wollen, hätte sie dieses heikle Thema mit spitzen Fingern analysieren können. Statt dessen instrumentalisiert sie die bösartigen Tiraden eines Wirrkopfes, der seinem unglücklichen Hang zur Satire nachgibt, ohne die deutsche Sprache zu beherrschen: das einzig verständliche sind die Zitate aus dem Buch ›Die Unfähigkeit zu trauern‹, die Henscheid vergeblich demontieren möchte ...«[119]

## *Die Rückkehr alter Parolen*

In ihren Schriften hat Margarete Mitscherlich immer wieder kritisiert, daß die Deutschen sich zu wenig mit den psychischen Ursachen des Antisemitismus auseinandergesetzt hätten und die Gefahr des Fremdenhasses keineswegs gebannt sei. Die Wiederkehr rechtsextremistischer Tendenzen und Ausschreitungen in den letzten Jahren haben Margarete Mitscherlich zur Überraschung vieler ihrer Gegner in ihrem kritischen Urteil weitgehend bestätigt.

Aus internationaler Sicht scheint Deutschland im Vergleich zu Frankreich, Italien, Österreich und Belgien den Rechtsextremismus besser unter Kontrolle zu haben. Der englische *Economist* schreibt, daß im historisch gefährdeten Deutschland der Rechtsextremismus unter Schönhuber sich politisch selbst zerstört habe. Den »konservativen« Parteien sei es gelungen, diese Kräfte zu integrieren. Außerdem seien diese konservativen Strömungen heute nicht nationalistisch, sondern proeuropäisch und international ausgerichtet. In den meisten anderen westeuropäischen Ländern hätten die rechtsextremen Kräfte während der Rezession überall zugenommen.[120] Auf der anderen Seite treten verstärkt radikale Jugendgruppen wie die »neonazistischen« Skins mit ihrem aggressiven Männlichkeitskult auf. Nach Berichten des Verfassungsschutzes ist ihre Zahl von 500 im Jahr 1990 auf 6400 im Jahr 1992 angestiegen. Und die Meldungen vom ausländerfeindlichen Verhalten dieser Gruppen mehren sich.

Vor einiger Zeit hat Margarete Mitscherlich in ihrem Briefkasten ein Flugblatt mit den Sätzen gefunden: »Wir danken alle Gott, daß es Aids gibt, damit die Schwulen allesamt krepieren! Ausländern, Asylbewerbern, Juden wird Ähnliches gewünscht.« Was unterscheiden solche Sätze vom Gedankengut der Nationalsozialisten? Die Mitscherlichs hatten davor gewarnt, die »Symbole« könnten sich zwar ändern, die rechtsextremistischen Grundmuster blieben aber erhalten. »Das Nazi-Erbe oder die unreflektierte Kontinuität nazistischen Denkens wurden im stillen toleriert oder verdrängt, zumindest fahrlässig übersehen«, schreibt *Die Zeit* und sieht in der Auseinandersetzung mit den modernen Erben Hitlers die wirkliche Aufgabe der Demokraten im wiedervereinigten Land.[121]

Am Ende des Krieges lag das gesamte deutsche Volk *»in einer Weise besiegt und schuldbeladen am Boden, wie es bei einer Kulturnation bisher noch nie vorgekommen ist. Deutschland war insgesamt begeistert Hitler gefolgt.«* Nach Margarete Mitscherlich haben die Deutschen in Ost und West Hitler auf ihre »deutsche« Art geliebt, das heißt, sie haben ihn idealisiert und zum »größten Führer« aller Zeiten gemacht. *»Er hat ihnen das eigene Ich-Ideal ersetzt. Mit Größenphantasien, die er für sie verkörperte, konnten sie ihre Gefühle der Minderwertigkeit, ihre Ressentiments, die ewigen Verlierer zu sein, kompensieren.«*[122] Immer noch setzt sie auf das Mitgefühl für die Not der anderen und auf ein kritisches Bewußtsein der Deutschen sich selbst gegenüber. *»Nur wem seine eigenen gefährlichen Vorurteile bewußt geworden sind, der kann helfen zu verhindern, daß Menschen nicht mehr willkürlich verfolgt und getötet werden.«* Doch nun beherrschen rassistische Vorstellungen und das Denken in Freund- und Feindschemata viele Menschen in diesem Land. Aus der Vergangenheit zu lernen – wie man es noch nach dem Krieg gehofft hatte – scheint uns nur selten zu gelingen, meint Margarete Mitscherlich ernüchtert.

### *Aus der Geschichte lernen*

Was aber haben die Deutschen aus ihren Erfahrungen wirklich gelernt? Die Verfassung der Bundesrepublik von 1949 zeigt, daß man sich damals der Irrwege der Vergangenheit bewußt war und daraus die Lehren ziehen wollte. Daß Auschwitz sich niemals wiederholen dürfe, war bis vor wenigen Jahren das Credo, das die alte Bundesrepublik zusammenhielt, erklärt Margarete Mitscherlich. *»Die erste Hälfte des 20. Jahrhunderts ist eine einzige Katastrophe, da bricht die ganze Humanität und Kultur zusammen. Auschwitz war das Mahnmahl der Unmenschlichkeit. Nach 1945 waren sich alle einig, daß so etwas niemals wieder geschehen soll.«*

Dazu hat sich auch Theodor Heuss 1949, nach seiner Wahl zum Bundespräsidenten, ausdrücklich bekannt, als er sagte: »Wir stehen vor der großen Aufgabe, ein neues Nationalgefühl zu bilden. Eine sehr schwere erzieherische und erlebnismäßige Aufgabe, daß wir nicht versinken und steckenbleiben in dem Ressentiment, in das das Unglück des Staates viele gestürzt hat, und daß wir nicht ausweichen in hochfahrende Hybris, wie es ja nun bei den Deutschen oft genug der Fall war. Und wir haben die Aufgabe im politischen Raum, zum Maß, zum Gemäßen, zurückzufinden und unsere Würde neu zu bilden, die wir im Inneren und deren Seele nie verloren.«

Margarete Mitscherlich erinnet sich im Rückblick noch an die Erleichterung, die sie als junge Frau nach Kriegsende empfunden habe, daß die »verlogene Nazi-Zeit« zu Ende war. Zwei weitere Eindrücke aus jener Zeit sind ihr gegenwärtig geblieben: die Rache der dänischen Widerstandsbewegung an den Kollaborateuren, die sie damals schockiert und bedrückt hatte, und die Gleichgültigkeit, mit der man in der Schweiz dem Schicksal der übrigen Europäer begegnet ist, und die sie abgestoßen hat. In den 50er Jahren erlebte sie in Heidelberg, wie wenig die Deutschen von ihrer problematischen Vergangenheit wissen wollten; man kehrte zu den Idealen der Vorkriegszeit zurück und entzog sich einer kritischen Auseinandersetzung mit dem Dritten Reich.

Es verwundert Margarete Mitscherlich nicht, daß viele der Studenten, die in den sechziger und siebziger Jahren gegenüber ihren Vätern nur wenig Einfühlungsvermögen aufbringen konnten, heute ihren Vätern gleichen. In den neunziger Jahren sind unter der Jugend Konformität und Resignation anzutreffen. Die Ideale ihrer Eltern aus der 68er Bewegung liegen in weiter Ferne.

## *Memento mori*

Und die Fähigkeit zu trauern? Die sogenannte »Trauerarbeit« ähnelt in vielem der psychoanalytischen Methode, die Freud als Abfolge von »Erinnern, wiederholen und durcharbeiten« bezeichnet hat. Auch hier kommt es darauf an, sich schmerzlichen Erinnerungen zu stellen und sie seelisch zu verarbeiten. Mit dem Verlust der Erinnerung an Gefühle, Phantasien, Vorurteile und Ambivalenzen geht das innere Gedächtnis, die sensible Wahrnehmung der eigenen seelischen Vorgänge verloren. Nur wenn die Gefühls- und Denkerstarrungen bewußt werden, kann man sich von ihnen lösen.

Wird die Zeit des Nationalsozialismus relativiert und beschönigt, kann das erneut zur seelischen Teilnahmslosigkeit führen, warnt Margarete Mitscherlich. Den Anhängern des Regimes, ihren Kindern und Enkeln fällt das Vergessen leichter als den Opfern, weil sie nicht dem Trauma der völligen Hilf- und Machtlosigkeit ausgesetzt waren. Aber die brutale Art und Weise, Juden als »Untermenschen« zu verunglimpfen, hat auch den Selbstwert der Deutschen herabgesetzt: *»Das kam einer Zerstörung der eigenen Selbstachtung gleich. Als wir diese Projektionen wieder zurücknehmen mußten und ernüchtert waren, blieb der häßliche Deutsche übrig, der nichts mehr wert war, der Welt-Paria.«*

Nach Auffassung der Psychoanalyse haben sich die unverarbeiteten Schuldgefühle vieler Deutscher in untergründigen quälenden Selbsthaß verwandelt, der sich wieder an Sündenböcken abreagieren will, an Ausländern, Juden und Asylbewerbern. Aus dem Teufelskreis der Projektionen und Feindbilder können nur die Verantwortung für die Vergangenheit und die Einfühlung in das Leiden anderer herausführen.

## *Wehret den Anfängen!*

Gern zitiert Margarete Mitscherlich die Einsicht Goethes: »Wer nicht von dreitausend Jahren / Sich weiß Rechenschaft zu geben / Bleibt im Dunklen unerfahren / Mag von Tag zu Tage leben.« Das Memento mori soll uns wachsam gegenüber der Unmenschlichkeit machen. Die schweren Schatten über den Schicksalen der Opfer, ihre Leiden lassen sich nicht in Fakten und Zahlen messen. Die Auffassungen des Historikers Ernst Nolte weist Margarete Mitscherlich zurück, weil sie darin den Versuch sieht, die Unmenschlichkeiten des Dritten Reiches und den Massenmord von Auschwitz zu »relativieren«. Es geht um die Würde der Opfer. Die Deutschen sollten nicht aufhören sich zu fragen, warum es in einem Land von so hoher Kultur zu diesem »Zivilisationsbruch« kommen konnte. Ignatz Bubis, der Vorsitzende des Zentralrates der Juden in Deutschland, meinte im Gespräch mit der Autorin: »Auschwitz kann man meiner Meinung nach nicht ›normalisieren‹, denn sonst bestünde die Gefahr, daß sich alles wiederholt ... In Deutschland möchte man nicht gerne an das Gewesene erinnert werden. Die Auseinandersetzung mit der Vergangenheit hat deshalb auch keine Früchte getragen.«[122a]

Wie viele Deutsche, die nach dem Krieg geboren wurden, hat Margarete Mitscherlichs Sohn Mathias immer wieder erklärt, die Nachkriegsgeneration träfe sicher keine Schuld an dem begangenen Unrecht. Es gehört aber zum menschlichen Schicksal, daß man in eine bestimmte geschichtliche Situation hineingeboren wird und dadurch auch mit Ereignissen aus der Vergangenheit verbunden bleibt, entgegnet Margarete Mitscherlich. In diesem Sinn heißt »aus der Vergangenheit lernen«, aufmerksam alle Entwicklungen der Gegenwart zu beobachten, die zu ähnlichen Fehlentwicklungen führen könnten. Aber die nachdenklichen und selbstkritischen Menschen sind stets in der Minderzahl. Gerade der Blick auf die letzten beiden Jahrhunderte deutscher Geschichte kann die Nachkriegsgenerationen anspornen, sich mit ganzer Kraft dafür einzusetzen, daß die Humanität in diesem Land nicht mehr mit Füßen getreten wird.

Die Verfasserin, selbst ein Kind der Nachkriegsjahre, versuchte am Morgen der Wiedervereinigung ihre Gedanken und Gefühle zu diesem Thema einem jüdischen Kollegen am Genfer Sitz der UNO in einem offenen Brief für die schweizerische *Jüdische Rundschau* mitzuteilen.[123] Seine Angehörigen waren in Auschwitz ums Leben gekommen, und doch ließ er es sich nicht nehmen, ihr zum Tag der deutschen Einheit spontan zu gratulieren. Hier ein Auszug aus dem Schreiben: »Ich bin nach dem Krieg geboren, und im Schatten des großen Unrechts aufgewachsen, das Deutsche an Juden begangen haben. Das Lebensgefühl unserer Nachkriegsgeneration wurde von den grausamen Bildern aus den Konzentrationslagern tief geprägt. Damals bildete sich in mir die Überzeugung, daß die unfaßbare Shoa, der Holocaust, nicht ein Geschehen ist, das sich auf eine einzige Generation oder eine bestimmte geschichtliche Zeit beschränkt. Die schrecklichen Vorurteile und bösartigen Projektionen eigener dunkler Aspekte, die zur Vernichtung ganzer Menschengruppen geführt haben, sind von Generation zu Generation weitergegeben worden. Hitler, so schien es mir aus meiner naiven jugendlichen Sicht, hätte mit einer verführerischen Melodie wie der Rattenfänger von Hameln böse Gedanken und Gefühle fast eines ganzen Volkes hervorgelockt.

Die antisemitischen und rassistischen Vorurteile einzelner wachsen in der Masse zu einer gefährlichen Kraft an. Der einzelne muß bei sich beginnen, die Menschenwürde in jedem Menschen wahrzunehmen. Im Angesicht von Geburt und Tod teilen alle Rassen ein gemeinsames Schicksal. Wer sich dessen wirklich bewußt geworden ist, wird sich kaum noch durch Propaganda und Parolen verführen lassen. Es gibt nur zwei Rassen, die der anständigen und unanständigen Menschen, in diesem Sinn ist keine Gruppe rassenrein, wie Viktor Frankl einmal sagte.«

Die Nachkommen der Opfer können nur sehr schwer mit Schuldgefühlen fertig werden.[124] Viele von ihnen können kaum ein eigenes Leben führen, weil sie ständig in der Erinnerung leben und oft die schlimmen Erfahrungen ihrer Vorfahren verinnerlicht haben, erklärt Margarete Mitscherlich. Manche der Opfer konnten mit ihren Kindern kaum über diese Zeit reden. *»Es ist eben eine unvorstellbare Schmach, als Opfer so erniedrigt worden zu sein, so völlig hilflos an die Täter ausgeliefert. Viele meiner jüdischen Patienten leiden immer noch an ihrem zerstörten Selbst, an einem bespuckten Menschenbild. Hilflos mußten sie über Monate oder Jahre zuschauen, wie ihre nächsten Verwandten erschossen oder in die Gaskammer abgeführt worden sind. Gerade heute morgen hat mir eine junge Frau, deren Familie das KZ überlebt hat, erzählt, daß es ihren Eltern erst, nachdem sie sich den Schindler-Film angesehen hatten, möglich war, mit ihrer Tochter über diese Zeit zu sprechen.«*

War es in der Ex-DDR anders? Während des Kalten Krieges hatten sich beide Teile Deutschlands eine Zeitlang mit den Siegermächten identifiziert. Auch die Menschen in der DDR fühlten sich bald als »Antifaschisten« auf der Seite der neuen Herren. Sie konnten sich auch darauf berufen, daß sich viele Kommunisten am Widerstand beteiligt, in Konzentrationslagern gelitten hätten oder dort umgekommen seien. Und schließlich hatte Stalin nach dem Krieg die Parole ausgegeben: »Die Hitlers kommen und gehen, das deutsche Volk wird bestehen.« In der Ex-DDR ist die traditionelle deutsche Autoritätsgläubigkeit daher nie wirklich in Frage gestellt worden, und die neue kommunistische Diktatur konnte sich dieser Gehorsamsmentalität bedienen. *»Die Tradition des Gehorsams mit ihrer brisanten Mischung von Aggression und Idealisierung funktionierte dort bis vor kurzem bestens.«*

Das hat auf die Menschen dort beinahe so gewirkt, als hätte man ihnen die Absolution von ihrer nationalsozialistischen Vergangenheit erteilt. *»In einem ›Aufwasch‹ konnten sie dann – zusammen mit den DDR-Machthabern – die stalinistischen Verbrechen gleich mitverdrängen. Nun war der Teil Deutschlands, der zum sozialistischen Weltreich gehörte, mit einem Schlag antifaschistisch geworden. Aus diesem Grund glaubte man auch Hitler ganz einfach vergessen zu können.«* Für viele schien zudem auch das Programm der sozialen Gerechtigkeit und der Solidarität des Sozialismus manches begangene Unrecht wiedergutzumachen. Man erklärte ihnen, wenn sie sich den großen Zielen der Antifaschisten anschließen würden, könnten sie einen Schlußstrich unter die Vergangenheit ziehen. *»Das haben sie dann auch getan, mehr der Macht sich beugend als dem eigenen Triebe.«*

Bis zum heutigen Tage haben sich die Ostdeutschen mit ihrer Vergangenheit im Dritten Reich nicht kritisch auseinanderzusetzen brauchen. So fehlte auch nach der Wiedervereinigung die Bereitschaft zur Selbstkritik. Steffen Heitmann ist dafür ein Beispiel:

»Wir haben unser Nationalgefühl behalten, weil wir keine 68er Generation hatten.« Es wurde nicht zwischen einem abgrenzenden Nationalismus und einem echten Nationalgefühl mit weitem Horizont unterschieden, das auf dem Wissen um geschichtliche Zusammenhänge beruht.

Eine »nationale Identität« sollte aber weder auf unreifer Selbstidealisierung noch auf Verachtung von »Minderwertigen« beruhen. Das gestörte Nationalgefühl der Deutschen nach dem Zweiten Weltkrieg hängt eng mit diesem Denken in Feindbildern zusammen. So diente die starke Identifizierung mit den Siegermächten nach dem Krieg vielleicht unbewußt dazu, den Selbsthaß unter Kontrolle zu bringen, meint Margarete Mitscherlich.

Nationalgefühl heute?

*»Das wäre ein Nationalgefühl im Sinne Goethes, gegründet auf Weite, auf Wissen, auf dem Wunsch nach wirklicher Menschlichkeit. Nicht das unreflektierte Gefühl, sich einfach als Deutscher zu fühlen, wie nach 1870. Der falsche Nationalismus führte zum Ersten Weltkrieg, und das Ressentiment über den verlorenen Krieg zu Hitler. Daraus wurde eine rein affektive Wertewelt, in der Herrenmenschen das Sagen hatten und die andere fertigmachen wollten. Aber einen Sozialismus mit menschlichem Antlitz hat es nicht gegeben. Im geistig-seelischen Bereich ist daher in Deutschland vieles nachzuholen.«*

Das »neue Nationalgefühl«, das Maß und Mitte sucht, wie es Theodor Heuss nach dem Kriege vorschwebte, ist noch nicht entstanden. Hier liegt eine große, vielleicht die größte Aufgabe der Politiker von morgen.

Heute sieht Margarete Mitscherlich viele ihrer Zweifel und Befürchtungen bestätigt, nicht zuletzt im Zusammenhang mit der Wiedervereinigung, der sie zunächst mit Vorbehalten gegenübergestanden hatte. *»Seit der Wiedervereinigung hat nicht nur ein primitiver Nationalismus, sondern auch der Antisemitismus zugenommen.«* Der Fall der Berliner Mauer im Herbst 1989 und das jähe Ende des kalten Krieges waren für alle überraschend. Noch im Frühjahr hatte kaum irgend jemand damit gerechnet. Wurde nicht noch anläßlich des vierzigjährigen Bestehens der DDR von den Propagandisten verkündet: »Was wir erreichten, kann sich sehen lassen. Wir leben in einem Staat, in dem es kontinuierlich vorangeht, jeder eine Perspektive hat, in dem Bürgerwohl obenan steht.«[125]

Wie es um das »Bürgerwohl« in diesem Staat bestellt war, sollte der schon bald danach einsetzende Massenexodus vor Augen führen: Die Fluchtbewegung, die fast das ganze Volk erfaßt hatte, war der endgültige Beweis dafür, daß die Mauer nicht als Schutzwall nach außen, sondern zur Absperrung nach innen konzipiert worden war. Fast alle Bewohner der ehemaligen DDR – nicht nur die Älteren – hatten sich damit abgefunden, daß sich an der Ruhe, an der Enge und an der kollektiven Trägheit auf absehbare Zeit nichts ändern würde. *»Die Menschen mußten davon ausgehen, bis an ihr Lebensende in ihrer eingeengten Welt zu leben. Das Ganze erinnerte an Sartres Theaterstück ›Hinter verschlossenen Türen‹ mit dem eindrücklichen Satz: ›Die Hölle ist der andere.‹ Irgendwie befanden sich alle in der DDR – wie die Figuren in dem Stück – in einem viel zu engen Zimmer, also in der Hölle.«*

In der früheren DDR durchlebte man in jenen bewegten Herbsttagen 1989 ein wahres Wechselbad an Empfindungen und Gefühlen. Es reichte von Resignation und Angst zu Empörung und Aufbegehren, von Erwartung und Hoffnung zu Aufbruch und Freude, von Verunsicherung zu Enttäuschung. Für einen Augenblick sah es so aus, als sei hier ein Kollektiv – nach der langen Aufspaltung in den kommunistischen Osten und in den kapitalistischen Westen – plötzlich aus seiner Jahrzehnte dauernden Erstarrung erwacht, um wie mit dem Zeitraffer den Anschluß an die »freie Welt« zu finden. Und die Westdeutschen hießen ihre »verlorenen Geschwister« von drüben mit Freude und Rührung willkommen. Der Schweizer Historiker Jean Rudolf von Salis vergleicht im Gespräch mit der Verfasserin die Ereignisse von 1989 mit einem »Naturereignis«. In zehn Jahren werde niemand mehr von den wirtschaftlichen Übergangsschwierigkeiten sprechen.[126]

## *Eine Euphorie von kurzer Dauer*

Aus psychologischer Sicht verhält es sich anders. Margarete Mitscherlich sieht noch einen langen, spannungsvollen Wiedervereinigungsprozeß voraus.

*»Als die Mauer fiel, lagen sich die Deutschen in Ost und West in den Armen und feierten ihre Wiedervereinigung. Nach so langer Trennung konnten sie sich vor lauter Freude über das heißersehnte Wiedersehen kaum mehr fassen. Jedoch die Euphorie sollte nicht lange andauern. Bei solchen Gefühlsausbrüchen, seien sie individueller oder kollektiver Art, ist das meist der Fall. Jetzt ist die genaue Analyse der fünfundvierzig Jahre, um die sich viele Menschen betrogen fühlten, von großer Bedeutung. In der Ex-DDR hatte man das Gefühl, das Leben sei an einem vorbeigegangen, man fühlte sich eingesperrt, entmündigt, geschurigelt und um seine Individualität gebracht.«*

Dieser rasche Umschwung der Gefühle beruhte auf den »Idealisierungen und Illusionen«, auf unrealistischen Ideen, die man sich voneinander gemacht hatte. So waren viele in Ostdeutschland mit der Vorstellung aufgewachsen, im Westen »sei alles besser«. Nach

45 Jahren unterschiedlicher Wertvorstellungen und Umgangsformen ist es verständlich, daß beide Staaten – trotz gleicher Sprache und gleicher kultureller Herkunft – einander fremd geworden sind. Die ganz andersartigen politischen Erfahrungen haben das kollektive Unbewußte der beiden Gesellschaften so tiefgreifend verändert, daß sich zwei verschiedenartige deutsche Kulturen und Identitäten entwickelt hatten.

Mit der Unfähigkeit der »Wessis«, sich längerfristig über die Rückkehr der »Ossis« zu freuen, wurden auch die Umgangsformen rauher. Viele der Menschen Ostdeutschlands machten nach der Wiedervereinigung einen bedrückten Eindruck. *»Die Ostdeutschen wehren sich zwar, aber es ist meistens eine innere Abwehr. Sie sind nicht weniger sadomasoschistisch als die Westdeutschen. Werden sie schlecht behandelt, reagieren sie nicht kämpferisch, sondern eher unterwürfig«*, lautet der Befund der Psychoanalytikerin Mitscherlich.[127]

Zudem hatten die Ostdeutschen, die kein Wirtschaftswunder erlebt hatten, ihre Enttäuschungen und Depressionen über den Zusammenbruch ihrer Ideale in der Nachkriegszeit nicht durch Arbeitswut und Konsumrausch abwehren können wie die Westdeutschen in den hektischen Jahren des Wiederaufbaus.

Auch hier zu sei wenig »Trauerarbeit« geleistet worden – lautet Margarete Mitscherlichs These. *»Die seelischen Erschütterungen und traumatischen Erinnerungen von damals sind durch das Zusammenbrechen der Ideale des real existierenden Sozialismus wiederbelebt worden.«* Die rasche Umgestaltung hat zu einer Polarisierung der ostdeutschen Gesellschaft geführt. Es gibt Gewinner der Einheit, die zur Triebkraft des Aufschwungs wurden, und Verlierer, die »ostalgisch« zurückblicken. So sieht ein Viertel der Bevölkerung sich als Opfer der Wiedervereinigung. Viele Ostdeutsche beklagen im Beruf und am Arbeitsplatz einen Statusverlust, oft wurden sie von Westdeutschen verdrängt. Die Neidgefühle gegenüber den Westdeutschen sitzen tief.

*Eine Mauer im Denken?*

Margarete Mitscherlich glaubt, daß sich die »Ossis« bald mit ihren Landsleuten im Westen arrangieren werden:

*»Selbst wenn sich die Ostdeutschen zunächst über die arroganten, unsolidarischen Westdeutschen beklagen, werden sie sich bald dem Westen angeglichen haben. Die Geschichte lehrt uns, daß Schwächere dazu neigen, sich mit den Mächtigen zu identifizieren. Bisher fühlen sich die Leute aus dem Osten noch als Menschen zweiter Klasse. Viele Menschen im Westen behandeln sie arrogant. Sie haben ganz vergessen, daß es reines Glück war, daß sie nicht in einer so unfreien Welt leben mußten. Die Ostseite hingegen sieht darin natürlich eine Ungerechtigkeit. Aber so war nun einmal der Lauf der Dinge, und man kann die Geschichte nicht rückgängig machen.«*

Eines hatte der Hitlerstaat mit der Deutschen Demokratischen Republik gemeinsam: Im Dritten Reich wie in der ehemaligen DDR fanden sich stets genügend Spitzel.

*»Waren es bei der Gestapo ungefähr 80 000 gewesen, so gab es beim Stasi um die angeblich 400 000 Spitzel, und noch unzählige gelegentliche Informanten. In dem eingeengten und eintönigen Leben, das die Leute dort geführt haben, hat die einzige Spannung wahrscheinlich darin bestanden, sich gegenseitig zu beobachten und zu belauschen. Was man da nicht alles über den anderen in Erfahrung brachte, aufschrieb, um damit seinen Mitmenschen zu schaden und sich selbst zu nützen. Das Böse und das Banale liegen oft ganz nahe beieinander.«*

Auf der anderen Seite gab es in der wenig wohlhabenden und egalitären DDR auch größere menschliche Solidarität. Das ist in Notzeiten häufig der Fall, wenn man durch die Umstände gezwungen wird, zusammenzuhalten, um zu überleben. Auch der Pfarrer Friedrich Schorlemmer, Mitbegründer der Bürgerbewegung

»Demokratischer Aufbruch« und Friedenspreisträger des Deutschen Buchhandels von 1990, schätzt vieles an der ehemaligen DDR: die starke Stellung der Frauen im gesellschaftlichen Leben, die Vielfalt und Fülle der Kultureinrichtungen. Viele Ostdeutsche trauern der Zeit von damals nach.

Elisabeth Noelle-Neumann erwähnt in diesem Zusammenhang folgende Äußerung eines Passanten aus Gera: »Wir waren alle gleich, und wir hatten Arbeit, und darum war es eine schöne Zeit.« Nach Umfragen des von ihr geleiteten Instituts für Demoskopie stimmen drei Viertel der Deutschen der Ansicht dieses Mannes zu oder lehnen sie zumindest nicht ab. Sie sieht darin den Beweis dafür, daß »wir versäumt haben zu zeigen, was der menschliche Preis für dieses System war, das so viele offenbar in positiver Erinnerung haben«.[128] Für viele haben Gleichheit und soziale Sicherheit immer noch einen höheren Stellenwert als die individuellen Freiheitsrechte. Rasch vergessen hat man die Machtmethoden der SED, die mit Vergünstigung und Repression gearbeitet hatte. Viele Ostdeutsche stehen der sogenannten Wende immer noch ambivalent gegenüber. Sie begrüßen zwar die Wiedervereinigung, kritisieren aber den Vereinigungsprozeß.

## *Die verspätete Nation*

Wenn es um weltanschauliche Fragen geht, dann scheinen die Ostdeutschen den Westen zur Zeit stärker zu beeinflussen als umgekehrt. Die Allensbacher Forscherin Renate Köcher erklärte der Autorin: »In Westdeutschland sind weltanschauliche Überzeugungen kaum mehr tief verankert. Das gilt für Religion, für die Moral und auch für politische Einstellungen.«[129] Wie sich diese Beeinflussung auf die Dauer auswirken wird, bleibt abzuwarten. In der heutigen »neuen Unübersichtlichkeit« (Jürgen Habermas) ist die politische Einordnung geistiger Standpunkte schwierig geworden. Immer noch wird das Verhältnis der Ostdeutschen zum Westen von Anziehung und Abstoßung bestimmt, schreibt die *Neue Zürcher Zeitung*. Der Westen bleibt ein erstrebenswertes Vorbild und gibt als Alteigentümer oder Treuhand-Manager ein bedrohliches Feindbild ab. Der Systemwechsel im »Schoß der Bundesrepublik« war daher auf der psychologisch-politischen Ebene ein Hemmnis, denn es gab den Ostdeutschen das Gefühl, sie würden von ihren westlichen Landsleuten überrannt.

In jenen Tagen, als die Mauer fiel, hatten ausländische Beobachter zunächst befürchtet, in dem neuen Staat mitten in Europa könnten »großdeutsche Gefühle« wiederaufleben – unter dem Motto: *»Wir sind ein Volk von 80 Millionen und haben keinen Feind mehr. Jetzt sind wir wieder eine mächtige Nation und weder vom Westen noch vom Osten abhängig.«* Doch die Einsicht stellte sich bald ein, daß man gewaltige wirtschaftliche Lasten zu tragen hatte, und die nationale Begeisterung war wieder verflogen.

Deutschland bleibt eine »verspätete Nation«, und die Gefahr ist nicht gebannt, daß nationale Emotionen wieder zu einem Massenrausch führen könnten. Dadurch würde auch der Wille zur Zusammenarbeit mit der europäischen Staatengemeinschaft verlorengehen. Solange Deutschland in Europa fest eingebunden bleibe, werde es die Fehler von früher kaum wiederholen, hofft Margarete Mitscherlich.

## *Vergangenheitsbewältigung kommt später*

Obwohl der Westen Deutschlands sich selbst kaum mit der nationalsozialistischen Vergangenheit auseinandergesetzt hatte, wurde schnell die Forderung laut, im Osten möge man möglichst rasch reinen Tisch mit der DDR-Vergangenheit machen. Für Margarete Mitscherlich ist es daher folgerichtig, daß der Leipziger Reclam

Verlag ihr Werk *Die Unfähigkeit zu trauern* neu aufgelegt hat; es sei anzunehmen, daß sich die »Verdrängung der Vergangenheit« auch diesmal nach bekanntem Muster vollziehen werde. Die Ostdeutschen möchten am liebsten allen Konflikten aus dem Weg gehen und sich dem Konsum hingeben – genau wie vor ihnen die Westdeutschen.

Aber auch in anderen Oststaaten wie in Tschechien wird die Vergangenheit in ähnlicher Weise verarbeitet. Dazu hat Karl Fürst zu Schwarzenberg, der frühere Kanzler von Präsident Havel und ein neutraler Beobachter, der Autorin erklärt: »Zur Zeit steht in Tschechien der Wiederaufbau im Vordergrund. Ähnlich wie zu Beginn der 50er Jahre wird nun in die Hände gespuckt und Geld verdient. Auf die Vergangenheitsbewältigung wird man zu einem späteren Zeitpunkt wieder zurückkommen.«[130] Präsident Havel hatte schon 1989, gleich nach dem Zusammenbruch des Kommunismus, die Tschechen aufgefordert, sich mit den unangenehmen Seiten ihrer jüngsten Vergangenheit auseinanderzusetzen.[131] Bei seinen Landsleuten fand er kein positives Echo.

## *Neue Feindbilder*

Die Zeit des kalten Krieges war durch ein Denken in Feindbildern gekennzeichnet. So sprach Präsident Reagan von der Sowjetunion als dem »Reich des Bösen«. Nach Ansicht von Psychologen dienen Feindbilder dazu, eigene negative Eigenschaften auf andere zu projizieren. *»Schlechte Eigenschaften, die wir an uns selbst nicht wahrhaben wollen, schieben wir anderen zu. Was man an sich selbst nicht erträgt, kann man am Feind hassen. Das kann so weit gehen, daß man glaubt, man dürfte ihn sogar töten. Je unreifer ein Mensch ist, um so labiler ist seine Selbstachtung.«* Aus diesem Minderwertigkeitsgefühl heraus wächst das Bedürfnis, sich selbst zu idealisieren und mit der eigenen Gruppe alles »Fremde« zu verfolgen.

Aber ist es uns überhaupt möglich, über längere Zeit ohne Feindbilder zu leben? Ob im privaten oder politschen Leben, am besten verträgt man sich, wenn es gegen gemeinsame Feinde geht. Die sogenannte neue Weltordnung ist ausgeblieben. Nur langsam und oberflächlich wandeln sich die Grundaffekte der Menschheit. In der Tiefe leben alte Vorurteile und Feindseligkeiten weiter.

Neuerdings scheinen Einwanderer und Asylbewerber zu neuen Feinden und Sündenböcken gemacht zu werden. In ganz Westeuropa ist eine wachsende Fremdenfeindlichkeit zu verspüren. In der Verachtung gegenüber Fremden und Flüchtlingen spiegeln sich auch alte Verhaltensweisen und Projektionen wider. *»Deutschland bleibt auch nach der Wiedervereinigung ein reiches Land, das nicht darum herumkommen wird, noch viele Fremde aufzunehmen, ob es manchen politischen Richtungen gefällt oder nicht.«*

## *»Links« und »Rechts«*

Im Denken unserer Zeit hält man am Schema von »Links« und »Rechts« fest, und versucht ständig zu klären, was man nach dem Ende des kalten Krieges unter den auch früher nicht eindeutigen Kategorien zu verstehen hat. Für Margarete Mitscherlich bedeutet »Linkssein«, aus der Vergangenheit zu lernen, sich zu fragen, wohin uns die Geschichte gebracht hat, und ständig nach Neuem zu forschen. Hauptziele seien Mitmenschlichkeit und soziale Gerechtigkeit. Rechts dagegen verkörpere konservatives Festhalten an alten Privilegien und unkritische Übernahme von Vorurteilen aus der Vergangenheit.

Margarete Mitscherlich teilt die Meinung der Lyrikerin Sarah Kirsch, der »real existierende Sozialismus« der DDR sei eine »Verzerrung« des Sozialismus und nicht eigentlich »links« gewesen. Das sei jedoch kein Grund, sich von der sozialistischen Utopie zu verabschieden. Gleichheit und Gerechtigkeit seien Menschheitsideen, doch deren Verfechter hätten in der Praxis weder ökonomisches Wissen noch psychologische Erkenntnisse berücksichtigt.

Konstante der Geschichte ist, daß die Mächtigen nicht aufhören, die Machtlosen zu unterdrücken. Schon Freud sah Rettung nicht in einer Ideologie und glaubte nicht daran, daß wir je konflikfrei leben könnten. So betrachtete er auch die Psychoanalyse als Konflikttheorie, die das Aufeinanderprallen menschlicher Wünsche, Begierden, Triebe und der Selbstbehauptung erforsche. Das Leben erscheint Freud als ständiges Ringen um ein Gleichgewicht von Freiheit und Ordnung, erklärt Margarete Mitscherlich.

Für viele Bundesbürger liege Sinn und Zweck ihres Lebens einzig im Wohlstand. Selbst bei Ärzten finde man diese einseitige materialistische Einstellung, konstatiert Margarete Mitscherlich. Der Durchschnittsbürger interessiere sich nur für sein eigenes Wohlergehen. Mit der Armut und Arbeitslosigkeit anderer möchte er sich möglichst wenig auseinandersetzen. Ideologien spielen keine Rolle mehr. *»Die Wohlstandsbürger werden zwar sicher keine Ausländer ›klatschen‹, aber die Armen der Welt sind ihnen gleichgültig. Der Materialismus ist längst zur alles bestimmenden Kraft geworden.«*

## *Die verlorenen Vorbilder*

Idealismus und Ideologie können guten oder schlechten Zeiten dienen. Sie werden nur allzu leicht von Demagogen mißbraucht. Im Namen von hohen Idealen werden immer wieder die schlimmsten Grausamkeiten begangen. Ein Leben ganz ohne Ideale und Utopien aber wäre leer und hoffnungslos.

*»Früher war das Proletariat eine in sich geschlossene Klasse, die solidarisch für gemeinsame Ziele kämpfte. Der Kleinbürger war hingegen nur ein Abklatsch des Großbürgertums, das es heute nicht mehr gibt. Man unterscheidet nur mehr zwischen denen, die Geld haben, und denen, die nichts haben.*

*Seit dem Zweiten Weltkrieg gibt es in Deutschland aber keine eigentliche Klassengesellschaft mehr. Dazu hat letztlich auch Hitler beigetragen.«*

Das autoritätsgläubige Deutschland der Vorkriegszeit war besonders durch das Gegensatzpaar Aggression – Idealisierung bestimmt, das zu den »perversen« Vorbildern im Dritten Reich führte. Margarete Mitscherlich glaubt, daß besonders die Deutschen jemanden idealisieren müssen, um ihn überhaupt lieben zu können. Sie tritt dafür ein, der jungen Generation sollte immer wieder vor Augen geführt werden, wie leicht der Mensch aus Kritiklosigkeit auf falsche Ideale hereinfallen und zum Unmenschen werden kann. Wir brauchten keine Heroen und Heiligen, aber wir dürften unsere Menschlichkeit nicht verlieren. Dabei denkt sie auch an Oskar Schindler, der viele Juden gerettet und trotz seiner fragwürdigen Geschäfte und seiner losen Moral seine Menschlichkeit nicht verloren hat. An Oskar Schindler, wie ihn der Film darstellt, gefällt ihr, daß er weder zum Ideal noch zum makellosen Helden gemacht wird. *»Schindler mag ein charakterschwacher und labiler Mann gewesen sein, aber gegen Unmenschlichkeit war er gefeit. Er hat menschlich mitleidend reagiert, mehr können wir von uns selbst und anderen nicht erwarten.«*

## *Die gefährdeten Deutschen*

Die Jugend nach dem Krieg sei meist ohne wirkliche Vorbilder aufgewachsen. *»Die in der Generationenfolge immer wieder auftretende Auflehnung gegen die zunächst verehrten Eltern- und Vorbilder ist in den letzten Jahrzehnten besonders heftig geworden. Nicht selten spielt dabei die Enttäuschung eine Rolle, daß man mit zunehmendem Wohlstand nicht glücklicher wird.«* Margarete Mitscherlich meint, daß die jungen Deutschen gegen paranoide Ausbrüche der Grausamkeit immun gemacht werden sollten. *»Wir müssen den Kindern immer wieder sagen,* *daß wir in unserer Geschichte an einem menschlichen Tiefpunkt angelangt waren. Und wir sollten daher verantwortlicher, sensibler und wachsamer sein als andere Nationen, damit so etwas nie wieder vorkommt. Wenn wir uns auf dieses Ziel einigen würden, dann glaube ich schon, daß Deutschland eine große Rolle in der Welt spielen könnte.«*

## 11.
# Eine Frau zwischen gestern und morgen

Nach dem Zweiten Weltkrieg wurde erneut der »neue Mensch« beschworen, der nach den Schrecken des Krieges geläuterte Mensch, eine »bessere« Menschheit. Aber weder die modernen sozialliberalen Ideologien noch die Versuche der Kommunisten, die Gesellschaft gewaltsam umzugestalten, haben den »alten« Menschen grundlegend ändern können. Trotzdem wandelt sich die menschliche Gesellschaft. Die Menschen seien im Laufe unseres Jahrhunderts ein wenig wahrhaftiger geworden, vielleicht auch weniger schicksalsgläubig, glaubt jedenfalls Margarete Mitscherlich.

Man habe zwischen dem Los des einzelnen Menschen und den gesellschaftlichen Zwängen zu unterscheiden gelernt, und man könne sich dagegen auflehnen und sie mit Ausdauer und Mut auch verändern. Mit der Zeit sind in der demokratischen Gesellschaft auch die Machtverhältnisse »gerechter« geworden. Vor allem aber hat sich das Verhältnis zwischen den Geschlechtern, zwischen Mann und Frau gewandelt. Das zeigt sich schon in Äußerlichkeiten: den Kinderwagen schiebende Väter gehören zum alltäglichen Straßenbild. *»In meiner Kindheit war das noch unvorstellbar. Meinem eigenen Vater wäre es nicht in den Sinn gekommen, sich intensiv mit uns Kindern zu beschäftigen.«*

Manch anderer Zukunftstraum vom Anfang des Jahrhunderts hat sich nicht erfüllt. *»Die große Vision und Hoffnung meiner Jugend war es gewesen, daß das Maschinenzeitalter den Menschen immer mehr von der körperlichen Arbeit entlasten würde. Ich hoffte, daß sich dadurch auch die Arbeitschancen der Frauen verbessern und jenen der Männer angleichen würden.«* Wissenschaft, Technik und Sozialgesetzgebung

Mit Jürgen Habermas und Joachim Unseld nach der Verleihung der Ehrenplakette der Stadt Frankfurt am Main (1991)

haben Fortschritte gebracht, wenn man an das Elend der Menschen früherer Zeiten, an Hunger und Kindersterblichkeit denkt. Der soziale Fortschritt ist unbestreitbar, doch das Bild bleibt zwiespältig:

*»Heute haben wir den naiven Zukunftsglauben und Optimismus verloren. Vor uns liegen die neuen großen Herausforderungen der Überbevölkerung und der Umweltzerstörung. Und die Politiker stehen ziemlich ratlos vor diesen noch unüberschaubaren Problemen. Wir befinden uns in einer Welt voller Widersprüche. Einerseits gibt es einen noch nie dagewesenen Wohlstand in den Industrieländern, andererseits hoffnungsloses Elend in den armen Ländern. Einerseits leiden wir unter der Überinformation, andererseits nimmt die Unwissenheit zu.«*

Das 20. Jahrhundert hat uns eine Welt ständigen Wandels und immer neuer Unsicherheiten gebracht, und eigentlich können sich nur starke Persönlichkeiten, Menschen mit gefestigtem Ich, in solchen umwälzenden Zeiten zurechtfinden. Für sie wird der Umbruch zur Herausforderung und zur Triebkraft. Die vielen unsicheren und verängstigten Menschen dagegen klammern sich an das Althergebrachte, und nur die wenigsten bringen die Kraft auf, gegen Unmenschlichkeit und Engstirnigkeit zu kämpfen, um den Verfall ethischer Werte aufzuhalten. Immer wieder hat sich Margarete Mitscherlich vorgeworfen, daß sie sich im Dritten Reich nicht mehr für bedrohte Menschen eingesetzt oder aktiv an Widerstandsbewegungen beteiligt hätte.

*»In dieser gefährlichen Zeit ging es mir immer wieder um mein eigenes Überleben und um das der Menschen, die ich liebte! Ich habe die Nazis wegen ihrer Unmenschlichkeit zutiefst gehaßt, habe nie jemanden denunziert, auch nicht, als ich von der Gestapo vernommen wurde. Ich hatte das Glück, letztlich nie in Situationen zu geraten, in denen ich mich hätte feige verhalten können. Aber heldenhaft, wie die Geschwister Scholl, bin ich auch nicht gewesen.«*

## *Mensch und Menschlichkeit*

Noch heute verfolgen Margarete Mitscherlich Bilder aus dem Dritten Reich, wie man wehrlose Menschen erniedrigt und mißhandelt hat, und: immer noch empfindet sie darüber tiefe Empörung. Manchmal taucht in ihr ein Schuldgefühl auf, überlebt zu haben, und dann sagt sie sich, daß im Grunde niemand frei von Schuld bleiben kann; ständig müsse man lernen, mit seinen Schuldgefühlen umzugehen, um weiterleben zu können und nicht zu verzweifeln. Wer sieht, wie Menschen mißhandelt werden, der lernt, die Übeltäter zu hassen, wird mutig einschreiten, statt ohnmächtig und wehrlos zuzusehen, schreibt sie in ihrem Buch *Müssen wir hassen?* Aus solchen »Haßgefühlen« auf die Unmenschlichkeit der Unterdrücker kann der einzelne die Kraft schöpfen, um sich für wehrlose Opfer einzusetzen.

Margarete Mitscherlich ist alles andere als konfliktscheu. Der Konflikt der Gegensätze und das Streben nach Synthese gehören zu ihrer Lebensphilosophie. Häufig zitiert sie Heraklits abgewandeltes Diktum vom Krieg als dem »Vater aller Dinge«. *»Ich bin zwar gegen den Krieg, aber bestimmt ist der Konflikt der Vater aller Dinge.«* Alle Kulturen sind im Spannungsfeld von Chaos und Ordnung entstanden. Ständig schwanken wir zwischen dem Verständnis für den anderen und der Auseinandersetzung mit ihm, zwischen dem Zwang, festgeschriebene Rollen anzunehmen, und der unkontrollierbaren Auflösung des Bestehens. *»Man kann nicht alle lieben wollen und allen gerecht werden wollen. Wer das vorgibt, scheint mir unehrlich zu sein. Wir sind ständig gezwungen, uns zu entscheiden und Stellung zu beziehen.«* So hat sie immer versucht sich abzugrenzen, um ihre Standpunkte klar zu vertreten und nicht dem »großen Mischmasch« der Beliebigkeiten zu verfallen.

Besonders Frauen mit ihrem großen Bedürfnis, geliebt zu werden, haben es schwer, sich im Konflikt zu behaupten. Sie scheuen nur zu oft vor Auseinandersetzungen zurück. Bei ihrem Anlehnungsbedürfnis droht symbiotisches Verschmelzen, und dann hören Frauen auf, sich seelisch und geistig weiterzuentwickeln. *»Wo immer man kann, soll man seinen Horizont erweitern und sich gegen alles wehren, was einschränkt und in die Enge zwingt. Das ist mit großen geistigen Anforderungen und Anstrengungen verbunden. Viele Menschen bringen diese Kraft nicht auf, sie sehnen sich danach, geführt zu werden und Mitläufer zu sein.«*

Mit demSchicksal der Frau in Familie und Gesellschaft hat sich die Psychoanalytikerin in den letzten Jahren intensiv beschäftigt, aus der Überzeugung heraus, daß die Zukunft »weiblich« sei. Früher mußte die Frau zwar dem Mann untertan sein, aber sie bildete doch den Mittelpunkt der Familie. In dem Maß, in dem sich die Mann-Frau-Beziehung gelockert hat, veränderte sich auch die Beziehung zwischen den Eltern und ihren Kindern, und der traditionelle Familienverband löste sich zunehmend auf. Konflikt zwischen dem Bedürfnis nach Schutz und dem nach Freiheit entsteht meist in der Pubertät. So hat Margarete Mitscherlich es selbst erlebt. *»Ich war ein typisches Bürgerkind, habe aber die Familie als etwas Einengendes empfunden. Schon früh wollte ich mich von den Ketten der Familie befreien.«*

## *Die familienlose Gesellschaft*

Die Menschen suchen heute mehr nach neuen Formen des Zusammenlebens. Die bürgerliche Familie funktioniert nicht mehr. Bahnen sich neue Formen des Zusammenlebens an? In mehreren deutschen Großstädten besteht die Hälfte der Haushalte aus Alleinstehenden. Demoskopen zufolge haben für die Deutschen Freiheit und Unabhängigkeit absoluten Vorrang. Auch in der Freizeit gehen die Menschen lieber eigene Wege, statt wie früher Kontakte zur Familie und zu Freunden zu pflegen. Umfragen zeigen aber auch, daß individuelle Freiheit, die vielen vorschwebt, oft mit großer Einsamkeit verbunden ist. Die Widrigkeiten des menschlichen Daseins treffen den Alleinstehenden unmittelbarer als die Familien, sie lassen ihn pessimistischer und ängstlicher werden.

Andererseits gab es früher viele »verlogene Arrangements«. Nur vermögendere Gesellschaftsschichten konnten sich eine Scheidung leisten, doch auch für sie war sie aus religiösen und konventionellen Gründen ein Makel. Deshalb trennten sich viele Ehepaare nicht. Das hat sich inzwischen grundlegend geändert. Heute sind wir beim anderen Extrem angelangt: In Westdeutschland kamen zu Beginn der neunziger Jahre auf rund 400 000 Eheschließungen 130 000 Scheidungen. Heute wird jede dritte, in den Ballungsgebieten sogar jede zweite Ehe geschieden.

Ist der Mensch überhaupt für die Ehe geschaffen? *»Von Natur aus jedenfalls sind Menschen nicht monogam. Vielleicht waren Frauen auch aufgrund ihrer Erziehung bisher monogamer und innerlich an einen einzigen*

*Partner gebunden, als dies für Männer zutrifft.«* Eine geglückte Ehe muß daher vom Wunsch beider Partner getragen werden, ihr Leben miteinander zu teilen, für beide muß das Zusammenleben ein wichtiger Wert sein, ja, vielleicht der wichtigste Wert überhaupt.

Ihre eigene Ehe hat Margarete Mitscherlich als gelungene Partnerschaft erlebt. Aus Erfahrung weiß sie aber, daß dazu großes Verständnis und andauernde Bemühungen beider Partner nötig sind. Hauptleidtragende geschiedener Ehen sind die Kinder. Sie leiden oft ihr Leben lang unter Ressentiments. Das hat Margarete Mitscherlich bei ihrem Sohn Mathias erlebt, der aus der dritten Ehe von Alexander Mitscherlich stammt. *»Mein Sohn holt gewissermaßen nach, was er früher vielleicht gern gehabt hätte. Er ist manchmal auch autoritärer, als mein Mann und ich es je gewesen sind. Beruflich kommt er in der ganzen Welt herum und kennt daher die verschiedensten Familienformen. Gerade deswegen hat er vielleicht dieses starke Bedürfnis nach einem Halt in der Familie.«*

Die Frage stellt sich, ob aus Alexander Mitscherlichs »vaterloser Gesellschaft« in kaum mehr als dreißig Jahren eine kinderlose Gesellschaft geworden ist. Jede fünfte Ehe, die in der ersten Hälfte der siebziger Jahre geschlossen wurde, blieb ohne Kind. Seit zwanzig Jahren nimmt in Europa der Trend zur kinderlosen und zur Einkindfamilie zu. Hinzu kommt, daß Kinder aus Kleinfamilien oft wieder Kleinfamilien gründen. Mit der Kinderarmut gehen auch die verwandtschaftlichen Beziehungen verloren, so daß die Zahl der älteren einsamen Menschen ohne Verwandte ständig wächst.

## *Eine Schule des Alterns*

*»Wir werden immer älter und müssen erst noch lernen, mit dem Alter sinnvoll umzugehen, und suchen nach Vorbildern.«* Dies gilt besonders für Frauen, denn das Aussehen spielt für sie eine große Rolle. Der

Verlust an Schönheit ist in einer vom Jugendkult geprägten Gesellschaft für viele Frauen eine schmerzliche Erfahrung. Viele Frauen versuchen ihr Alter durch die Maske eines »gelifteten Gesichtes« zu verdecken. *»Im Westen leben wir in einer Welt, in der das Alter in keiner Weise mehr geachtet wird. Da verwundert es mich nicht, daß so viele zum Schönheitschirurgen laufen, um künstlich jung zu wirken. Ich kann das verstehen, obwohl ich es persönlich nie tun würde.«*

Das ist aber nicht in allen Kulturen so. Die Islam-Kennerin Laurence Deonna meint dazu in einem Gespräch: »Auch wenn das Leben der Frauen hart ist, im Alter werden sie von der Gesellschaft geehrt. In der modernen westlichen Welt werden Menschen fast zum Wegwerfgut. Nachdem sie ein Leben lang hart gearbeitet haben, steckt man sie, wenn sie nicht mehr nützlich sind, in Heime. Einer islamischen Großmutter würde das nicht geschehen.«[132]

Margarete Mitscherlich gehört allerdings zu jenen Menschen, denen das Alter äußerlich und innerlich wenig anhaben konnte. Für die Medien ist sie auch im Alter eine begehrte Gesprächspartnerin. Auch als Vortragsrednerin ist sie nach wie vor gefragt.

*»Ich bin noch nicht zum alten Eisen geworfen worden. Mit 17 Jahren dachte ich, wie furchtbar wird das sein, wenn ich über 20 bin. Dann bin ich alt, alles ist vorbei. Und mit 25 Jahren dachte ich, nun ist meine Schönheit endgültig dahin. Vielleicht ist das ganze Leben eine Vorbereitung auf das Altern. Wenn man Abschied von der Jugend nimmt, wird man weiser, entdeckt neue Wege des Lebens und lernt, andere Dinge zu schätzen. In diesem Sinn ist das ganze Leben ein Abschiednehmen, eines langen Tages Reise in die Nacht.«*

Ein Vorbild für das Altern ist für Margarete Mitscherlich ihre Mutter, die fast 99 Jahre alt wurde. In einem Gedicht zum 90. Geburtstag hat der mit ihr befreundete dänische Maler A.G. Nissen das heitere Wesen ihrer Mutter auf humorvolle Weise skizziert: »Denn Trübsal-Blasen kann sie nicht, da nützt ihr auch kein Mitscherlich, ihr fehlt, er muß bedauern, die Fähigkeit zu trauern.«

Wie anders erging es Alexander Mitscherlich, der an einer schweren Krankheit litt. Intellektuelle Menschen leiden mehr noch als andere darunter, wenn ihr Verstand nachläßt und sie hilflos dahinsiechen, erklärt Margarete Mitscherlich. In seinen Erinnerungen schreibt Alexander Mitscherlich:

*»Ich erkannte nur, daß etwas wie ein Grundgefühl in mir sich zu ändern begann. Dieses Gefühl der Verlangsamung und des Altwerdens verschlimmerte sich nach meinem Ausscheiden als Direktor des Institutes ... Meine Frau stand diesem ›Umbau‹ oft ratlos gegenüber und reagierte auch gelegentlich mit Ungeduld. Da wir seit langem gewissermaßen eine Art Denkgemeinschaft bildeten, der eine beim anderen Kritik und Anregung für seine jeweilige im Entstehen begriffene Arbeit suchte und ich mit unmittelbarer Einfühlung rechnete, war das für mich eine Enttäuschung ... Allmählich konnte ich aus meiner Erinnerung an eigene Ungeduld alten Menschen gegenüber begreifen, wie schwierig es auch für den Jüngeren ist, das Fortschreiten des Alterns beim Partner, beim früheren ›Mentor‹ oder gar Vater nachzuvollziehen.«*[135]

## *Vom Lebenssinn*

Margarete Mitscherlich könnte vielen Frauen zum Vorbild dafür werden, wie man in Würde und Weisheit altert. Immer wieder betont sie, es komme auf das innere Lebendigbleiben an. Mit dieser Einstellung steht sie allerdings im Widerspruch zum Zeitgeist unserer Gesellschaft. *»Die Wahrheit ist doch, daß Schwache und gebrechliche Menschen in unserer egozentrischen Leistungsgesellschaft oft nur noch ein Schattendasein führen. Im Alter spürt man seine Schwächen, und es wäre schön, wenn man jemanden hätte, der einem hilft, ohne einen zu entmündigen.«*

Wir fühlen uns verpflichtet, anderen beizustehen, können uns aber nicht für alles und jedes einsetzen. *»Der reine Idealismus zerbricht leicht an der realen Welt.«* Ihr ganzes Leben lang ist sie von der

Hoffnung getragen worden, daß schließlich die Vernunft siege, obwohl sie weiß, daß der Mensch ein gefährliches und gefährdetes Wesen ist. Hier denkt sie im Geist der »Kritik der praktischen Vernunft« von Immanuel Kant: »Handele so, daß der Beweggrund deines Willens jeder Zeit als Grundsatz einer allgemeinen Gesetzgebung gelten könnte.« Ähnlich dachte auch ihr Lehrmeister Sigmund Freud, für den die Psychoanalyse »Stimme der Vernunft« war, die sich auf die Dauer nicht unterdrücken lasse.

Und die Religion – gibt sie unserem Leben Sinn und Halt? *»Ich würde gern an einen gütigen Gott glauben, aber wenn ich an all die Not und das Elend auf der Welt denke, dann frage ich mich, wo der gütige Gott bleibt.«* Auch der leidende Christus am Kreuz war für sie immer ein erschreckendes Bild, eine Verherrlichung des Leidens an sich. *»Um mit diesem Bild leben zu können, muß man schon an den allmächtigen Vater glauben und die Vernunft in den Hintergrund treten lassen. Eine Religion, die nur auf dem Glauben fußt, wäre für mich eine Art ›Opium des Volkes‹.«* Man muß doch durch das Leben hindurchgehen und es überwinden. *»Für mich ist der auferstandenen Christus ein sinnvolleres Symbol.«*

Die Kirchen haben es nach der Aufklärung und mit dem zunehmenden Wissen um die realen Geschehnisse immer schwerer, die Menschen mit ihrer Botschaft zu überzeugen. *»Ich meine, der moderne Mensch weiß zu viel, um noch an die Engel im Himmel zu glauben.«* Im Weltbild der Margarete Mitscherlich aber bleibt die christliche Nächstenliebe auch für den aufgeklärten, mündigen Menschen ein wichtiges Leitmotiv – erst recht nach Auschwitz.

An dem Gefühl der Leere und Sinnlosigkeit scheitern heute viele junge Menschen. Darin sieht Margarete Mitscherlich den Hauptgrund für die Drogensucht. Die Menschen betäuben sich, um weder Leid noch Freude zu empfinden.

*»Unser Dasein aber kann nur den Sinn haben, den wir ihm zu geben vermögen. Wer geliebt worden ist und geliebt hat, kann sagen, daß er in seinem Leben Glück gehabt hat. Selbst im größten Elend, auch für einen Bettler,*

*der unter den Brücken schläft, bekommt alles einen Sinn, wenn er einem anderen helfen kann. Und wer fürchterlich unglücklich ist und sich verliebt oder sich für eine Sache wirklich begeistert, für den wird das Leben wieder sinnvoll. Ich habe einen Sinn in meinem Leben gefunden: Nach all der Unmenschlichkeit, die dieses Jahrhundert hervorgebracht hat, hoffe ich, durch meine Arbeit dazu beizutragen, daß die Menschen menschlicher werden und sich zumindest eine Chance geben, einander besser zu verstehen.«*

# »Die heile Menschheitsfamilie gibt es nicht«
# Ein Interview

*Felizitas von Schönborn: Mit Ihrem Mann Alexander Mitscherlich haben Sie sich nach dem Krieg bemüht, in Deutschland die Psychoanalyse und das Werk Sigmund Freuds wiederzubeleben. 1960 waren Sie an der Gründung des Sigmund-Freud-Instituts in Frankfurt am Main beteiligt. Sie haben damals viele Kontakte mit ausländischen Kollegen und Kolleginnen angeknüpft, die während der Hitlerzeit emigrieren mußten. Nach Ihren langjährigen Erfahrungen: Welche Bedeutung messen Sie der Psychoanalyse heute noch bei? Was kann sie in der modernen Gesellschaft im ausgehenden Jahrhundert noch bewirken?*

*Margarete Mitscherlich:* Ich halte die Psychoanalyse nach wie vor für den wichtigsten Teil der Psychologie überhaupt. Wer sich mit den Theorien Freuds und seiner Nachfolger beschäftigt und sie mit anderen psychologischen Richtungen vergleicht, dem fällt auf, welche vielfältigen und langjährigen Erfahrungen vom Menschen der Freudschen Psychoanalyse zugrunde liegen – was in der menschlichen Seele vorgeht, welche Ängste und Symptome die Menschen bewegen, welche Konflikte und Abwehrmechanismen unsere Feindbilder hervorrufen. Keine andere psychologische Theorie ist so tief in der menschlichen Seele verankert. Aber natürlich: Die Psychoanalyse darf nicht zum Dogma werden. Sie muß selbstkritisch und offen bleiben – ganz besonders, wenn es um die Psychologie der Frau geht.

*Aber da frage ich mich doch, ob sich die heutige Psychoanalyse noch auf Freuds geistigem Niveau bewegt? Bisweilen hat man schon den Eindruck, daß aus seinen Erkenntnissen Ideologien oder Weltanschauungen gemacht worden sind.*

Meiner Meinung nach besteht die Gefahr, daß sich die Psychoanalytiker heute zu sehr auf einen Freud fixieren, der so nie existiert und dessen Denken bis an sein Lebensende offen und kreativ geblieben ist. Dann wird jeder, der Freud und seine Theorien nicht peinlich befolgt, zum Abrünningen gestempelt, den man am liebsten ausschließen möchte. Aber vergessen Sie nicht, es gab ja auch Melanie Klein, die innerhalb der Psychoanalyse ihre eigenständigen Ideen entwickeln konnte, und natürlich Anna Freud, die an ihren Vater anknüpfte. Immerhin hat die Psychoanalyse noch eine Reihe bedeutender Leute hervorgebracht, wenn auch nicht vom Kaliber eines Sigmund Freud. Auch C.G. Jung war schließlich ein Schüler Freuds, obwohl er später eigene Wege gegangen ist. Aber ich bin mit Ihnen einig: Heute sehe ich weit und breit keinen Analytiker von diesem Format, weder in Deutschland noch in Österreich oder in der Schweiz.

*Was macht Ihrer Meinung nach einen guten Analytiker aus? Von welchem Menschenbild sollte er ausgehen?*

Ein guter Analytiker muß vor allem die Fähigkeit besitzen, sich in andere Menschen einzufühlen und sich selbst und auch der Gesellschaft gegenüber kritisch zu bleiben. Die Grundregel heißt: Man kann nur nachempfinden, was man selbst erfahren und verarbeitet hat. Wie könnte ich mich zum Beispiel in Ihre Seele versetzen, wenn es nicht irgendwelche Ähnlichkeiten zwischen uns beiden geben würde? Aber genauso wichtig ist es, daß man sich von seinem Gesprächspartner auch wieder distanzieren kann, um ihn als ein eigenständiges Wesen zu erfassen – eine anspruchsvolle Aufgabe.

Das heißt, daß wir nicht vom vornherein festgelegten Bild des Menschen oder einer abgeschlossenen Welt unserer Vorstellung ausgehen können. Aber bei allem Willen zur Objektivität werden wir natürlich immer von der Gesellschaft geprägt, in der wir aufwachsen. Das gilt auch für Freud, den Wiener, den Juden – mit seinen ganz besonderen Lebenserfahrungen. Dabei war er, vielleicht anders als mancher moderne Forscher, ein hochgebildeter, »universaler« Mann, der sich mit den verschiedensten Kulturen und Philosophien beschäftigt hatte.

*Dem Laien fällt auf, mit welchem Haß und mit welcher Häme verschiedene psychologische Schulen sich untereinander bekämpfen. Max Weber soll einmal gesagt haben, daß ein deutscher Professor lieber die Zahnbürste als die Terminologie seines Kollegen benutze. Warum ist das so?*

Ich nenne das den Narzißmus der kleinen Unterschiede. Wenn Psychologen, die doch gleiche Gebiete behandeln, sich nicht verständigen können, liegt es oft daran, daß sie sich ungenau ausdrücken und haarscharf aneinander vorbeireden. Dabei kann man sich gegenseitig unglaublich verletzen und sich bis zur Wut aufeinander steigern. So war es ja seinerzeit auch zwischen Freud und Adler, und auch zwischen Freud und Jung. Kaum zu entschuldigen ist, daß sich Jung auch noch dazu verstieg, die Psychoanalyse als eine jüdische Wissenschaft zu bezeichnen, und das in einer Zeit, da Juden verfolgt wurden. Rivalisierende Psychologen begegnen sich nicht als Therapeuten, sondern als Widersacher, die sich bekämpfen und wenig Verständnis füreinander aufbringen. So werden sie aggressiv und sind nur noch daran interessiert, sich voneinander abzugrenzen.

*Sie meinen also, daß Psychoanalytiker, wie andere Menschen auch, Neid und Aggressionen im Umgang miteinander nicht zu überwinden vermögen?*

Vielleicht sind sie sich mehr als andere der Tatsache bewußt, daß auch in ihnen und nicht nur beim Gegenüber Neidkomplexe und Aggressionen am Werke sind und auch nie ganz verschwinden werden. Erst wenn man das wirklich begriffen hat, ist man imstande, mit diesen Gegebenheiten gelassen und überlegt umzugehen.

*Kritiker der Tiefenpsychologie, besonders der Philosoph Karl Popper, beanstanden, daß man in der Tiefenpsychologie monokausal denke und dabei auch versuche, sich gegen jede Kritik zu immunisieren. Was sagen Sie dazu?*

Dazu möchte ich zweierlei sagen: Zunächst einmal handelt es sich bei Psychoanalysen um sehr vielschichtige und langwierige Prozesse, weil die Seele sehr komplex und schwierig zu erforschen ist. Popper meint, daß alles, was nicht widerlegbar – falsifizierbar, wie er es ausdrückt – ist, keine gültige Theorie sein könne. Im psychischen Bereich aber ist es besonders schwer, Thesen wissenschaftlich zu beweisen oder zu widerlegen, weil hier nichts eindeutig ist und hier andere Denkweisen zur Anwendung kommen als die positivistische Methode Poppers, die er besonders in seinem großen Werk »Die offene Gesellschaft und ihre Feinde« dargelegt hat. Kurzum: Die klaren Definitionen der Naturwissenschaft, an denen Popper sich orientiert, lassen sich nicht ohne weiteres auf die bisweilen verworrene Seelenlandschaft übertragen.

*Ist die Tiefenpsychologie überhaupt eine Wissenschaft?*

Wenn Sie »Wissenschaft« sagen, meinen Sie offenbar die Naturwissenschaft. Bei einer mikroskopischen Untersuchung des Gehirns kommt man zu genauen und erfaßbaren Ergebnissen. Obwohl sich die Psychoanalyse auch als Naturwissenschaft versteht, unterscheidet sie sich doch grundlegend von der Biologie oder Chirurgie, wie zum Beispiel die psychosomatischen Erkrankungen zeigen. Paranoide Verhaltensstörungen wie Verfolgungswahn können durch einen Hirntumor verursacht werden, aber die gleichen Symptome können auch auf eine psychische Erkrankung zurückzuführen sein, ohne organische Ursachen, die man trotz intensiver Forschung bis heute noch nicht gefunden hat.

Um auf Popper zurückzukommen: Es stimmt natürlich, wenn er sagt, daß wir stets Gefahr laufen, aus einer offenen Theorie eine Glaubenssache und ein Weltbild zu machen. Vielleicht gilt das besonders für Psychoanalytiker, die glauben, überwältigende Erfahrungen zu machen und sich daher im Seelenleben genau auszukennen und die letzte Wahrheit zu besitzen. Das wäre ein gefährlicher Irrtum. Die Psychoanalyse muß sich immer wieder mit der Soziologie und anderen Gesellschaftswissenschaften auseinandersetzen. Wir haben oft vernachlässigt, wie sehr die Gesellschaft unser Seelenleben beeinflußt, haben die Wechselwirkung, die zwischen dem einzelnen und seinem Umfeld besteht, nicht genügend berücksichtigt.

*Kommen wir damit nicht auf das heikle Gebiet der sogenannten Massenpsychologie? Alexander Mitscherlich hat darüber in den frühen siebziger Jahren ein Buch veröffentlicht. Haben Sie sich auch mit diesem Phänomen beschäftigt?*

Alexander Mitscherlich fing mit seinen Studien zur Massenpsychologie schon in den 50er Jahren an. Er kam aber nie weiter, weil er auf die Frage »Was ist eine Masse?« keine befriedigende Antwort fand. Sigmund Freud hatte sich mit dieser Frage bereits eingehend beschäftigt und den Massenbegriff vom Franzosen Gustave Le Bon übernommen. Meinem Mann erschien es schwierig, die Begriffe »Masse« und »Demokratie« zu vereinen, denn von der Masse, der großen Mehrheit, spricht man meist verächtlich und gerät damit in Widerspruch zur Demokratie, in der ja die Mehrheit herrschen soll.

Als Freudianerin habe ich mich natürlich mit einem der wichtigsten Werke Freuds zu diesem Thema, seiner »Massenpsychologie und Ich-Analyse«, beschäftigt. Was Freud da schon in den frühen zwanziger Jahren über Masse und Führer schrieb, sollte sich später besonders bei Hitler und den Umständen, die ihn hervorbrachten, bewahrheiten. Da wurde das »Ich« für die Masse der Deutschen tatsächlich zum »Wir«, das Ich-Ideal wurde auf den Führer projiziert. So nur erklärte sich die Begeisterung für diesen Mann in der Hoffnung, er würde die Wünsche aller erfüllen und ihre Ressentiments stillen.

*Können Sie sich vorstellen, daß Hitler Ihr Patient gewesen wäre?*

Ja, wäre er wirklich mein Patient gewesen, hätte er sich frühzeitig von mir behandeln lassen, dann wäre er nicht der »Große Führer« Adolf Hitler geworden. Ich hätte mit ihm über seine »Projektionen«, seinen Haß, seine Vorurteile, seine Wahnvorstellungen gesprochen. So wie ich Hitler sehe, war er zunächst ein Versager in der Schule, im Beruf und als Künstler. Er war wohl voller Lebensneid und Erbitterung, mit einer unglaublichen Fähigkeit, in anderen Menschen ähnliche Ressentiments zu wecken, die in ihm dann den Retter sahen. Dazu war er furchtbar spießig. Dieser Massenmörder mußte kurz vor seinem Ende und dem von über 50 Millionen Menschen noch Eva Braun heiraten.

Übrigens ein Freund von mir, Fritz Redlich in Los Angeles, arbeitet zur Zeit am Krankheitsbild Hitlers. Er meinte, er sei dazu nur in der Lage, weil er ein Kinderbild Hitlers gefunden habe, das ihn anspreche und auf dem der kleine Hitler irgendwie rührend aussehe. Als Psychoanalytiker muß einen schon irgend etwas an seinem Patienten oder Objekt ansprechen, wenn man verstehen will.

*In den Nachkriegsjahren haben Sie sich hauptsächlich mit der Aufarbeitung der nationalsozialistischen Vergangenheit beschäftigt und zu diesem Thema auf psychoanalytischer Grundlage zusammen mit Alexander Mitscherlich 1967 Ihr aufsehenerweckendes Buch über »Die Unfähigkeit zu trauern« geschrieben. Warum messen Sie dem »Trauern« eine so große Bedeutung zu?*

Im Grunde ist das ganze Leben immer wieder ein Trauerprozeß. Man nimmt von Vergangenem Abschied, oft mit Kummer und Gram, und wächst so in die Zukunft hinein. Trauern fordert den ganzen Menschen ein, es ist ein Reifungsprozeß. Durch schmerzvolle Verluste, durch bittere Auseinandersetzungen mit der Vergangenheit reift und wächst die Persönlichkeit. Wenn wir uns von Verlorenem lösen, sehen wir uns selbst und andere auf neue Weise, mit weniger Vorurteilen und Projektionen, dafür mit mehr Mitleid und größerem Einfühlungsvermögen ...

*... und gerade das, meinen Sie, hätten die Deutschen nach dem Zweiten Weltkrieg unterlassen?*

Dieser Krieg hat 56 Millionen Menschen das Leben gekostet,

davon waren etwa sechs Millionen Deutsche, das andere waren Russen, Polen und Juden. Sicher, gleich nach dem Ende des Blutbades waren viele Menschen entsetzt, betroffen, verzweifelt. Dann aber kam sehr bald die Teilung der Welt – im Westen der Marshallplan, der Wiederaufbau und die leichte Identifikation der Deutschen mit den Engländern und den Amerikanern. Im Verbund mit dem Westen hatten wir nun den gemeinsamen Feind im Osten. Allzu rasch wich Betroffenheit und Niedergeschlagenheit dem neuen Selbstbewußtsein, von den Siegermächten gebraucht zu werden. Da wurde das Trauern beiseite geschoben. So wurde das schreckliche Erlebnis gar nicht richtig »durchgearbeitet«. Die Deutschen ließen die »Identifikation« mit Hitler einfach fallen, ohne sich wirklich gefragt zu haben, wie es überhaupt zu dieser »Liebe zum Führer« kommen konnte.

*Ich bin nach dem Krieg geboren, und meine Kindheit und Schulzeit standen ganz im Schatten des Dritten Reiches, dem Schmerz über die Vergangenheit. Ich kann nicht sagen, wir hätten nicht getrauert ...*

... das kann ich auch von mir selbst und vielen anderen sagen. Aber da gab es auch sehr viele Menschen, die einfach zur Tagesordnung übergegangen sind, als sei nichts gewesen.

*Es gibt auch heute ein Ausmaß an Grauen, das in seiner Unfaßbarkeit fast belanglos wird. Das erleben wir allabendlich in den Fernseh-Berichten aus dem ehemaligen Jugoslawien. Übersteigt das wirklich »Katastrophale« die Fähigkeit unseres Mitempfindens?*

Natürlich, wenn man nur an diese Schreckensbilder denken würde, könnte man nicht weiterleben. Solche Bilder muß man verdrängen. Ein Stück weit müssen wir alle verdrängen, um unser seelisches Gleichgewicht zu erhalten.

*Sie haben einmal gesagt, in Westdeutschland hätte man sich einem hektischen Konsumrausch hingegeben, um die »Liebe zu Hitler« zu vergessen. Im Osten war das ja nicht möglich ...*

... im Westen wurde zunächst sehr hart gearbeitet. Das war doch die Voraussetzung für den späteren Konsumrausch, der ja nicht von selbst gekommen ist. Wir wissen auch alle, daß es sehr gut tut, hart zu arbeiten, um eine verlorene Liebe zu vergessen. Das haben die Deutschen im Westen getan.

Im Osten wurde die Parole Stalins »Die Hitlers kommen und gehen, das deutsche Volk wird bestehen« ausgegeben. Da hieß es dann: Das deutsche Volk ist wunderbar und ist jetzt zum Bestandteil des sozialistischen Weltreichs geworden. Jetzt seid ihr einfach nur mehr »sozialistisch«, und die Planwirtschaft wird eure Sehnsucht nach Gerechtigkeit erfüllen. Jetzt seid ihr alle »Antifaschisten« und könnt Hitler vergessen.

*Und heute, nach der Wiedervereinigung, haben die Ostdeutschen inzwischen ein anderes Verhältnis zu ihrer Vergangenheit gewonnen?*

Was mir dort jetzt entgegenschlägt, ist die Haltung: »Wir wollen nichts von früher wissen. Laßt uns in Ruhe. Wir waren ein antifaschistisches Land.« Meist fehlt die Bereitschaft, sich selbstkritisch mit der Vergangenheit auseinanderzusetzen. Man möchte allen Konflikten aus dem Weg gehen. Heute beklagen sich die Menschen im Osten noch, daß sie von den arroganten, undemokratischen »Wessis«, die alles besser wissen, wie eine Kolonie behandelt wurden – und was der Vorwürfe mehr sind. Bald aber werden sie selbst wie die Wessis sein und in ganz ähnlicher Weise auf die weniger erfolgreichen Polen herabblicken, wie die »Wessis« jetzt auf sie herunterschauen. Die Geschichte lehrt uns, daß der Schwächere dazu neigt, sich mit den Mächtigeren zu identifizieren.

*Ist der westliche Teil Deutschlands in den letzten Jahren politisch gereift?*

Bis jetzt hatte ich den Eindruck. Im Westen hat man jedenfalls die frühere Begeisterung für Kriege abgelegt. Aber da sind nun die Republikaner. Da fragt man sich, ob der Urgrund des Nazismus doch noch besteht oder ob sich nur die Symbole geändert haben, aber nicht die Grundmuster und Ressentiments, auf denen Hitler aufbaute. Das machen die Republikaner heute ähnlich.

*Leiden denn die Deutschen auch heute noch an schweren Minderwertigkeitsgefühlen?*

Deutschland ist eine verspätete Nation. Die Menschen sind voller Groll und Bitterkeit. Sie wollen oft krampfhaft die Größten sein, doch dieser Drang kehrt sich, wenn man scheitert, meist ins Gegenteil. Vielleicht erklärt das auch, warum es nur hier einen Hitler gab.

*Nun hat sich ja die weltpolitische Lage grundlegend verändert. Wie werden aus Ihrer Sicht die Deutschen mit ihrer neuen größeren Rolle im wiedervereinten Land fertig?*

Ein Volk von 80 Millionen, das ist ein riesiger Staat mitten in Europa. Deshalb hatte man ja zunächst auch im Ausland befürchtet, daß großdeutsche Gefühle wiederaufleben würden. Aber der Wiedervereinigungstaumel ging rasch vorbei – statt dessen hat sich zunächst einmal so etwas wie »Antipathie« zwischen West und Ost eingestellt. Man hat im Westen das Gefühl bekommen: Da haben wir uns aber eine gewaltige wirtschaftliche Bürde aufgehalst. Das hat die nationale Begeisterung rasch verfliegen lassen.

*Seit einiger Zeit ist in ganz Europa eine wachsende Fremdenfeindlichkeit zu beklagen. Wie erklären Sie sich, daß sogar in den skandinavischen Ländern, die doch Prototypen der liberalen Demokratie sind, schon seit langem fremdenfeindliche Parteien bestehen und bei Wählern so großen Erfolg gehabt haben, so daß sich Oslo und Kopenhagen gezwungen sahen, den Flüchtlingsstrom drastisch einzuschränken?*

Gewiß gibt es auch in Dänemark eine Fremdenfeindlichkeit, aber die Dänen würden doch Fremden gegenüber nie gewalttätig werden. Es gibt auch hier einen Antisemitismus, aber man hat deswegen doch keine Juden umgebracht. Dieses Volk neigt eher dazu, sich selbst umzubringen: Davon zeugt die hohe Selbstmordrate.

Ich muß auch zugeben, daß es mir persönlich schwerfallen würde, einen Flüchtling in meine Wohnung aufzunehmen. Aber wenn das Elend in der Welt überhandnimmt, müssen wir natürlich zusammenrücken. Es muß doch Mittel und Wege geben, um mit dem Flüchtlingsproblem fertig zu werden.

*Lassen Sie uns noch ein weiteres Thema ansprechen: Sie haben einen großen Teil Ihres Werkes dem »Feminismus« gewidmet. Hat sich die Frauenbewegung in den letzten Jahren verändert?*

Schon in den zwanziger Jahren gab es eine aktive und teilweise auch erfolgreiche Frauenbewegung. Unter Hitler hatten die Frauen dann nichts mehr zu sagen. Sie sollten Kinder in die Welt setzen, um dem Führer Soldaten zu liefern und den Männern in Haus und Hof untertan sein. Das änderte sich dann vorübergehend, als die Frauen im Krieg in die Munitionsfabriken geschickt und berufstätig wurden.

In den fünfziger Jahren hat man so getan, als hätte es die Selbständigkeit der Frauen in den Kriegsjahren nicht gegeben. Diese Selbständigkeit war ja auch nur von kurzer Dauer und hat die Rolle der Frau in der Gesellschaft doch nicht verändert. Als die Männer aus Krieg und Gefangenschaft zurückkehrten und Karrieren in der Gesellschaft machten, kehrten die Frauen wieder brav an den häuslichen Herd zurück. Das sollte sich erst Ende der sechziger Jahre gundlegend ändern.

*Heute fällt auf, daß es bei den Feministinnen auch sehr aggressive Forderungen gibt …*

… Aggressivität im Sinne von Durchsetzungsfähigkeit ist wichtig und fehlt den meisten Frauen immer noch. Wenn Aggressivität sich aber nur in dummen Beschimpfungen äußert und die Männer »fertiggemacht« werden sollen, dann sehe ich darin keinen Fortschritt. Solche Auswüchse aber lassen sich bei der »sanften Revolution« kaum vermeiden.

*Geht also die von Männern beherrschte Kultur auf jeden Fall zu Ende?*

Es hat den Anschein, als würden sich die starren Vorstellungen einer männlichen Kultur, die eingefahrenen Rollen, allmählich auflösen. Huxley hat die weibliche Sicht als »fliegenäugig« bezeichnet. Er meinte damit, daß Frauen in der Lage seien, viele

Dinge differenzierter wahrzunehmen. Ich hoffe, daß die Frauen mit dieser Fähigkeit die Gesellschaft verändern können. Die Gefahr besteht aber auch, daß in der Beziehung zwischen Mann und Frau wieder alte Muster zum Vorschein kommen, die man überwunden glaubte.

*Bei Diskussionen unter Frauen wird nicht selten der Mann zum Feindbild gemacht, dem man alles Böse in die Schuhe schiebt. Warum eigentlich?*

Die Versuchung ist immer groß, ein Feindbild aufzubauen. Sicher haben die Frauen bei dieser Auseinandersetzung einen Nachholbedarf. Sie wurden früher ja stets ermahnt, sich zu fügen, sich hinzugeben, alles zu verstehen, sich immer einzufühlen. Und trotzdem wurden sie ständig beschimpft. Es ist wichtig, daß man immer wieder auf die wirklich unangenehmen, das Leben einengenden Seiten der Männerkultur hinweist und die blödsinnigen Ideale und Wertvorstellungen entlarvt, die zu Kriegen und auch zu Hitler führten.

*Wie gehen denn Frauen mit der Macht um?*

Die Macht ist für Frauen ein großes Problem, weil Frauen von klein auf beigebracht worden ist, ständig ein schlechtes Gewissen und Schuldgefühle zu haben: »Böse Mutter, du hast dich nicht genug um dein Kind gekümmert, bist zu lange im Bett gelegen, die Windeln waren voll …« Schuld, Schuld, Schuld! Besonders wenn man sich aggressiv durchsetzt, dann fühlt man sich als Frau schuldig, weil man sich doch einem Schwächeren gegenüber behauptet hat. Man muß sich immer fragen, wie berechtigt solche Schuldgefühle eigentlich sind, denn oft reden die Männer den Frauen Schuld ein, um sie ewig in unterdrückter Position zu halten. Im übrigen ist Macht auch eine Frage der Verantwortung, man muß Entscheidungen treffen, und davor scheuen noch viele zurück.

*Neuerdings finde ich in den Frauenbewegungen auch eine Tendenz zum Rückzug in die Esoterik.*

Dafür habe ich kein Verständnis. Darin sehe ich eine antiaufklärerische Haltung. Solche astrologischen und anderen abergläubischen Richtungen und Mystifizierungen jenseits aller Vernunft und Psychologie halte ich für einen Rückfall in die Magie und ins Wunschdenken. Vielleicht ist es eine Gegenbewegung zum extremen Materialismus unserer Zeit – wenn der einzige Zweck des Lebens nur mehr aus Macht und Geld besteht.

*Seit der Öffnung der Berliner Mauer spricht man von der Zeitwende, von einem Paradigmenwechsel. Der große ideologische Konflikt zwischen Ost und West scheint zu Ende zu sein. Wie wirkt sich das Ihrer Meinung nach auf die geistige, psychologische und kulturelle Entwicklung aus?*

Zunächst einmal bin ich froh, daß die Diktatur im Osten vorüber ist – ich habe ja selbst eine fanatische Diktatur erlebt und weiß, was das bedeutet. Der Kommunismus hat doch immerhin durch seine bloße Existenz den Kapitalismus gezwungen, sozialer zu werden.

*Hat die Spaltung der Welt nach dem Zweiten Weltkrieg nicht auch eine Stabilität geschaffen, die nun verlorengeht und der man jetzt schon fast nachtrauert?*

Da wir Menschen offenbar nicht ohne Feindbilder leben können, vertragen wir uns immer noch am allerbesten, wenn wir einen gemeinsamen Feind finden. Wahrscheinlich war – psychologisch gesehen – der kalte Krieg für den Westen ein Grund, sich zu vertragen. Man hatte einen Feind und brauchte sich deswegen untereinander nicht anzufeinden. Jetzt, wo es den ideologischen Gegensatz zwischen Ost und West nicht mehr gibt, brechen Bürgerkriege aus, bei denen jeder sozusagen jeden bekämpft.

*So hat sich im letzten halben Jahrhundert nur wenig am menschlichen Verhalten geändert? Oder psychoanalytisch gefragt: Sind die Veränderungen seit dem Krieg nicht genügend »durchgearbeitet« worden?*

Man sollte meinen, daß wir gerade den Nationalismus mit seinen grausamen Folgen genügend »durchgearbeitet« hätten. Wenn ich nur an den Ersten Weltkrieg denke, als wir gesungen haben »Siegreich wollen wir Frankreich schlagen, sterben als ein tapferer Held«. Man sieht jedoch, wie mühsam und langsam sich die

Menschheit wirklich ändert, und wenn, dann nur oberflächlich. In der Tiefe leben die alten Vorurteile, Feindseligkeiten und religiösen Weltbilder weiter, die den anderen als Feind oder Ungläubigen verteufeln. In Jugoslawien sind die alten Ressentiments wieder da, als hätten die Leute nicht in den letzten Jahrzehnten friedlich miteinander gelebt.

*Und dabei leben wir doch in einer offenen und globalen Massengesellschaft, die sich hin zum Menschenkollektiv zu entwickeln scheint…*

… ja, es gibt keine Arbeiterbewegung mehr, keine Klassen. Hitler hat es geschafft, daß alle Klassen sich gleichmäßig blamiert haben. Der Philosoph Habermas meint, wir seien keine getrennten Gruppen mehr von Protestanten, Katholiken und anderen. Die Kirchen haben kaum mehr Einfluß, die Menschen laufen ihnen davon. Wer fühlt sich noch an christliche Regeln gebunden? Die Linke und die Rechte habe sich vermischt, auch daran kann man sich nicht mehr halten.

*Wird die Menschheit so allmählich doch zu einer großen Familie?*

Eine Familie schon, aber keine »Heilige Familie« ohne Konflikte. Die heile Menschheitsfamilie gibt es nicht und wird es wohl nie geben. Unsere gegensätzlichen Interessen, Ideen und Streitigkeiten werden nicht aus der Welt verschwinden. Um beim Bild zu bleiben, wenn wir die Menschheit schon als Familie auffassen, muß es eine Familie sein, die fähig ist, Konflikte auszutragen, ohne sich dabei gegenseitig zu vernichten.

Im Gespräch mit der Autorin Felizitas von Schönborn (1994)

# Anmerkungen

1 Kursivzitate stammen aus Gesprächen oder Schriften von Margarete Mitscherlich und aus dem Werk von Alexander Mitscherlich.

2 *Müssen wir hassen?*, München 1976, S. 211.

3 *Erinnerungsarbeit*, Frankfurt/M., 1993, S. 155.

4 Erling Nielsen, *Andersen*, Hamburg, April 1958, S. 8

5 Heimatkundliche Arbeitsgemeinschaft für Nordschleswig, Heft 69, Jg. 1944, S. 75 ff.

6 Sören Kierkegaard in Erling Nielsen, *Andersen*, Hamburg 1958, »Stadien auf dem Wege des Lebens«.

7 Erling Nielsen, *Andersen*, Hamburg 1958, S. 153 ff.

8 ebd., S. 17.

9 ebd., S. 70.

10 ebd., S. 36.

11 ebd., S. 24.

12 ebd., S. 17.

13 Tania Blixen, *Afrika dunkel lockende Welt*, Zürich 1986, S. 480.

14 *Über die Mühsal der Emanzipation*, Frankfurt/M., 1990, S. 169.

15 Erik Kjersgaard, *Danmarks Historie*, Kopenhagen 1993, S. 275.

16 *Über die Mühsal der Emanzipation*, S. 27.

17 Kurt Zentner, *Illustrierte Geschichte des Dritten Reiches*, München 1965, S. 178.

18 ebd., S. 260.

19 ebd.

20 *Ein Leben für die Psychoanalyse*, Frankfurt/M. 1980, S. 92.

20a *Die Weltwoche* v. 14. 10. 1993.

21 Pundik, *Det kan ikke ske i Danmark*, S. 102.

22 ebd., S. 126.

22a *Die Weltwoche* v. 14. 10. 1993.

22b *Der Spiegel*, Nr. 19/1985.

22c Pundik, a.a.O., S. 102.

23 Gerhard Wehr, *Carl Gustav Jung. Leben, Werk, Wirkung,* München 1985, S. 282.

24 Gerhard Wehr, a.a.O., S. 287.

25 nach Gerhard Wehr, a.a.O., S. 286.

26 Aniella Jaffé, Aus Leben und Werkstatt, in: G. Wehr, a.a.O.

27 Helmut E. Lück, *Geschichte der Psychologie,* Stuttgart 1991, S. 89 ff.

28 M. Mitscherlich, *Das Ende der Vorbilder,* München 1978, S. 88.

29 Octave Mannoni, *Freud,* Hamburg 1993, S. 52.

30 Edith Kurzweil, Freud und die Freudianer, Stuttgart 1993, S. 17.

31 Helmut E. Lück, a.a.O., S. 92.

32 Edith Kurzweil, a.a.O., S. 59.

33 ebd., S. 10.

34 Heft 3, 1933.

35 Edith Kurzweil, a.a.O., S. 190.

36 ebd.

37 Kurzweil, a.a.O., S. 188.

38 ebd., S. 336.

39 *Ein Leben für die Psychoanalyse,* Frankfurt/M. 1980, S. 201.

40 ebd., S. 28 ff.

41 ebd., S. 20.

42 ebd., S. 58 ff.

43 ebd., S. 103 f.

44 ebd., S. 83 ff.

45 ebd., S. 84.

46 Hans-Martin Lohmann, *Alexander Mitscherlich,* Hamburg 1987, S. 36 ff.

47 Regine Lockot, *Die Reinigung der Psychoanalyse,* Tübingen 1994, S. 132.

48 nach Christian Jansen, *Professoren und Politik,* Göttingen 1992, S. 31.

49 ebd., S. 57 ff.

50 ebd., S. 242ff.

51 ebd., S. 259.

52 ebd., S. 277.

53 ebd., S. 235.

54 ebd., S. 279.

55 ebd., S. 296.

56 ebd., S. 307

57 *Ein Leben für die Psychoanalyse,* S. 122 ff.

58 G. und A. Dufour, *Schwierige Freiheit,* Zürich 1986, S. 72.

59 Hans-Martin Lohmann, a.a.O., S. 53.

60 *Ein Leben für die Psychoanalyse,* S. 137.

61 Hans-Martin Lohmann, a.a.O., S. 60.

62 *Medizin ohne Menschlichkeit, Dokumente des Nürnberger Ärzteprozesses*, hrsg. und kommentiert von Alexander Mitscherlich und Fred Mielke, Fischer, Frankfurt/M. 1983, S. 7.

63 *Ein Leben für die Psychoanalyse,* S. 146.

64 Annemarie Dührssen, *Ein Jahrhundert Psychoanalytische Bewegung in Deutschland,* Göttingen 1994, S. 216.

65 Regine Lockot, a.a.O., S. 232.

66 Edith Kurzweil, a.a.O., S. 492.

67 Hans-Martin Lohmann, a.a.O., S. 108.

68 Serge Moscovici, *Das Zeitalter der Massen,* Frankfurt/M. 1986.

69 Hans-Martin Lohmann, a.a.O., S. 96.

70 *Die Welt* v. 16.8.1994.

71 *Salzburger Nachrichten* v. 6.2.1993.

72 *Mut*, Nr. 317, Januar 1994.

73 Hans-Martin Lohmann, a.a.O., S. 105ff.

74 *Frankfurter Allgemeine Zeitung* v. 16.9.1978.

75 Helmut Schelsky, *Die Arbeit tun die anderen. Klassenkampf und Priesterschaft der Intellektuellen,* Opladen 1975, S. 192ff.

76 nach Alfred Zänker, *Der bankrotte Sozialstaat,* München 1994, S. 126f.

77 in: Rosalind Miles, *Weltgeschichte der Frau*, Düsseldorf 1993.

78 Rosalind Miles, a.a.O., S. 255ff.

79 ebd., S. 290.

80 ebd., S. 290.

81 *Psyche,* Heft 37, Jg. 1983: »Antisemitismus – eine Männerkrankheit?«, S. 41ff.

82 *Die friedfertige Frau,* Frankfurt/M. 1992, S. 148ff.

83 s.a. Stichwort »Widerstand gegen Hitler«, München 1994, S. 86ff.

84 *Die Bundesrepublik Deutschland,* Geschichte in drei Bänden, Band 2: Gesellschaft. Hg. Wolfgang Benz, Frankfurt/M., S. 98ff.

85 *Über die Mühsal der Emanzipation,* S. 19.

86 *Über die Mühsal der Emanzipation,* S. 40.

87 Siehe Frauenlexikon, Freiburg 1991, »Psychoanalyse«.

88 *Über die Mühsal der Emanzipation*, S. 33.

89 Edith Kurzweil, a.a.O., S. 277.

90 *Über die Mühsal der Emanzipation,* S. 174f.

91 dtv-Atlas zur Psychologie, München 1993; *Der Spiegel* 30/1994.

92 Klaus Grawe, *Psychotherapie im Wandel. Von der Konfession zur Profession,* Göttingen 1994, S. 3 III f.

93 *Die Psyche,* Erwin Kaiser, 6.2.1994.

94 *Müssen wir hassen?,* S. 99 ff.

95 ebd., S. 157.

96 ebd., S. 163.

97 *Süddeutsche Zeitung* v. 1.8.1994.

98 Annemarie Dührssen, *Ein Jahrhundert Psychoanalytische Bewegung in Deutschland,* Göttingen 1994, S. 98 ff.

99 *Männer,* Frankfurt/M. 1980, S. 16.

100 Reimut Reiche, Einleitung zu: Sigmund Freud, *Massenpsychologie und Ich-Analyse,* Frankfurt/M. 1993, S. 8 ff.

101 Brief an Lou Andreas-Salomé, S. Freud, *Briefe 1873–1939,* S. Fischer 1960, S. 308.

102 Helmut E. Lück, a.a.O., S. 97 ff.

103 Karl Popper, *Offene Gesellschaft – Offenes Universum,* München 1992, S. 10 ff.

104 Regine Lockot, a.a.O., S. 215.

105 Helmut E. Lück, a.a.O., S. 98.

106 Annemarie Dührssen, *Ein Jahrhundert Psychoanalytischen Bewegung in Deutschland,* Göttingen 1994, S. 100.

107 Phyllis Grosskurth, *Melanie Klein, ihre Welt und ihr Werk,* Stuttgart 1993, S. 355.

108 S. a. Margarete Mitscherlich in: Alexander Mitscherlich (Hg.), *Aggression und Anpassung,* München 1992.

109 *Die friedfertige Frau,* S. 181.

110 *Frankfurter Allgemeine Zeitung* v. 20.8.1994.

111 Helmut E. Lück, a.a.O., S. 94 ff.

112 Hans-Martin Lohmann, a.a.O., S. 108 ff.

113 *Frankfurter Allgemeine Zeitung* v. 16.9.1978, »Die psychoanalytische Dimension unserer Kultur«.

114 Horst-Eberhard Richter, *Die Chance des Gewissens,* München 1988, S. 100.

115 Annemarie Dührssen, a.a.O., S. 217.

116 Edith Kurzweil, a.a.O., S. 521 ff.

117 ebd.

118 Helmut Schelsky, a.a.O., S. 208.

119 *Frankfurter Allgemeine Zeitung* v. 17.6.1993.

120 *Economist* v. 15.10.1994.

121 *Die Zeit* v. 19.8.1994.

122 *Wir haben ein Berührungstabu,* München 1993, S. 10.

122a *Mut*, Juli 1993.

123 *Jüdische Rundschau* v. 1.11.1990.

124 *Die Weltwoche* v. 20.10.1994.

125 Neues Forum, *Jetzt oder nie – Demokratie, Leipziger Herbst 89*, Leipzig 1989, S. 24ff.

126 *Mut*, September 1992.

127 *Kulturschock: Umgang mit den Deutschen,* Hamburg 1993, S. 10.

128 *Die Welt* v. 12.9.1994.

129 *Salzburger Nachrichten* v. 30.7.1994.

130 *Mut*, Juni 1994.

131 Inge Santner, *Die Weltwoche* v. 12.8.1993.

132 *Der Bund,* 18. Juni 1994.

133 *Ein Leben für die Psychoanalyse,* S. 308.

# Namenregister

(Die *kursiv* gesetzten Ziffern beziehen sich auf den Anmerkungsteil)


Adler, Alfred 123, 240
Adorno, Gretel 129, 149
Adorno, Theodor W. 127ff, 131, 148f
Andersen, Hans Christian 34ff, 42ff, 50
Andreas *(Professor)* 116
Andreas-Salomé, Lou 63, *255*
Arendt, Hannah 73

Bäumer, Gertrud 56f, 159
Bahr, Hermann 62
Balint, Enid 15
Balint, Michael 15, 99f, 104
Bally, Gustav 112
Behr, Melitta 110
Benz, Wolfgang *254*
Bernays, Martha 88
Best, Werner 72f
Bismarck, Otto Fürst von 23, 136
Blixen, Karen 34, 48ff, 65
Blixen, Tania *252*
Blixen-Finecke, Baron Bror 49
Bobbitt, Lorena 199
Böhme, Jakob 79
Bohr, Nils 70
Brandes, Georg 34, 36, 45ff, 63
Brandt, Willy 73
Braun, Eva 243
Brecht, Bertolt 60
Breuer, Joseph 87
Broemser *(Professor)* 116
Brüning, Heinrich 59
Bubis, Ignatz 212
Bussche, Axel von dem 143ff

Caesar, Gajus Julius 46
Chamisso, Adelbert 44
Charcot, Jean-Martin 87
Christian X., König von Dänemark 71
Cohn-Bendit, Daniel 146
Collin, Jonas 44
Comte, August 190
Condorcet, Antoine 156

Dardel, Gustaf von 73
Darwin, Charles 86
Deonna, Laurence 234
Deutsch, Helene 63
Dickens, Charles 44
Dinesen, Ingeborg 49
Dinesen, Karen Christentze s. Blixen, Karen
Dinesen, Thomas 49

Dinesen, Wilhelm 49
Dostojewski, Fjodor Michailowitsch 183
Duckwitz, Georg 72 f
Dührssen, Annemarie 195 f, 203, *254 f*
Dufour, A. *253*
Dufour, G. *253*

Erasmy, Hedi 79 ff, 95
Erikson, Erik H. 105, 126

Fehrle, Eugen 116
Fenichel, Otto 97
Fetscher, Iring 151, 203
Frankl, Viktor 214
Freud, Anna 9, 15, 63, 92, 100 f, 105
Freud, Jacob 86
Freud, Sigmund 8 ff, 15, 56, 60, 83–92, 99 f, 108, 112, 123, 125 f, 129, 132 f, 151, 155, 162, 168 ff, 177, 180–191, 193 ff, 198, 200–203, 211, 225, 235, 238 ff, 242, *255*
Fromm, Erich 127
Fulda *(Familie)* 60
Fulda, Konrad 60

Galileo Galilei 86
Gandhi, Indira 174
Gay, Peter 86
George, Stefan 62, 113
Glause, Jürg 50
Goebbels, Joseph 68, 133 f, 160
Göring, Hermann 65, 123
Göring, Mathias Heinrich 123
Goethe, Johann Wolfgang von 12, 26, 46, 136, 143, 212, 216
Gourges, Olympe de 156
Grawe, Klaus 180 f, 191 f, *255*
Greese, Irma 161
Gregg, Alan 97
Grisebach, August 115
Grosskurth, Phyllis 196, *255*
Grunberger, Richard 159
Grundtvig, Nicolai Frederik Severin 34–39, 47
Güntert *(Professor)* 116
Gundolf, Friedrich 112 f

Habermas, Jürgen 15, 104, 120, 127, 129, 148, 208, 221, 229, 250
Habermas, Ute 15, 129
Hannecken, General von 72
Hansson, Per Albin 72
Hartmann, Eduard von 195
Havel, Vaclav 223
Hegel, Georg Wilhelm Friedrich 40, 45
Heigenmooser, Clara 107
Heimann, Paula 104
Heitmann, Steffen 215
Henscheid, Eckhard 206, 208
Heraklit 143, 231
Hersch, Jeanne 118 f
Heuss, Theodor 56, 126, 210, 216
Hippel, Theodor Gottlieb von 158
Hitler, Adolf 26, 28, 36, 47, 58, 64–68, 71 f, 92, 111, 115 f, 133, 140 f, 143 ff, 147, 150, 160–163, 177, 197, 209, 214, 216, 226, 242–248
Hölderlin, Friedrich 56, 65
Hoffer, Willi 130
Hoffmann, E.T.A. 44
Horkheimer, Max 127 ff, 131
Humboldt, Alexander von 106
Huxley, Aldous 173, 247

Ibsen, Henrik 46, 107
Igelski, Leo *75*

Jacobsen, Jens Peter 63
Jaffé, Aniela 84, *253*
Jansen, Christian 114 ff, *253*
Jaspers, Karl 112 f, 117 ff
Joachimsen, Paul 110
Jones, Ernest 86, 123
Jünger, Ernst 109, 111
Jung, Carl Gustav 81–84, 90 f, 123, 239 f
Junghans, Inga 76

Kafka, Franz 63, 201
Kant, Immanuel 158, 163, 236
Karl Alexander, Großherzog von Sachsen-Weimar 44
Kaschnitz, Marie-Luise 149
Kierkegaard, Sören 34 ff, 39–42, 45 ff, *252*
Kirsch, Sarah 224
Kjersgaard, Erik *252*
Klein, Melanie 100 f, 196, 239
Kleist, Heinrich von 56, 65
Koch, Ilse 161
Köcher, Renate 221
Kohl, Helmut 142
Kraus, Karl 63, 191
Krogh, Marie 95
Krogh, Schack August 95
Kunz, Hans 92
Kurzweil, Edith 92, 155, 192, 204, *253*ff

Lampl-de Groot, Jeanne 104
Landauer, Karl 129
Le Bon, Gustave 242
Lockot, Regine *253*ff
Löwenthal, Leo 127
Lohmann, Hans-Martin 12, 111, 120, 131, 137, 202, *253*ff
Lück, Helmut E. 85, *253*, *255*
Luther, Martin 110
Luxemburg, Rosa 160

Mann, Thomas 109
Mannheim, Karl 113
Mannoni, Octave *253*
Marcus, Steven 195
Marcuse, Herbert 128, 150 f
Marx, Karl 86, 127
Mead, Margaret 63
Meetz, Anni 15, 63 f, 76
Messner, Reinhold 201
Michelangelo Buonarroti 46
Mielke, Fred 120 f, *254*
Miles, Rosalind *254*
Mill, John Stuart 158
Mitscherlich, Alexander 8, 15, 67, 84 f, 92 f, 95, 97 ff, 101–104, 106 ff, 110 f, 113, 115, 117–122, 124–132, 134–138, 147 f, 151 f, 193, 195, 197, 202–205, 233, 235, 238, 242 f, *254*f
Mitscherlich, Eilhard 106, 137
Mitscherlich, Harbord 106 f, 138
Mitscherlich, Matthias 95 f, 103, 105, 213, 233
Moscovici, Serge 132, *254*
Müller, Alexander von 69, 110
Munk, Kaj 34, 46 ff
Mussolini, Benito 47

Naumann, Friedrich 56
Niekisch, Ernst 109 ff

Nielsen, Erling 35, *252*
Nielsen, Grete 11, 15, 18f, 23–26, 29f, 32f, 52–56, 59, 71, 234
Nielsen, Leo 25f, 58, 70, 75
Nielsen, Nis Peter 19f, 22f, 25, 27–31, 39, 58
Nietzsche, Friedrich 45f, 195
Nissen, A.G. 234
Noelle-Neumann, Elisabeth 221
Nolte, Ernst 212

Oehlenschläger, A.G. 44
Otto-Peters, Luise 158f

Pappenheim, Bertha von 87, 170
Parin, Paul 104
Pollock, Friedrich 127
Popescu, Vilma 95
Popper, Karl 192f, 240f, *255*
Pundik 75

Reagan, Ronald 223
Redlich, Fritz 104, 243
Reiche, Reimut 190, *255*
Rein *(Professor)* 122
Reinhardt, Max 63
Richter, Horst-Eberhard 203, *255*
Richter, Léon 157
Riefenstahl, Leni 134
Rilke, Rainer Maria 76
Röhm, Ernst 68
Rorschach, Hermann 191

Salis, Jean Rudolf von 218
Sand, George 157
Santner, Inge *256*
Schaefter, Albrecht 62
Schelsky, Helmut 151, 164, 205, *254*f
Schiller, Friedrich von 26, 136
Schindler, Oskar 14, 226
Schmid, Carlo 94
Schmitthenner, Paul 115f
Schönhuber, Franz 208
Scholl, Hans 230
Scholl, Sophie 230
Scholtz-Klink, Gertrud 160
Schopenhauer, Arthur 195
Schorlemmer, Friedrich 220
Schottländer, Felix 92
Schumacher, Kurt 119
Schwarzenberg, Karl Fürst zu 223
Schwarzer, Alice 171
Seif 123
Shakespeare, William 46, 56
Simmel, Ernst 97
Simon, Dieter 152
Sokrates 35
Spitz, René 104
Stalin (eigentl. Jossif Wissarionowitsch Dschugaschwili) 245
Steiner, Rudolf 79, 81f, 85
Strasser, Gregor 110
Strasser, Otto 110
Strindberg, August 45f
Szondi, Leopold 191

Taine, Hippolyte 45
Tedsen, Jutta 49, 65, 114
Thatcher, Margaret 174
Thomson, William 157
Tieck, Ludwig 44
Troeltsch, Ernst 112

Uexküll, Thure von 104
Unseld, Joachim 229

Vogel, Angela 165
Voltaire 46

Weber, Alfred 112, 119f
Weber, Marianne 159
Weber, Max 112, 115, 119, 159, 190, 240
Wehr, Gerhard 84, *253*
Weill, Kurt 60
Weizsäcker, Viktor von 97, 112–115
Wiedemann, Georgia 102
Winnicott, Donald W. 100
Wollstonecraft, Mary 157

Zänker, Alfred *254*
Zentner, Kurt *252*
Zetkin, Clara 160
Zimmer, Heinrich 115
Zinn, Georg August 126

# Margarete Mitscherlich

*Erinnerungsarbeit*
Zur Psychoanalyse der Unfähigkeit zu trauern
175 Seiten. Leinen. S. Fischer und Band 11617
Die Deutschen sind immer noch unfähig zur Trauer über die nationalsozialistische Vergangenheit und ihre unvorstellbaren Barbareien. Die bereits in den 60er Jahren von Alexander und Margarete Mitscherlich gestellte Diagnose hat weiterhin ihre Gültigkeit. In dieser beklemmenden Aussage liegt die aktuelle Brisanz dieses Buches.

*Die friedfertige Frau*
Eine psychoanalytische Untersuchung zur Aggression der Geschlechter
209 Seiten. Leinen. S. Fischer und Band 4702
Mit Hilfe des psychoanalytischen Instrumentariums untersucht die Frankfurter Psychoanalytikerin das unterschiedliche Aggressionsverhalten der Geschlechter auf den verschiedensten Ebenen. Sie versucht, den psychischen und sozialen Hintergrund des unterschiedlichen Verhaltens auszuleuchten und die besonderen Sozialisationsformen sichtbar zu machen, aus denen sich die männlichen und die weiblichen Reaktionsweisen entwickeln.

*Über die Mühsal der Emanzipation*
192 Seiten. Broschur. S. Fischer
Die Mühsal der Emanzipation besteht in der tagtäglichen Konfrontation mit Geringschätzung und Unterdrückung, mit Verunglimpfung und doppelzüngiger Lobhudelei. Dieses Buch ist gleichsam ein Protokoll der emanzipatorischen Mühsal.

S. Fischer

# Geist und Psyche

Begründet von Nina Kindler 1964

## Psychologische Ratgeber

Raymond Battegay
**Psychoanalytische Neurosenlehre**
Band 12233

Eric Berne
**Was sagen Sie, nachdem Sie »Guten Tag« gesagt haben?**
Band 42192

G. Biermann (Hg.)
**Kinder-psychotherapie**
Handbuch zu Theorie und Praxis
Band 12039

Leon Chertok
**Hypnose**
Band 42102

Gion Condrau
**Einführung in die Psychotherapie**
Geschichte, Schulen, Methoden, Praxis
Ein Lehrbuch
Band 42115

Heinrich Deserno
**Die Analyse und das Arbeitsbündnis**
Kritik eines Konzepts
Band 12131

Maurice Dongier
**Neurosen**
Band 42241

Ella Freeman Sharpe
**Traumanalyse**
Band 11818

Anna Freud
**Einführung in die Technik der Kinderanalyse**
Band 42111

Gesellschaft für wissenschaftliche Gesprächs-psychotherapie
**Die klientenzentrierte Gesprächs-psychotherapie**
Band 42149

Tilmann Habermas
**Zur Geschichte der Magersucht**
Band 11825

Peter Hamann
**Kinderanalyse**
Zur Theorie und Technik
Band 11890

Fischer Taschenbuch Verlag

# Geist und Psyche

Begründet von Nina Kindler 1964

## Psychoanalyse

Stavros Mentzos
**Neurotische Konfliktverarbeitung**
Band 42239
**Hysterie**
Band 42212

Herausgegeben von Stavros Mentzos
**Angstneurose**
Band 42266

M. Mitscherlich
**Erinnerungsarbeit**
Zur Psychoanalyse der Unfähigkeit zu trauern
Band 11617

Herausgegeben von Humberto Nagera
**Psychoanalytische Grundbegriffe**
Band 42288

Badi Panahi
**Grundlagen der modernen Psychotherapie**
Ihre Quellen in Wissenschaft und Philosophie
Band 12021

Herausgegeben von Harald Pühl/ W. Schmidbauer
**Supervision und Psychoanalyse**
Selbstreflexion der helfenden Berufe
Band 10599

David Rapaport
**Gefühl und Erinnerung**
Band 11817

J. Reichmayr
**Spurensuche in der Geschichte der Psychoanalyse**
Band 11727

Ernst Simmel
**Psychoanalyse und ihre Anwendungen**
Ausgewählte Schriften. Band 11348

Hans Strotzka
**Macht**
Ein psychoanalytischer Essay
Band 42303

D.W. Winnicott
**Von der Kinderheilkunde zur Psychoanalyse**
Aus den »Collected Papers«
Band 42249

# Fischer Taschenbuch Verlag

# Geist und Psyche

Begründet von Nina Kindler 1964

## Psychoanalyse

Raymond Battegay
**Psychoanalytische Neurosenlehre**
Eine Einführung
Band 12233

Bruno Bettelheim
**Aufstand gegen die Masse**
Band 42217
**Die Geburt des Selbst**
**The Empty Fortress**
Erfolgreiche Therapie autistischer Kinder
Band 42247

Heinrich Deserno
**Die Analyse und das Arbeitsbündnis**
Kritik eines Konzepts
Band 12131

Kurt R. Eissler
**Todestrieb, Ambivalenz, Narzißmus**
Band 10568

Erik H. Erikson
**Einsicht und Verantwortung**
Die Rolle des Ethischen in der Psychoanalyse
Band 10799

Herausgegeben von Ernst Federn/ G. Wittenberger
**Aus dem Kreis um Sigmund Freud**
Zu den Protokollen der Wiener Psychoanalytischen Vereinigung
Band 10809

Anna Freud
**Zur Psychoanalyse der Kindheit**
Band 11519
**Das Ich und die Abwehrmechanismen**
Band 42001

Karen Horney
**Neue Wege in der Psychoanalyse**
Band 11595
**Selbstanalyse**
Band 12571

Robert Langs
**Die psychotherapeutische Verschwörung**
Band 11719

Abraham A.Maslow
**Psychologie des Seins**
Band 42195

Fischer Taschenbuch Verlag

# Geist und Psyche

Begründet von Nina Kindler 1964

## Psychologische Ratgeber

Evelyn Heinemann/
Udo Rauchfleisch/
Tilo Grüttner
**Gewalttätige Kinder**
Psychoanalyse und Pädagogik in Schule, Heim und Therapie
Band 10760

Karen Horney
**Selbstanalyse**
Band 12571

Sheldon B. Kopp
**Das Ende der Unschuld**
Ohne Illusion leben
Band 11375

Michael L. Moeller
**Anders helfen**
Band 11013

H. Nagera (Hg.)
**Psychoanalytische Grundbegriffe**
Band 42288

Erich Neumann
**Zur Psychologie des Weiblichen**
Band 42051

Gertrud Orff
**Die Orff-Musik-Therapie**
Band 42193

Badi Panahi
**Grundlagen der modernen Psychotherapie**
Band 12021

N. Peseschkian
**Psychosomatik und Positive Psychotherapie**
Band 11713

Erving und Miriam Polster
**Gestalttherapie**
Band 42150

Carl R. Rogers
**Therapeut und Klient**
Band 42250

Ernst Simmel
**Psychoanalyse und ihre Anwendungen**
Band 11348

Daniel Widlöcher
**Was eine Kinderzeichnung verrät**
Band 42254

Hans Zulliger
**Umgang mit dem kindlichen Gewissen**
Band 42324

Fischer Taschenbuch Verlag

# Die Frau in der Gesellschaft

Elisabeth
Beck-Gernsheim
**Das halbierte
Leben**
Männerwelt Beruf –
Frauenwelt Familie
Band 3713
**Mutterwerden –
der Sprung in ein
anderes Leben**
Band 4731

Jessica Benjamin
**Die Fesseln
der Liebe**
Psychoanalyse,
Feminismus und das
Problem der Macht
Band 11087

Gisela Breitling
**Die Spuren
des Schiffs in
den Wellen**
Eine autobiogra-
phische Suche nach
den Frauen in der
Kunstgeschichte
Band 3780

Susan Brownmiller
**Gegen unseren
Willen**
Vergewaltigung und
Männerherrschaft
Band 3712
**Weiblichkeit**
Band 4703

Roswitha Burgard
**Mut zur Wut**
Befreiung aus
Gewaltbeziehungen
Band 12222

Herausgegeben von
R. Burgard/
B. Rommelspacher
**Leiden macht
keine Lust**
Der Mythos
vom weiblichen
Masochismus
Band 11020

Anne Campbell
**Zornige Frauen,
wütende Männer**
Geschlecht und
Aggression
Band 12381

Fischer Taschenbuch Verlag

# Die Frau in der Gesellschaft

Andrea Dworkin
**Pornographie**
Männer beherrschen Frauen
Band 4730

Sylvia Fraser
**Meines Vaters Haus**
Geschichte eines Inzests
Band 4751

Nancy Friday
**Wie meine Mutter**
**My Mother my self**
Band 3726

Chaika Grossman
**Die Untergrundarmee**
Der jüdische Widerstand in Bialystok
Ein autobiographischer Bericht
Band 11598

Signe Hammer
**Töchter und Mütter**
Über die Schwierigkeiten einer Beziehung
Band 3705

Gertrud Heise
**Reise in die schwarze Haut**
Ein Tagebuch
Band 3762

I. Hülsemann
**Ihm zuliebe?**
Abschied vom weiblichen Gehorsam
Band 10407

**Mit Lust und Eigensinn**
Die weibliche Eroberung des Glücks
Band 11857

Monika Jonas
**Behinderte Kinder-behinderte Mütter?**
Die Unzumutbarkeit einer sozial arrangierten Abhängigkeit
Band 4756

Fischer Taschenbuch Verlag

# Die Frau in der Gesellschaft

Gisela Kramer
**Wer ist die Beste im ganzen Land?**
Konkurrenz unter Frauen
Band 11292

Linda Leonard
**Töchter und Väter**
Heilung einer verletzten Beziehung
Band 4745

Harriet G. Lerner
**Das mißdeutete Geschlecht**
Falsche Bilder der Weiblichkeit in Psychoanalyse und Therapie
Band 11842

Harriet G. Lerner
**Wohin mit meiner Wut?**
Neue Beziehungsmuster für Frauen
Band 4735
**Zärtliches Tempo**
Band 10115

H. Lightfoot-Klein
**Das grausame Ritual**
Sexuelle Verstümmelung afrikanischer Frauen
Band 10993

Karen Lison/Carol Poston
**Weiterleben nach dem Inzest**
Traumabewältigung und Selbstheilung
Band 10422

C. Meier-Seethaler
**Ursprünge und Befreiung**
Die sexistischen Wurzeln der Kultur
Band 11038

M. Mitscherlich
**Die friedfertige Frau**
Eine psychoanalytische Untersuchung zur Aggression der Geschlechter
Band 4702

Fischer Taschenbuch Verlag

# Die Frau in der Gesellschaft

M. Mitscherlich
**Über die Mühsal der Emanzipation**
Band 12473

Ulla Roberts
**Starke Mütter – ferne Väter**
Töchter reflektieren ihre Kindheit im Nationalsozialismus und in der Nachkriegszeit
Band 11075

Birgit Sasse
**Ganz normale Mütter**
Lesbische Frauen und ihre Kinder
Band 12417

Penelope Shuttle/
Peter Redgrove
**Die weise Wunde Menstruation**
Band 3728

Ingrid Strobl
**»Sag nie, du gehst den letzten Weg«**
Frauen im bewaffneten Widerstand gegen den Faschismus
Band 4752

Gerda Szepansky
**»Blitzmädel«, »Heldenmutter«, »Kriegerwitwe«**
Frauenleben im Zweiten Weltkrieg
Band 3700

Gerda Szepansky
**Frauen leisten Widerstand: 1933 - 1945**
Band 3741
**Die stille Emanzipation**
Frauen in der DDR
Band 12075

Mariana Valverde
**Sex, Macht und Lust**
Band 12223

Jule Wolf
**Tochterfrau, nannte er mich**
Geschichte eines Mißbrauchs
Band 11868

Fischer Taschenbuch Verlag